全国高等职业教育“十二五”规划教材·经济管理基础课

统计学基础

刘永君　贾积身　主　编
李爱真　王　动　王　帅　副主编

電子工業出版社
Publishing House of Electronics Industry
北京·BEIJING

内 容 简 介

本书以概率和变量分布理论为基础，重点介绍了抽样推断、回归分析等现代技术和 Excel、Minitab 在数据处理、图表制作、抽样推断等方面的应用问题。

全书内容包括：统计概述；反映总体分布状况的统计图表、统计指标；概率的基本概念；离散型变量和连续型变量的概率分布；抽样方法与抽样分布；区间估计和假设检验；相关与回归分析；动态分析方法。

本书适合作为高职高专院校经济管理类专业的基础课教材，也可作为经济管理工作者学习基础知识和计算机数据处理能力的自学教材和参考书。

图书在版编目（CIP）数据

统计学基础 / 刘永君，贾积身主编. —北京：电子工业出版社，2015.1
全国高等职业教育“十二五”规划教材. 经济管理基础课

ISBN 978-7-121-25185-6

Ⅰ. ①统… Ⅱ. ①刘… ②贾… Ⅲ. ①统计学—高等职业教育—教材 Ⅳ. ①C8

中国版本图书馆 CIP 数据核字（2014）第 297891 号

策划编辑：刘元婷
责任编辑：郝黎明
印　　刷：北京虎彩文化传播有限公司
装　　订：北京虎彩文化传播有限公司
出版发行：电子工业出版社
北京市海淀区万寿路 173 信箱　邮编 100036
开　　本：787×1 092　1/16　印张：13.75　字数：352 千字
版　　次：2015 年 1 月第 1 版
印　　次：2020 年12月第 6 次印刷
定　　价：32.00 元

凡所购买电子工业出版社图书有缺损问题，请向购买书店调换。若书店售缺，请与本社发行部联系，联系及邮购电话：（010）88254888，88258888。

质量投诉请发邮件至zlts@phei.com.cn，盗版侵权举报请发邮件至dbqq@phei.com.cn。

本书咨询联系方式：zgz@phei.com.cn

前　　言

统计是由信息收集、数据整理和分析预测等工作构成的一种认识活动。“统计学基础”是高职高专经济管理类专业的基础课，主要介绍统计活动的概念以及为保证数据质量、提高工作效率而想出的基本要求；常用统计指标的含义、计算和应用问题；不确定性事件的研究方法；抽样推断和假设检验、回归分析等，为学习市场调查与预测、财务管理、统计质量控制等专业课程打牢基础。

众所周知，社会经济现象的最大特点是不确定性，经济管理工作者需要充分认识社会经济现象的不确定性。抽样推断技术因具有低成本、高效率、误差率和把握程度可控、应用范围广等优点而在国外的统计学教学中受到普遍重视。经济管理类专业学生需要具备一定的信息收集和分析能力，需要掌握抽样推断、假设检验的方法，理解投资项目的期望收益、风险等概念。

当前，许多供高职高专经济管理类专业选择使用的《统计学原理》都没有将概率和变量分布等内容作为课程的教学内容。从长期教学实践来看，由于缺乏概率和变量分布的知识（许多高职高专院校经济管理类专业压缩了数学课的教学学时或根本就没有安排概率论的教学内容），学生很难理解区间估计的把握程度，根本无法理解假设检验方法。概率与变量分布是抽样调查、假设检验等现代统计技术和期望值、风险等重要经济管理概念的基础，随便翻开一本美国的《商务与经济统计基础》教材，都可以找到概率与变量分布的内容。因此，省略概率与变量分布知识，残缺不全的教学内容安排既违背了教学基本规律，给课程学习带来困难，也不符合统计课程设置的目的，不利于建立和完善经济管理类专业的知识体系。

本书是河南机电高等专科学校“统计学原理”课程教学内容改革的成果，是为加强以概率论为基础的抽样推断理论和计算机应用能力的教学而编写的教材。本教材突出了统计课程的特点，对经济管理类专业的基础课——“统计学原理”的教学内容进行了必要的整合，强化以概率和变量分布为基础的抽样推断、回归分析和 Excel、Minitab（一种专业统计软件）在统计工作中的应用等内容，弱化传统的统计学原理教材所注重的相对指标、指数因素分析法等应用领域有限，必然会在专业课程中讲授的内容。

本书根据高职高专经济管理类专业课程设置的特点，以培养数据处理与分析能力为目标，是历时 3 年的课程教学内容改革的成果，教学内容的设置，例题、习题的选择都借鉴了国内外教材的优点。与传统的经济管理类专业基础课教材《统计学原理》相比，本教材具有以下特点。

1．定位明确，重点突出

统计学是一门逻辑严密、体系庞杂、应用领域广泛的学科。本教材是在高职高专经济管理类专业的数学课教学课时被不断压缩，许多学生对概率、变量分布的知识欠缺的背景下，为提高学生的数据处理能力和进一步学习专业知识而编写的专业基础课教材。教材既简要介绍概率和变量分布的基本知识，又抓住了对经济管理类专业最有用的现代统计技术——抽样推断、回归分析等重要内容。教材结构完整，篇幅和难易程度适中。

2．与时俱进，案例新颖

随着信息技术的快速发展，计算机在统计工作中发挥越来越重要的作用。本教材重视培养学生运用 Excel 和 Minitab 进行数据处理、图表制作的能力。图表具有简洁、明了的特点，教材使用了大量的图表来分析说明问题。为保证教学效果，教材在重要知识和章节之后都配有“动手做一做”栏目和必要的习题。由于统计学基础是在学生对专业知识还比较欠缺的情况下开设的课程，教材选用的导读案例、例题和习题是学生比较熟悉或感兴趣的事物，并不局限于经济管理领域的问题。

除此之外，为方便教师教学，本书还配有免费的教学指南、电子课件、习题答案等，请有此需要的教师登录华信教育资源网（www.hxedu.com.cn）免费注册后再进行下载。

本书由河南机电高等专科学校的刘永君编写第 1、2、6、7 章，贾积身编写第 9 章，李爱真编写第 5、8 章，王帅编写第 3 章，王动编写第 4、10 章。河南机电高等专科学校的吕寒老师对教材编写提出了一些宝贵的意见和建议。

本书编写过程中参考了相关领域的文献，已列示于书后的参考文献部分，但仍有可能有遗漏。在此谨向已标注和未标注的参考文献的作者们表示诚挚的谢意和由衷的歉意！

感谢您选用本书。由于水平所限，其中难免存在错误和不足，恳请您批评指正。我们的邮箱为 hnjzlyj@126.com。您的批评、意见或建议对我们非常重要。

编　者

目　　录

第1章　统计概述

学习要点

- 了解统计在经济管理和科学研究中的重要作用；
- 了解统计的主要工作过程和方法；
- 掌握总体、总体单位、调查项目与变量等统计基本概念；
- 理解对统计工作的基本要求——真实性。

导读案例

看好农民“救命钱”

新型农村合作医疗制度，也就是新农合，在很大程度上缓解了农民看病难的大问题。所以，在农民眼里，新农合资金就是救命钱。但这救命钱，却成了一些人眼里的“唐僧肉”。

河南省濮阳县孟居村有5000多口人，一份报销记录显示，村里参加了新农合的人都常常看病吃药，不但气管炎胃炎等常见病高发，而且许多人得的还是重病，光是偏瘫患者，每10个村民里就有1个。可记者到村里转了转，发现实际情况并不是这样。

在报销记录上，村民郑付建患有慢性胃炎和气管炎，可他告诉记者：“我没得过气管炎啊。”村民郑平均，记录显示是一位偏瘫患者。而他自己表示没有得过偏瘫。记录单上还有一位病人叫郑东山，患有偏瘫、高血压，去年还因为感冒看过两次病。而村民们说，郑东山去世至少四五年了。

……

在村里的报销记录上，每个村民报销的钱数很有规律，每个人的报销额度都是60元钱。钱按照每人60元到了村医手里，但交给村民的只有30元钱。报销记录表单上的问题其实并不难发现。例如，村民集中得一种疾病，每次看病花费的钱数一模一样，连外行人都能发现蹊跷之处。

资料来源：中央电视台2013年6月4日《焦点访谈》

http://news.cntv.cn/2013/06/04/VIDE1370348040062813.shtml

【案例分析】

上面是中央电视台《焦点访谈》一期节目的主要内容。记者虽然不是专业的统计人员，但他透过简单的统计数据就看出医疗费用报销中的违规问题。每个人的医疗费用报销额都是60元？一个村子每10人就有1人患偏瘫？偏瘫又叫半身不遂，是急性脑血管病的常见症状，根据《2013中国卫生统计年鉴》发布的2008年调查地区居民慢性病患病率统计数据：农村地区脑血管病的患病率仅为8.3‰。全国这么大，靠什么看好这些救命钱，防止政策执行的偏差？准确可靠的统计数据能说明经济管理领域的许多问题，未来的经济管理者应该学习一些统计知识。本章主要介绍统计的作用、工作过程、基本概念和对统计工作的要求。

统计可以认识事物发展的现状，发现问题和把握事物发展变化规律，是社会经济管理、企业经营管理和科学研究不可缺少的重要工具。大量的统计实践活动和学者们对随机现象的系统研究形成了指导统计实践活动的科学理论体系——统计学。统计学是一种被广泛地应用于科学研究和社会经济管理等领域的认识分析问题工具，是一门方法论科学。

统计在社会经济管理中具有不可替代的作用，各国政府都成立了专门从事社会经济发展信息收集的部门，负责及时、准确地收集人口、劳动就业、生产活动的投入与产出、金融、对外贸易、投资、消费、价格、收入、科技、能源、环境等社会经济发展基本状况的数据，并对社会经济发展、科技进步和资源环境等情况进行分析、预测，为政府管理社会经济事务提供可靠的依据。

统计在企业经营管理活动中也发挥着重要的作用，统计可以为企业投资决策、市场预测、定额管理、质量控制、服务管理等提供有力的决策信息支持。

英国科学家法兰西斯•高尔登（Francis Galton，1822—1911年）在其1889年出版的重要著作——《自然遗传学》的序言中对统计有如此评价：“统计学并不是难以接近的，它们是用高级的方法审慎地处理事务，并详细地阐述,它们处理各种复杂现象的能力是非凡的，它们是追求科学的人从荆棘丛生的困难阻挡中，开辟道路的最好工具。”孟德尔在没有解剖和显微镜观察的情况下发现遗传基本规律，这与统计是有关系的。

统计在身边

孟德尔豌豆杂交试验与遗传基本规律的发现

奥地利遗传学家孟德尔（Gregor Johann Mendel，1822—1884年）从1856年开始进行了8年豌豆的杂交实验，全神贯注地研究了豌豆的7对相对性状的遗传规律。所谓相对性状是指同种生物某一性状的两种表现，如豌豆的子叶颜色有黄色、绿色之分，种子的形状有圆、皱之分等。

孟德尔用纯种的高茎豌豆与矮茎豌豆作亲本（以P表示），在不同植株间进行异花传粉（杂交）结出豌豆种子（无论是以高茎作母本，矮茎作父本，还是以高茎作父本，矮茎作母本）F1 的植株都只表现出双亲中一个亲本的性状——高茎，而另一亲本的性状——矮茎，在 F1 的植株中完全没有出现。孟德尔把 F1 植株表现出来的性状叫作显性性状，把 F1 植株未能表现出来的性状叫做隐性性状。然后，孟德尔把 F1 中高茎豌豆自花授粉结出的种子 F2 再播种下去，结果在 F1 没有出现的性状（隐性性状）——矮茎在 F2 中出现了。孟德尔对 F2 植株按高、矮茎分别进行了统计。在 1064 株豌豆中，高茎的有 787 株，矮茎的有 277 株，两者数目之比接近于 2.84∶1。孟德尔还对子叶颜色、种子形状等其他相对性状也做了同样的研究，结果发现：显性性状与隐性性状的植株数量之比都近似于 3∶1。孟德尔的豌豆杂交实验的具体实验数据如表 1-1 所示。

表 1-1 孟德尔豌豆杂交实验结果

性状分类	杂交二代性状及数量				不同性状数量比
植株高度	高	787	矮	277	2.84:1
种子形状	圆	5474	皱	1850	2.96:1
种皮颜色	灰	705	白	224	3.15:1
成熟豆荚形状	分节	882	不分节	299	2.95:1
未成熟豆荚颜色	绿	428	黄	152	2.82:1
花的位置	腋生	651	顶生	207	3.14:1

孟德尔通过豌豆杂交实验并细心地对豌豆按性状进行分类、计数和分析，发现了遗传学的两个重要基本定律——基因分离规律和基因自由组合规律。把统计学应用于生物学实验结果的分析是孟德尔取得成功的重要原因之一。

动手做一做

1-1 查找三篇含有统计数据的新闻报道或学术论文等文献资料，说明统计可以应用在哪些领域，有什么作用？

1.1 统计的工作过程

为保证统计数据质量，提高统计工作效率，统计工作过程一般需要经过四个阶段：一是制定统计研究项目的实施规划；二是收集反映个体某些特征的数据；三是对数据进行分类整理，四是进行统计分析并撰写统计研究报告。

1.1.1 制定统计研究项目的实施规划

每次统计活动在统计主体、研究目的、研究对象、需要收集的信息等方面都不可能完全相同。因此，一项统计活动可以称为一个统计研究项目。一般来说，每一个统计项目都是从来没有发生过的活动，而且将来也不会在同样条件下再发生的活动，都有其他统计项目所不具备的一些特性。统计研究项目是为了解和研究某种事物的状态和规律，以一定资金和资源耗费为代价，在一定时间范围内开展的一次专题统计活动。

因为面对的实际情况和问题不同，为了在一定的时间和资源耗费约束条件下实现统计目标，每一个统计项目首先要做的不是收集个体数据,而是根据实际情况制定周密的实施规划，明确研究目的，调查对象、需要收集的信息（即需要调查的问题，也称为调查项目，与之配套不可或缺的还有项目解释，个体特征信息的编码与标准化）、收集信息的途径与方法、分类（分组）方法、统计数据的分析与利用、经费的来源与使用规划等。

国家统计局为及时、准确地收集国民经济和社会发展情况，防止重复和遗漏，保证数据质量，制定的各种统计报表制度就是统计项目的实施规划。企业为检验某种新营销策略对提高企业市场占有率是否有明显作用？这显然需要收集一些营销策略变革前、后本企业和市场同类产品销售情况的信息。以什么方式？在什么地方？调查哪些信息？如何得出结论？都是需要在调查之前认真研究的问题。

动手做一做

1-2 将全班同学分成小组（每班最多分成 6 个小组），每个小组在下列统计问题中选择一个统计研究项目，讨论统计研究的目的、研究的对象、需要调查的问题和如何得出调查结论。

（1）企业为提高产品合格率而采取的改进措施是否明显提高了产品的合格率；

（2）某种交通法规的实施对降低交通拥堵，减少交通事故发生是否具有明显作用；

（3）你所在学校体育运动开展情况研究；

（4）你所在学校学生的兴趣与爱好问题研究；

（5）你所在学校学生的生活费来源与支出情况研究；

（6）你所在学校学生的学生读书情况研究。

要求：

① 首先说明具体的研究目的、对象，可供选择的研究方法和为分析说明问题需要的数据及其种类、关系，需要收集的信息资料以及获取这些信息资料的途径，在资料收集中可能遇到的困难和问题，克服困难和解决问题的方法，工作的流程和完成研究工作需要的时间和费用计划等。

② 实施你的研究计划并记录整理你在项目实施中遇到的实际问题，提出解决问题的措施，克服困难，将研究进行下去，如果进行不下去，就重新修改你的研究计划，再通过实施检验你的计划，提供调查的原始资料和分析结果。

③ 根据研究项目的实施情况，说明统计工作的主要过程。

1.1.2 收集反映个体某些特征的数据——统计调查

统计调查就是按规定的范围和调查项目，有计划、有组织地收集有关个体特征的信息的过程。统计调查所收集的信息必须是研究分析需要的信息，无用的信息不仅会白白增加统计调查的工作量，也会给其后续工作（数据处理）增加负担。

统计调查有全面调查和非全面调查之分。全面调查需要对统计研究对象的所有个体一个也不遗漏的进行资料收集，这种调查方式需要花费较多的时间和费用，但可以直接反应总体的状况。非全面调查是对统计研究对象的一部分个体进行调查，以期达到认识总体的目的。非全面调查的目的仍然是认识总体的状况和特征，具有花费时间短、费用少的优点。

统计调查要选择合适的收集信息的方式，调查方式包括直接观察法（人工或自动仪器）、报告法（适用于有义务提供统计资料的被调查对象）、访谈法、问卷法等，为提高数据的准确性、完整性，节约调查费用，调查的时间和提供信息的主体等都需要精心设计。

调查信息是否及时、准确直接影响统计工作的质量。对统计调查的要求是及时、准确、规范、高效。

1.1.3　对收集数据进行分类整理

对事物进行科学的分类是深入了解和研究事物的前提，也是对事物认识深化的标志。分类不仅有助于了解事物之间的区别和构成，也有利于了解事物之间的联系。在统计研究中，为了解事物之间的差异和总体内部的结构，研究事物的相互关系，对总体内的个体按一定的标准划分为不同的类别是十分必要的。条形图、饼图、直方图都是建立在分类或分组的基础之上，甚至统计指标也需要建立在统计分组、分类基础之上。

统计分组法（或统计分类法）是统计研究的重要方法，在统计研究中具有非常重要的地位。为了统计和管理的需要，国际组织和国家制定了许多统计分组（分类标准）并根据需要及时更新这些标准。例如，为了各国制定税则和对运输商品的计费、统计、计算机数据传递、国际贸易单证简化等，1983 年 6 月海关合作理事会（现称世界海关组织）主持制定了供海关、统计、进出口管理等与国际贸易有关各方共同使用的商品分类编码体系——《商品名称及编码协调制度的国际公约》，简称《商品名称及编码协调制度》（Harmonized System，HS）。《商品名称及编码协调制度》是一部科学的、系统的国际贸易商品分类体系，适用于税则、统计、生产、运输、贸易管制、检验检疫等多方面。HS 采用六位数编码，把全部国际贸易商品分为 22 类，98 章。商品编码第一、二位数码代表“章”，第三、四位数码代表“目”（Heading），第五、六位数码代表“子目”（Subheading）。前 6 位数是 HS 国际标准编码，HS 有 1241 个四位数的税目，5113 个六位数子目。有的国家根据本国需要分出第七、八、九位数码。

在国家统计局网站我们可以查看：行政区划代码、国民经济行业分类（GB/T 4754—2011）、统计用区划和城乡划分代码、统计用产品分类目录、健康服务业分类（试行）、高技术产业（制造业）分类（2013）、高技术产业（服务业）分类（2013）（试行）、居民消费支出分类（2013）、三次产业划分规定、战略性新兴产业分类（2012）（试行)、统计单位划分及具体处理办法、关于划分企业登记注册类型的规定、关于统计上划分经济成分的规定、公有和非公有控股经济的分类办法、统计上大中小微型企业划分办法等。

本阶段的主要任务是将收集的反映个体特征的数据信息，采用分类和汇总的方法，将转化为反映总体分布特征的图表和统计指标。

统计图表具有简洁、明了的优点。常用的统计图有：反映总体结构的条形图、饼图；

反映变量分布的点图、直方图、盒形图（箱线图）、散点图；反映现象发展变动趋势的散点图、条形图、折线图、K 线图等。

上证综合指数是以在上海证券交易所挂牌上市的全部股票为计算范围，以发行量为权数的加权综合股价指数。这一指数以 1990 年 12 月 19 日为基日，基日指数定为 100 点。图 1-1 是上证指数的 K 线图和成交量的条形图。该图反映了从 2014 年 8 月 27 日至 10 月 28 日上证指数每天的开盘、收盘、最高、最低点位和成交股票的数量。通过上证指数在不同时间的对比可以看出其变动的规律和近期发展趋势。

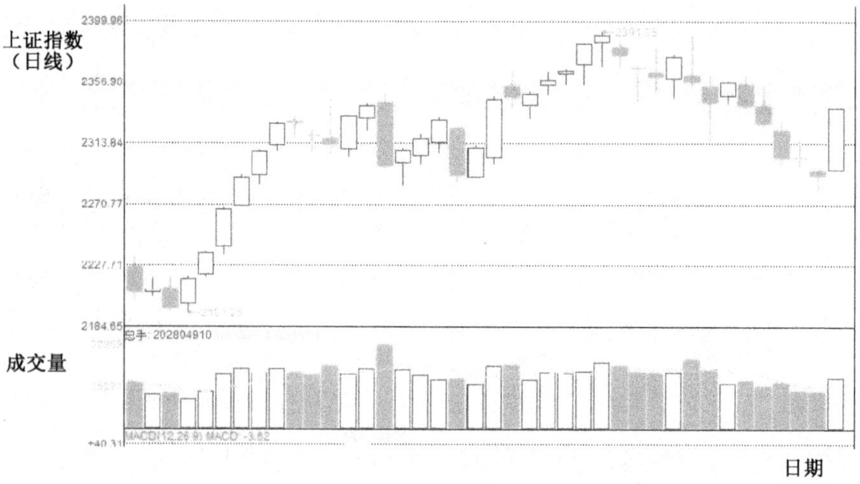

图 1-1　上证指数的 K 线图和成交量条形图（部分）

统计指标：是用来说明总体某一方面数量特征或数量关系的名称或名称和数值。指标可以说明总体的规模和水平。例如，国家统计局网站发布的《2010 年第六次全国人口普查主要数据公报》中载明：全国总人口为 1370536875 人。其中，大陆 31 个省、自治区、直辖市和现役军人的人口（指 2010 年 11 月 1 日零时在中华人民共和国境内的自然人以及在中华人民共和国境外但未定居的中国公民，不包括在中华人民共和国境内短期停留的港澳台居民和外籍人员。“境内”指我国海关关境以内，“境外”指我国海关关境以外）共 1339724852 人；香港特别行政区人口（香港特别行政区政府提供的 2010 年底的数据）为 7097600 人；澳门特别行政区人口（澳门特别行政区政府提供的 2010 年底的数据）为 552300 人；台湾地区人口（台湾地区有关主管部门公布的 2010 年底的户籍登记人口数据）为 23162123 人。

统计指标可以说明总体的分布特征。某校 3854 名学生整体的身高状况如表 1-2 所示。表 1-2 中的数据就是统计指标，它们可以准确、全面地说明 3000 多名学生身高的基本情况。只要有一些统计知识，根据表 1-2 的统计数据就能了解学生身高的整体情况。其中身高的最小值或最大值虽然是某一个同学的身高，但它是在掌握所有同学身高数据后，根据全体同学身高数据计算出来的，是全体学生身高的一个特征。

表 1-2 某校 3854 名学生分性别的身高状况

单位：厘米

性别	人数		均值	标准差	最小值	下四分位数	中位数	上四分位数	最大值
	实测	未测							
男	2381	374	173.45	5.46	154.00	170.00	174.00	177.00	195.00
女	937	162	160.68	4.97	144.00	157.00	160.00	164.00	177.00
总体	3318	536	169.85	7.84	144.00	164.00	171.00	175.00	195.00

统计指标不仅可以说明总体的规模和水平等数量特征，还可以说明事物之间的数量对比关系。例如，楚天都市报 2012 年 12 月 19 日的一篇报道《武汉年产 10 万吨电子垃圾一吨废手机可提炼 400 克黄金》中指出：据统计，1 吨废旧手机大约可提炼 400 克黄金、2.3 公斤银、172 克铜；1 吨废旧个人计算机可提炼出 300 克黄金、1 公斤银、150 克铜及近 2 公斤其他稀有金属。这些统计数据是用来说明整个电子垃圾中的有色金属资源的基本情况。

为准确理解和把握统计指标，应注意统计指标的含义、时间范围和空间范围、计算方法、计量单位等五个方面。

1.1.4 进行数据分析并撰写统计研究报告

统计分析是利用统计推断与假设检验、相关与回归等统计技术，分析说明研究对象发展规律并预测未来发展趋势，提出改进措施和管理建议的活动。

抽样推断包括参数估计和假设检验。抽样推断是按照随机原则从总体抽取一部分单位进行调查，然后根据抽样调查的结果在一定的概率保证程度下估计总体数量特征的统计研究方法。抽样推断必须建立在随机抽样的基础上。抽样推断具有节省调查时间和费用的优点，是应用范围广泛的统计研究方法。例如，一个汽车生产企业希望了解所采购的一批轮胎可使用的平均公里数是否达到规定的标准，由于这些检验会破坏产品的使用价值，因此只能采用抽样推断的方法来研究这个问题。统计推断的流程和主要概念如图 1-2 所示。

回归分析法就是根据收集的统计数据，建立描述某一个变量随其他变量变化而变化的数学函数。利用数学模型可以揭示现象的发展趋势和变量之间的相互关系。通过大量数据估计数学模型的参数并检验模型的有效性是回归分析的主要任务。

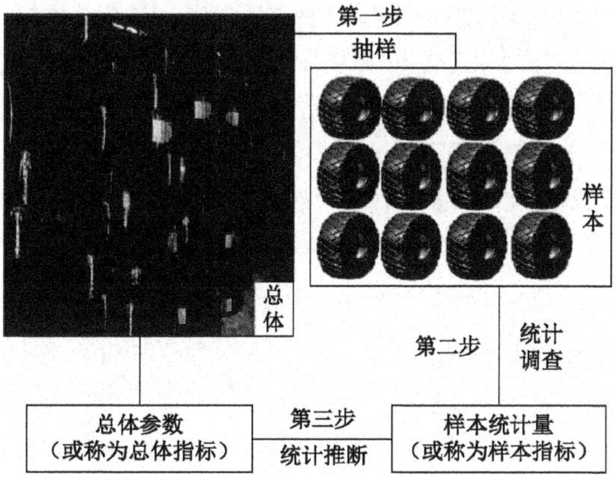

图 1-2 统计推断的流程图

动手做一做

1-3 有人说："统计、统计，离不开估计"，请你指出这种说法的道理，说一说什么样的估计不可取，什么是科学的估计，并说明什么是估计的可靠性，如何提高估计的可靠性？

统计研究报告的撰写建立在统计分析基础之上，是展示统计研究成果的重要方式。统计研究报告应重点突出、层次清晰、详略得当。统计研究报告首先应说明统计研究的目的、调查使用的主要方法、调查时间、地点和调查对象等统计研究的基本情况，然后采用数字、图表和文字等多种方式说明研究对象的数量特征、问题及原因、经验及教训、建议与措施等，这些是统计研究报告的主体部分。

1.2 与统计相关的重要概念

统计活动和统计学都离不开基本的术语、概念，因此，在学习统计之前，有必要了解统计实践活动中经常使用的总体与总体单位，调查项目与变量等重要概念。

1.2.1 统计总体和总体单位

统计是有目的的认识活动，每一项统计活动都需要根据统计的研究目的确定统计的研究对象。统计研究目的不同，统计的研究对象也不相同。只有明确了统计研究的目的，确定了统计研究对象的范围，统计活动才有明确的数据采集范围，统计工作所获得统计数据才有明确、清晰的含义。因此，每次统计活动都要根据统计研究目的明确规定研究对象包括什么、不包括什么。

为了说明一定时期内城乡居民所购买的生活消费品和服务项目价格变动趋势和程度，就需要调查在城市和农村向居民销售的生活消费品（有形产品）和为居民提供的服务项目（无形产品）的交易情况，包括每个品种的数量和价格。但本次研究对象不包括向企业销售（批发）的生产资料和为企业提供的各种服务，也不包括向零售商销售的产品。

由于在城市和农村向居民销售的生活消费品和为居民提供的服务项目和种类非常多，而且商品的规格、型号、品种还在不断地变化，统计不可能全面调查这些商品和服务的价格和交易数量。实际上，我国的统计部门仅从研究对象中选取代表性的商品和服务作为调查对象。

统计调查对象与统计研究对象是不同的概念。统计调查对象是实际接受统计调查的个体组成的集合。当采用全面调查时，统计研究对象与调查对象是完全一致的，统计的研究对象也是统计的调查对象。如果采用非全面调查时，统计研究对象中只有一部分接受统计调查。

统计总体（Population）简称总体，是根据统计研究目的确定的统计研究对象，是由许多具有某种共同特征个体所组成的整体。

总体单位是构成总体的每一个个体。

如果说总体是一个集合，那么总体单位就是构成集合的基本元素。总体单位是收集统计信息、分组的基本单位，合理确定总体单位对提高统计数据的质量和统计工作的效率都是十分必要的。

为了科学有效地开展统计调查，统一和规范统计单位，避免统计单位的重复和遗漏，提高统计数据质量，国家统计局根据《中华人民共和国统计法》等相关国家法律、法规，参考联合国有关统计单位的标准和规定，制定了统计单位划分及具体处理办法。办法中的统计单位包括法人单位、产业活动单位、个体经营户。

法人单位是指有权拥有资产、承担负债，并独立从事社会经济活动（或与其他单位进行交易）的组织。法人单位包括五种类型：企业法人、事业单位法人、机关法人、社会团体和其他成员组织法人、其他法人。

产业活动单位是指位于一个地点，从事一种或主要从事一种社会经济活动的组织或组织的一部分。产业活动单位是法人单位的组成部分。仅包含一个产业活动单位的法人单位，称为单产业法人单位，该法人单位同时也是一个产业活动单位；由两个及以上产业活动单位组成的法人单位，称为多产业法人单位，这些产业活动单位接受法人单位的管理和控制。

个体经营户是指生产资料归劳动者个人所有，以个体劳动为基础，劳动成果归劳动者个人占有和支配的一种经营组织。

1.2.2　调查项目与变量

统计调查过程就是收集个体特征信息的过程，调查项目就是需要收集信息的名称。调查项目也是总体单位某种特征的名称，在其他的统计教材中，调查项目也被称为标志。

统计调查收集的反映个体具体特征的信息称为原始资料。在反映原始资料的一览表中，调查项目常被放在“列标题”的位置。在数据库中，调查项目被称为字段名。表 1-3 第一行中的“企业名称”、“登记注册类型”、“从业人员数”、“主营业务收入”、“资产总额”等都是调查项目。

每个调查项目对于不同个体的调查结果是不同的。因此，从广义上说，每个调查项目都可以被称为变量。变量在某个个体上的取值称为变量值。

个体的特征按数量化程度的不同，分为属性特征和定量特征。属性特征又分为类型特征和序列特征。例如，为了解某学校体育运动开展情况，在调查学生喜欢的体育运动项目时，可供选择的选项有：游泳（1）、体操（2）、跑步（3）、乒乓球（4）、羽毛球（5）、网球（6）、篮球（7）、足球（8）、其他（0）。如果某个学生不喜欢运动，那么这个调查结果应该是 0，如果某个学生喜欢的运动项目是跳舞，那么就需要根据这调查项目的具体解释来确定应该选择 2，还是选择 0。可以看出，这个项目调查结果中的数字只是一个代码，表示事物的一种类型，这种没有多少、轻重、优劣之分的特征属于类型特征。再如，学生的体育成绩等级划分可以是：优秀、良好、中等、及格和不及格，这些表现出来的特征虽然是定性的，但有优劣之分，这种特征是序列特征。

个体的定量特征反映个体在某一特征上的数量差异。例如，企业在一年内的销售额多少差异可以用数量表示，学生的年龄也可以用岁数表示。这些反映个体定量的特征的调查项目，常被称为狭义的变量。

狭义的变量有离散变量和连续变量之分，离散变量是指个体的数量差异需要用自然数来表示的变量，如企业的职工人数、被调查者的年龄。而连续变量是个体的数量差异需要用小数来表示的变量，如企业的销售额、每一包产品的重量等。

动手做一做

1-4 说说表 1-3 中，哪些是个体的属性特征，哪些是个体的定量特征，哪些是变量，哪些是离散变量？哪些是连续变量？

表 1-3 ××调查一览表

编 号	企业名称	登记注册类型	从业人员数	主营业务收入	资产总额
××0001					
××0002					
××0003					
××0004					
××0005					
……					
……					

1.3 对统计工作的基本要求

统计数据是统计工作的成果，数据是否及时、准确、安全是衡量统计工作质量的基本标准。及时、准确、安全是对统计工作的基本要求，这一要求贯穿于整个统计工作的各个环节，各个方面。统计从业人员的素质、专业能力、操作方法、工作质量都会影响到统计数据的质量。统计从业人员必须认真学习研究统计工作的规律、方法和要求。

1.3.1 充分认识统计数据和统计工作的社会性

统计工作是为认识分析客观事物和科学管理而开展的活动，只有真实、完整、及时的统计数据才能准确反映客观事物的状况和发展规律，才有利于统计数据的使用者正确分析社会经济问题和科学决策。社会经济统计数据会影响政府的社会经济管理政策，进而影响到不同社会阶层的利益。

统计在身边

2007 年 4 月 19 日上证指数下跌 163.38 点，跌幅为 4.52%，深证成指下跌 544.39 点，跌幅为 5.23%。

关键数据迟到引股市大跌

2007年04月20日 12:05 北京青年报：陆纯 刘淼

本报讯国家统计局昨天举行的新闻发布会因为"迟到"而受到中外记者的广泛关注。年初国家统计局公布的一季度经济数据发布会是在4月18日10点，而推迟至19日上午10点后再次变更为19日下午3点。有记者就此提问是否是因为在一些敏感数据上存在分歧？

沪深股市昨天大幅下跌是否也与国家统计局要公布的数据有关

国家统计局新闻发言人李晓超对此说，发布会确实比年初公布的时间推迟了一天。"但这是一个正常的安排。"他说，因为在年初公布时间安排的同时还在注释中说明，发布日期只是初步的安排。"另外，在国家统计局举行过的发布会中，既有提前的，也有推迟的，如去年3季度的发布会就提前了好几天，2004年3季度的发布会就推迟了。"

至于昨天股市下跌是否与国家统计局公布的数据有关，李晓超没有正面回答这一问题。他说，各国的实践经验证明，股市是有起有伏的，有过快上涨的时候，也有过快下跌的时候。"这也是股市的魅力所在。"

记者了解到，18日，国务院新闻办发布通知，国家统计局的一季度国民经济运行情况发布会从上午10点改为下午3点召开，市场的猜测之声顿时鹊起。"这还是我第一次听说国务院新闻办在下午举行类似的发布会"，一位市场人士对"下午3点的发布会"大感意外。"因为放在下午3点以后公布数据很难不令市场与此时刚刚收市的股市拉上联系。"

事实上，此前市场对即将公布的几大关乎加息与否的敏感数据已充满了走高的预期，认为一季度GDP增速突破11%，3月CPI（消费价格指数）增速突破3%警戒线，而由此引发的加息预期正是当下中国股市所担忧的。

国新办举行重要涉密经济数据泄露案件查办情况新闻发布会

2010年5月以来，我国国家宏观经济数据多次被泄露。重要经济数据属于国家秘密，泄露以后的危害主要表现在三个方面：一是政府的公信力受到了影响；二是经济秩序遭到了破坏；三是给经济运行带来危害。每一次经济数据泄露以后，股市发生异常波动，异常波动背后就有一些不公平的现象出现。这一问题引起了中央领导同志的高度关注，有关职能部门密切配合、依法履行职责，迅速查明了泄密经过。

国新办于2011年10月24日上午10时在国务院新闻办新闻发布厅举行新闻发布会，国家保密局新闻发言人、副局长杜永胜，最高人民检察院渎职侵权检察厅副厅长李忠诚介绍重要涉密经济数据泄露案件查办情况。

孙振在担任国家统计局办公室秘书室副主任及局领导秘书期间，于2009年6月至2011年1月，违反《国家保密法》规定，先后多次将国家统计局尚未对外公布的涉密统计数据共计27项，泄露给证券行业从业人员付某、张某等人。经鉴定，这27项被泄露的统计数据中有14项为机密级国家秘密，13项为秘密级国家秘密。近日，北京市西城区人民法院以故意泄露国家秘密罪依法判处被告人孙振有期徒刑五年，判决后被告人孙振没有提出上诉。

伍超明在中国人民银行金融研究所货币金融史研究室工作期间，于2010年1月至6

月，违反《国家保密法》规定，将其在价格监测分析行外专家咨询会上合法获悉的、尚未正式公布的涉密统计数据 25 项，向证券行业从业人员魏某、刘某、伍某等 15 人故意泄露 224 次，经鉴定，上述被泄露的 25 项统计数据均为秘密级国家秘密。近日，北京市西城区人民法院以故意泄露国家秘密罪依法判处被告人伍超明有期徒刑六年，判决后被告人伍超明没有提出上诉。

孙振、伍超明等人的泄露国家秘密案泄露的宏观经济数据，主要包括：工业增加值、城镇固定资产投资同比增长、国民生产总值(GDP)、全民消费价格指数(CPI)，工业产品出厂价格指数(PPI)、消费品零售总额、人民币贷款增加、广义货币同比增长 M2、狭义货币同比增长(M1)九种。经保密行政管理部门鉴定，部分数据在国家正式公布前，属于机密级国家秘密，部分数据在国家正式公布前属于秘密级国家秘密。这些经济数据泄露后，危害经济运行秩序，干扰市场公平竞争，危害政府的公信力，使国家社会和人民利益造成重大损失，应该说后果是十分严重的，必须依法惩治。

1.3.2 保证统计数据的真实是统计工作的生命

没有准确性，就没有统计。美国《文学摘要》因错误预测 1936 年美国总统选举结果而破产。

1936 年，参加美国总统竞选的是当时的在任的总统民主党的罗斯福（Franklin Roosevelt)和共和党的兰登(Alfred Landon)。为了预测 1936 年美国总统选举结果，Literary Digest《文学摘要》杂志共寄出 1000 万份问卷，收回 240 万份问卷。在调查史上，样本容量这么大是少见的。该调查结果预测共和党候选人 Alfred Landon 将以 59%对 41%击败民主党候选人 Franklin Roosevelt，但实际结果是 Franklin Roosevelt 赢得了 61%的选票。这项耗资巨大的调查使《文学摘要》杂志因名誉扫地而破产。

统计是一种中立性的研究和分析问题的工具，需要使用者深入领会统计方法的精髓。不合理地使用统计方法不仅得不到正确的结论，还会造成严重的后果。下面是一个关于统计方法作为司法证据应用的故事。

1999 年底，34 岁的英国女律师莎莉（Sally Clark）被控谋杀自己两个亲生孩子。她的第一个孩子在三个月大时原因不明猝死，尸检后被确认为是一例“婴儿猝死综合征”病例。一年以后，第二个孩子也在两个月大时原因不明猝死，负责尸检的医生对莎莉产生了怀疑，遂向警方举报。在两次婴儿死亡事件中，这位母亲都是单独和婴儿在一起，控方找不到莎莉谋杀自己两个亲生孩子直接的证据。

由于缺少可靠的人证、物证，参与莎莉案的 10 名陪审团成员只能通过听取一连串的医学专家证人的证词，以判断莎莉是否有罪，而出庭的专家证人各执一词。法庭上，英国儿科权威专家塞缪尔（Samuel Roy Meadow）作为专家证人，根据其对 4.4 万多个样本的统计研究成果——“婴儿突然死亡的秘密调查”得出推论：对于莎莉家庭这样，母亲大约 27 岁，家庭无人失业，无人抽烟的家庭，出现婴儿突然死亡综合征的概率是 1/8543，但如果连续出现两起，这概率则为 1/7300 万。塞缪尔在陪审团面前，一字一句、不容置疑地念出其专著《儿童虐待的基础知识》中的一句话：一个死婴是不幸，两个死婴很可疑，三个死婴就是谋杀！既然莎莉和她的辩护团队拿不出莎莉没有杀害婴儿的证据，那么莎莉就是凶手！

统计学应用的争论，曾让“杀婴事件”案情两次逆转。由于英国皇家统计协会公开指责塞缪尔推理所犯下的统计错误，2003 年莎莉最终赢得了第二次上诉。塞缪尔因此失去了作为法庭专家证人的资格，而莎莉 2007 年因为酗酒过度而死于家中，年仅 42 岁。

1.3.3 保证统计数据真实、完整的措施与要求

保证数据完全真实、绝对可靠是非常困难的，但统计造假与统计误差是不同的概念。统计误差是由于技术、时间和费用的限制，统计工作在很多情况下，还很难做到完全准确、全面。统计造假是在统计工作中主观故意为了某种目的，故意放弃追求真实数据的一种行为。例如，在统计调查中故意选择不具有代表性的单位进行统计调查，或者对有些现象视而不见、直接涂改统计数字等。

统计从业者的业务素质和业务能力是保证数据质量的前提。统计从业者要有科学、严谨、认真、负责的态度，要认真学习研究统计方法、统计标准和工作规范。各个阶段、各个环节的科学的标准和规范、严格完善的管理是统计数据质量的保证。在整理统计数据之前，要审查原始数据是否真实、准确、全面。对于不符合要求、矛盾、不合逻辑的调查数据应由调查者负责核实和修订。

“官出数字、数字出官”的怪圈表明：保证统计数据的客观、准确，抵制统计造假任重道远。有些领导在为显示“政绩”和获取“名利”时，夸大成绩，隐瞒问题；在为了获得利益，向上级讲困难、搞扶贫时又是另一个数字。国家为了保证统计数据的质量，在《中华人民共和国统计法》对统计机构和人员的行为作出了明确的要求。

权威发布

《中华人民共和国统计法》（2009 年修订）有下列规定：

第十条　任何单位和个人不得利用虚假统计资料骗取荣誉称号、物质利益或者职务晋升。

第二十九条　统计机构、统计人员应当依法履行职责，如实搜集、报送统计资料，不得伪造、篡改统计资料，不得以任何方式要求任何单位和个人提供不真实的统计资料，不得有其他违反本法规定的行为。

统计人员应当坚持实事求是，恪守职业道德，对其负责搜集、审核、录入的统计资料与统计调查对象报送的统计资料的一致性负责。

第三十七条　地方人民政府、政府统计机构或者有关部门、单位的负责人有下列行为之一的，由任免机关或者监察机关依法给予处分，并由县级以上人民政府统计机构予以通报：

（一）自行修改统计资料、编造虚假统计数据的；

（二）要求统计机构、统计人员或者其他机构、人员伪造、篡改统计资料的；

（三）对依法履行职责或者拒绝、抵制统计违法行为的统计人员打击报复的；

（四）对本地方、本部门、本单位发生的严重统计违法行为失察的。

真实、完整的统计数据需要加强对统计工作的规划与有效的管理，也需要先进的统计技术和方法。随着 IT 技术的发展，自动信息采集数据成为可能，超市的 POS 收款机可以自动收集商品销售情况的数据；企业的自动生产线上的检测设备可以自动检测产品质量数据，为产品质量控制服务。IT 设备自动采集数据不仅可以保证数据的及时性，提高数据采集的效率，降低数据采集的成本，还可以保证数据的准确性。

统计在身边

北京地区电视日均开机率超 60%

央视网消息(新闻联播)：北京市依托有线电视网络和高清交互数字电视平台建立的大样本收视数据研究中心，发布了本月 1 号到 12 号的开机率、平均收视时长等数据。

实时数据显示，北京地区高清交互用户近两年平均每日开机率稳定，保持在 60%以上，日均开机率达到 65.11%，凸显电视仍然是主流的传播媒介。近年来，北京地区有线电视用户每日每户平均收视时长持续增长，从 2012 年的 192 分钟，已经上升到 2014 年的 206 分钟，2014 年 11 月 12 日的平均收视时长为 221 分钟。据了解，北京约 500 万电视用户中，有超过 400 万高清交互数字电视用户，居于全国第一。

高清交互数字电视机顶盒，能自动采集和回传操作数据。相比过去针对在城市中选择部分收视群体的入户调研，样本采集，误差大大减小，并且计算机全程采集避免了人为干预。

资源来源：http://news.cntv.cn/2014/11/27/VIDE1417087439024957.shtml

本章习题

1-1 统计可以应用于哪些领域？有什么作用？

1-2 统计工作一般要经过哪些必要的工作过程？

1-3 什么是描述统计？什么是统计推断？推断统计有哪些优势？

1-4 如何确定统计调查的项目？什么是变量？

1-5 请查找下列问题的有关数据资料，说明数据的出处，数据所属的空间范围、时间范围。如果由你来组织一次调查来获取这些，你应该调查的个体是什么？需要收集哪些信息？需要注意什么问题？

（1）中国有多少人口？中国的男性人口比女性人口多多少？

（2）成年男子的身材一般比女性高多少厘米？

（3）中国现有多少所大学？

（4）手机的电磁波会增加使用者患脑肿瘤的风险吗？

1-6 为什么说真实性是统计的生命？如何保证统计数据的质量？

第 2 章　反映总体分布状况的统计表与统计图

学习要点

- 将众多反映个体定性特征的数据整理为反映总体结构状况的次数分布表和条形图、饼图等；
- 能够制作和理解帕累托图；
- 根据次数分布表、条形图、饼图等说明总体的结构和状况；
- 能够使用 Excel 软件按个体特征值大小对个体排序或分组，并制作反映总体分布特征的分组表以及点图、直方图、折线图等；
- 根据分组表以及点图、直方图、折线图等说明总体分布的特征；
- 理解组距式分组的相关概念，如组限、组距、组中值，次数（频数）、比率、次数密度等概念；
- 理解向上累计的含义及反映向上累计的折线图；
- 根据个体数据制作双变量分组表。

导读案例

一幅图、一张表胜过千言万语

对某高校 3318 名学生进行一次体能测试，测试项目主要包括学生的姓名、性别、身高、体重、肺活量、体型类别、分数、成绩等级等。由于调查收集到的关于个体的数据量较大，即使拿到这些详细的数据也难以一下子对总体情况有清晰的了解，但根据调查数据整理出的三幅统计图（图 2-1 ~ 图 2- 3 ）和两张统计表（表 2-1 和表 2-2），我们对总体的情况便有了清新的认识。

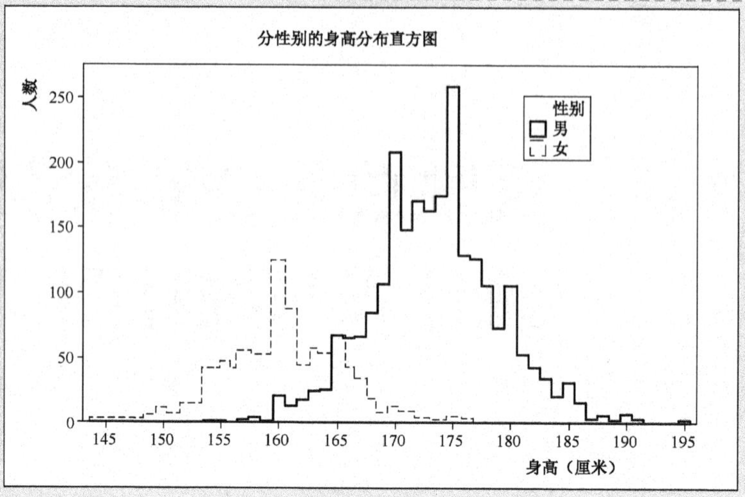

图 2-1　身高分布直方图

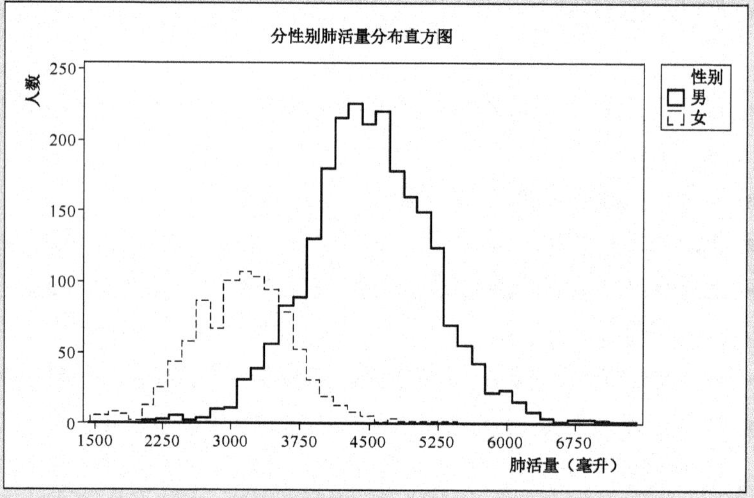

图 2-2　肺活量分布直方图

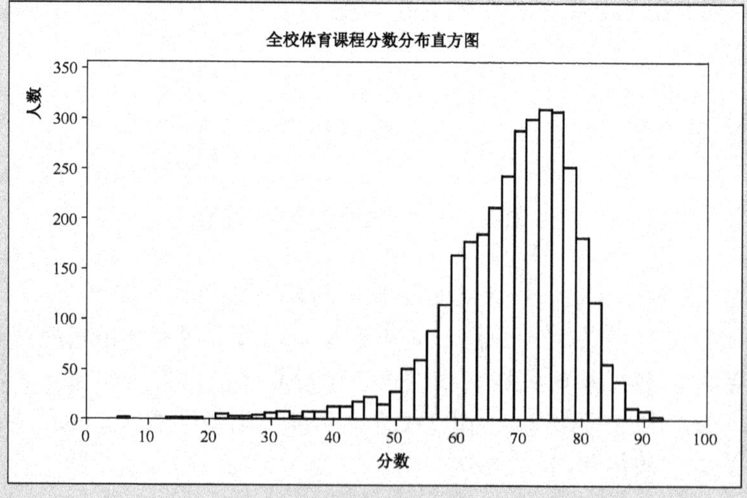

图 2-3　全校体育课程分数分布直方图

表 2-1 体型类别、性别与成绩等级交叉分组表

体型类别	性别	体育成绩等级				合计
		不及格	及格	良好	优秀	
营养不良	男	27	44	18	0	89
	女	4	20	17	0	41
较低体重	男	102	469	206	0	777
	女	48	253	139	1	441
正常体重	男	136	579	407	4	1126
	女	50	220	160	3	433
超重	男	40	119	12	0	171
	女	6	4	2	0	12
肥胖	男	134	80	4	0	218
	女	4	6	0	0	10
合计		551	1794	965	8	3318

表 2-2 性别与体型类别双变量交叉分组表

	营养不良	较低体重	正常体重	超重	肥胖	全部
男	89	777	1126	171	218	2381
女	41	441	433	12	10	937
全部	130	1218	1559	183	228	3318

【案例分析】

统计图和统计表可以将大量反映个体特征的数据条理化，直观地反映总体的分布特征和不同变量之间的关系，具有简洁明了的特点，是统计说明问题的重要工具。

统计工作面对大量的个体和反映个体特征的数据，不经过必要的加工处理就无法反映总体的状况。反映总体特征的方式主要有两种：一是将反映个体的数据进行排序、分类和汇总，绘制反映总体状况的统计表或统计图；二是根据个体特征数据计算反映总体特征的统计指标（这部分内容将在本书第 3 章详细介绍）。

按个体特征值的不同，对个体进行排序、分类和汇总，得到反映总体分布状况的统计图和统计表的工作过程就是统计整理。排序、分类、汇总是统计整理阶段使用的方法，由于工作量较大，为提高统计工作的效率，保证工作质量，这部分工作通常要借助计算机和必要的统计软件来进行。

2.1 对统计调查收集个体信息的基本要求

统计研究是从收集个体数据开始的。个体数据就是反映每个个体具体特征的信息，这些信息包括反映个体属性特征的文字和反映数量特征的数值等。

统计调查的任务就是收集反映个体特征的信息，为统计数据处理和分析提供基本素材。为保证统计工作的质量和效率，统计调查必须按照预先规定的要求和标准，有目的、有针对性地收集反映个体特征的信息。统计对反映个体特征的信息的基本要求可以概括为在内容方面、形式方面和经济方面的要求。

2.1.1 内容方面的要求

对统计收集的反映个体特征的信息在内容方面的要求是准确、全面。

所谓准确，就是每一项数据都是对个体的属性和数量特征的客观反映与记载，为保证数据的准确，在调查之前，需要选择科学的调查方法，合理安排调查时间，选择准确的测量、计量工具，同时需要对调查人员进行必要的岗前培训；在调查之后要对收集的数据进行必要的审核和抽查。

所谓全面，就是计划需要收集信息的每一个个体的信息都能收集到手上来，不遗漏应该调查的个体，同时，关于每个个体的信息都应该是完整的，不遗漏计划规定应当调查的项目。

2.1.2 形式方面的要求

对统计收集的反映个体特征的信息在形式方面的要求是简洁、规范。

所谓简洁，就是收集的信息是计划规定应该收集的信息，没有明确规定需要收集的信息就不收集，不擅自增加调查个体，也不擅自增加调查项目，不要让无用的信息淹没有用的信息，增加统计数据处理的工作量，集中精力把该做的工作做好。

所谓规范，就是收集的信息符合规定的标准、形式严谨。对于个体定性特征的调查，在收集信息之前要制定各种备选选项和对应的编码，防止同一种特征出现两种或两种以上的表述。例如，对年龄的调查，如果简单用“你的年龄是？”这样的方式提问，同样是 1994 年 6 月出生的人，他们可能会有三种回答，除非规定了明确的回答标准。一是出生日期（假设为 1994 年 6 月）；二是岁数（若调查时间为 2012 年 6 月，有的人会回答“18 岁”，有的人回答“19 岁”）；三是属相（狗）。这三种回答虽然并不会使我们有答非所问的感觉，但一定会给后面的数据处理、统计分析带来巨大的麻烦和困难。

因此，对于个体定量特征的调查，要统一计量方法，统一计量的时间和空间范围，统一计量单位，防止因为计量方法、计量范围和计量单位不同而造成同一情况两个数值的情况发生。如果收集的个体数据不规范，就会给后续的统计数据处理带来巨大的不便和困难。

2.1.3 时间和经济性的要求

对统计收集的反映个体特征的信息在时间和经济性的要求是及时和低成本。

统计工作是一个复杂的系统性的工程，统计信息具有很强的时效性，过时的统计信息对实际工作的价值就很低或者就没有任何价值。个体信息是整个统计信息的基础，因此，统计调查要及时提供反映个体特征的信息。

任何经济、管理活动都要注重经济性，统计工作也不例外。所谓经济性，就是对个体信息的收集要考虑信息收集的费用，能用抽样调查解决问题的就不要用全面调查，能用计算机系统收集的信息的就不要用人工收集。

2.2 对个体按属性特征分组的统计表和统计图

2.2.1 个体的属性特征和定量特征

反映个体特征的信息按是否能客观准确的定量描述,分为定量特征和属性特征。

属性特征信息主要是关于个体归属的种类、类型、等级等方面信息。例如，国家统计局下发的《法人单位基本情况》调查表中的调查项目：行业类别、单位规模、登记注册类型、企业控股情况、营业状态、是否为工业新建投产企业、是否为国家高新技术产业开发区内企业或区外认定的高新技术企业等这些都属于对个体定性特征信息的调查，收集的信息是个体的定性特征。

这些调查项目不仅有调查项目的名称，还有项目可供选择的备选选项、代码和具体的解释和标准等。这些项目具体的备选选项和代码如下。

行业类别：

根据《国民经济行业分类(GB/T 4754-2011)》和企业具体情况选择确定

单位规模： □

1 大型　2 中型　3 小型　4 微型

登记注册类型　□□□

内资：

110 国有；120 集体；130 股份合作；141 国有联营；142 集体联营；143 国有与集体联营；149 其他联营；151 国有独资公司；159 其他有限责任公司；160 股份有限公司；171 私营独资；172 私营合伙；173 私营有限责任公司；174 私营股份有限公司；190 其他

港澳台商投资：

210 与港澳台商合资经营；220 与港澳台商合作经营；230 港澳台商独资；240 港澳台商投资股份有限公司；290 其他港澳台投资；

外商投资：

310 中外合资经营；320 中外合作经营；330 外资企业；340 外商投资股份有限公司；390 其他外商投资

企业控股情况： □

1 国有控股　2 集体控股　3 私人控股　4 港澳台商控股　5 外商控股　9 其他

营业状态： □

1 营业　2 停业(歇业)　3 筹建　4 当年关闭　5 当年破产　9 其他

是否为工业新建投产企业：□

1 是　2 否　(如填"1 是"，请填写正式投产时间)年月

是否为国家高新技术产业开发区内企业或区外认定的高新技术企业：□

1 是　2 否

定性特征有些是有顺序和程度差异的，例如，单位规模可以划分为大型、中型、小型、微型，这是按规模从大到小的顺序依次排列的。

动手做一做

2-1　请在互联网上查阅国家统计局对单位规模划分标准的变迁、规模划分的意义和新旧标准的差异。

定量特征主要是用自然单位、度量衡单位或货币做计量单位对个体特征进行计量和反映的信息。例如，国家统计局下发的《法人单位基本情况》调查表中的调查项目：从业人员；企业主要经济指标；产业活动单位数等。具体来说：

从业人员

从业人员期末人数：___人　其中：女性___人

企业主要经济指标

营业收入______千元

其中：主营业务收入______千元　资产总计______千元

产业活动单位数

总计___个　其中：1 农林牧渔业___个　2 工业___个

3 建筑业个___　4 批发和零售业___个　5 住宿和餐饮业___个

6 房地产业___个　9 其他___个

这些都属于个体的定量特征，定量特征分为连续变量和离散变量。以货币、度量衡单位做计量单位的特征值属于连续变量，以自然单位做计量单位的特征值属于离散变量。

动手做一做

2-2　请查阅国家制定的有关统计标准，说明什么叫产业活动单位？在统计中为什么要划分产业活动单位？

2.2.2　对个体按属性特征的分组及表示

以一个实例来讲解对个体原始数据的处理问题。表 2-3 是对某校电商 101 班学生身体素质情况的调查结果。其中，学生的姓名、性别、体育成绩等级等都是个体的属性特征。

表 2-3 电商 101 班学生身体素质调查结果

编号	姓名	性别	身高（cm）	体重（kg）	体型类别	体育分数	体育成绩等级
1	赵永胜	1 男	170	57.8	2 较低体重	68	2 及格
2	董赛丛	1 男	174	75.4	5 肥胖	67.9	2 及格
3	王新新	2 女	163	54.5	3 正常体重	71.8	2 及格
4	张小刚	1 男	181	84	5 肥胖	52	1 不及格
5	车龙龙	1 男	180	57.4	2 较低体重	78.5	3 良好
6	陈冲	1 男	172	70.4	4 超重	69.9	2 及格
7	刘嘉怡	2 女	170	54.6	2 较低体重	74.9	2 及格
8	冯全通	1 男	166	64.9	4 超重	54.3	1 不及格
9	张建华	1 男	166	57.2	3 正常体重	67.9	2 及格
10	宋树珍	2 女	154	43.7	2 较低体重	78.5	3 良好
11	崔昆鹏	1 男	161	52.3	2 较低体重	69.7	2 及格
12	成功	1 男	167	54.7	2 较低体重	77.6	3 良好
13	安保军	1 男	174	60.3	2 较低体重	54.9	1 不及格
14	张方方	2 女	156	50.7	3 正常体重	75.6	3 良好
15	陈海涛	1 男	176	67.2	3 正常体重	61.6	2 及格
16	杜璐璐	2 女	159	54.2	3 正常体重	70.6	2 及格
17	武俊娜	2 女	157	53	3 正常体重	67.1	2 及格
18	王煜廷	1 男	188	71.5	3 正常体重	72.1	2 及格
19	庞莉	2 女	159	55.4	3 正常体重	62	2 及格
20	彭岩	2 女	161	56.9	3 正常体重	70	2 及格
21	杜玉臣	1 男	182	100.9	5 肥胖	45.7	1 不及格
22	常艺贤	2 女	158	47.1	2 较低体重	76.2	3 良好
23	王顺志	1 男	179	59.8	2 较低体重	60.6	2 及格
24	孙青芳	2 女	159	48	2 较低体重	59.1	1 不及格
25	樊宁宁	2 女	156	50	3 正常体重	73.9	2 及格
26	王胜男	2 女	147	56.7	4 超重	46.2	1 不及格
27	陈丽丽	2 女	155	50.4	3 正常体重	61.2	2 及格
28	高雅	2 女	164	48.4	2 较低体重	74.7	2 及格
29	魏晓慢	2 女	170	63.7	3 正常体重	57.2	1 不及格
30	冉莉	2 女	163	49.2	2 较低体重	73.8	2 及格
31	陈心凯	1 男	170	58.4	2 较低体重	66	2 及格
32	岳坤永	1 男	173	64.4	3 正常体重	57.6	1 不及格
33	张艳美	2 女	160	57.6	3 正常体重	66.8	2 及格
34	张中泽	1 男	191	87.3	5 肥胖	56.6	1 不及格
35	李明明	1 男	170	57.7	2 较低体重	56.4	1 不及格
36	袁海波	1 男	175	84.2	5 肥胖	59.2	1 不及格
37	豆来军	1 男	170	63.1	3 正常体重	72.3	2 及格
38	贾楠	2 女	163	57.4	3 正常体重	85.5	3 良好
39	邓雪峰	1 男	166	60.7	3 正常体重	76.6	3 良好

续表

编号	姓名	性别	身高（cm）	体重（kg）	体型类别	体育分数	体育成绩等级
40	李国斌	1 男	170	57.2	2 较低体重	57	1 不及格
41	刘俊丽	2 女	154	49.6	3 正常体重	79.6	3 良好
42	丁延延	2 女	155	58.5	3 正常体重	64.3	2 及格
43	范振强	1 男	181	56.4	1 营养不良	75.2	3 良好
44	杨欢欢	2 女	162	46.2	2 较低体重	82.9	3 良好

对个体按属性特征分组，首先需要选择分组的依据和标准。分组的依据和标准又称为分组标志。实际的统计工作根据分组的目的，即“为什么要分组，分组干什么？”来选择分组的依据——分组标志。

实际操作举例

例 2-1 根据表 2-3 的信息，整理学生的体育成绩等级结构。

解： 对 44 名学生按体育成绩等级分组并统计各组的人数，结果如表 2-4 所示。

表 2-4 体育成绩等级结构

体育成绩等级	汇总
1 不及格	12
2 及格	22
3 良好	10
总计	44

例 2-2 将表 2-3 的数据录入 Excel 中，使用其中的数据透视表功能整理学生的体型类别分布。

解： 操作分为以下几个步骤：

第一步，将数据录入 Excel 中。

第二步，用鼠标选中数据表上的某个单元格，单击“插入”菜单，选择其中的“数据透视表”工具，程序弹出“创建数据透视表”对话框，如图 2-4 所示。

第三步，检查该对话框中的“表/区域（T）:”一栏所指定的数据范围是否与要处理的数据范围一致，不一致的要修改，本例不需修改。程序默认放置数据透视表的位置为“新工作表”，如不需修改，单击“确定”按钮，如图 2-4 所示。

第四步，在“数据透视表字段”对话框中选中“体型类别”并按住鼠标左键将其拖动到程序提示的“将行字段拖至此处”位置后松开。

第五步，再次选中“体型类别”并按住鼠标左键，将其拖动至程序提示的“将值字段拖至此处”位置后松开。

这样就完成了全部操作。结果如图 2-5 所示。

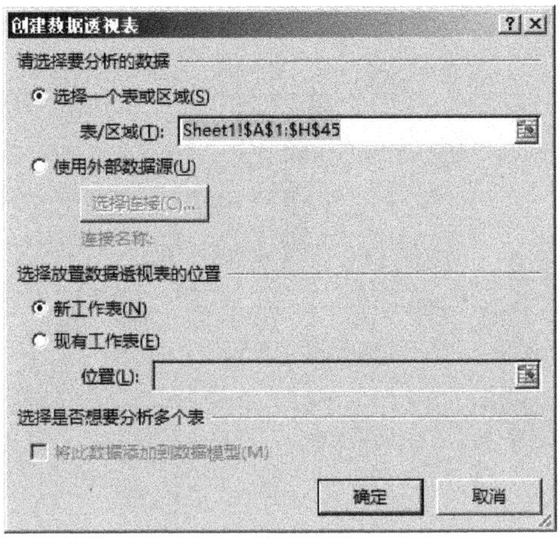

图 2-4　创建数据透视表

	A	B
1		
2		
3	计数项：体型类别	
4	体型类别	汇总
5	1 营养不良	1
6	2 较低体重	16
7	3 正常体重	19
8	4 超重	3
9	5 肥胖	5
10	总计	44
11		

图 2-5　数据透视表处理结果

动手做一做

2-3　将表 2-3 的数据录入 Excel 中，练习使用数据透视表功能完成按体育等级分组。同时按体育成绩排序并清点各等级的人数，比较排序清点结果与数据透视表输出的结果，验证数据透视表给出的结果是正确的。

2.2.3　反映个体属性特征分布的统计图

个体属性特征的结构不仅可以用表的形式表示，也可以用饼图和条形图表示。

1. 饼图

根据表 2-3 电商 101 班学生身体素质调查结果，作电商 101 班性别结构的饼图，如图 2-6 所示。

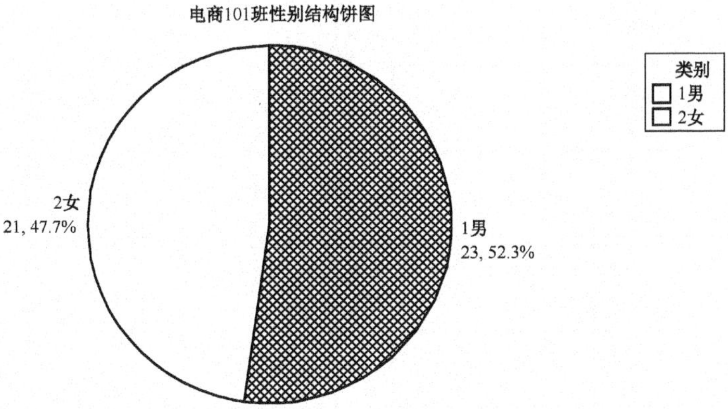

图 2-6　电商 101 班性别结构饼图

根据表 2-3 电商 101 班学生身体素质调查结果也可以作电商 101 班的体型类别结构饼图，如图 2-7 所示。

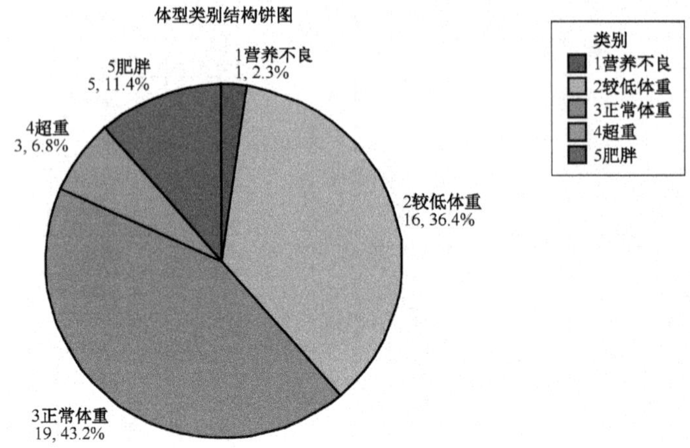

图 2-7　体型类别结构饼图

2. 条形图

条形图是用宽度相同但高度（或长度）不同的矩形代表总体的不同组成部分，每一个矩形代表总体的一个组成部分，高度或长度代表这部分包含个体的数量，矩形越高，表示这部分包含的个体数量越多。因各部分是以定类数据或定序数据划分的，在各个部分之间一般都有一定的间距。

电商 101 班学生体育成绩结构条形图如图 2-8 和图 2-9 所示。

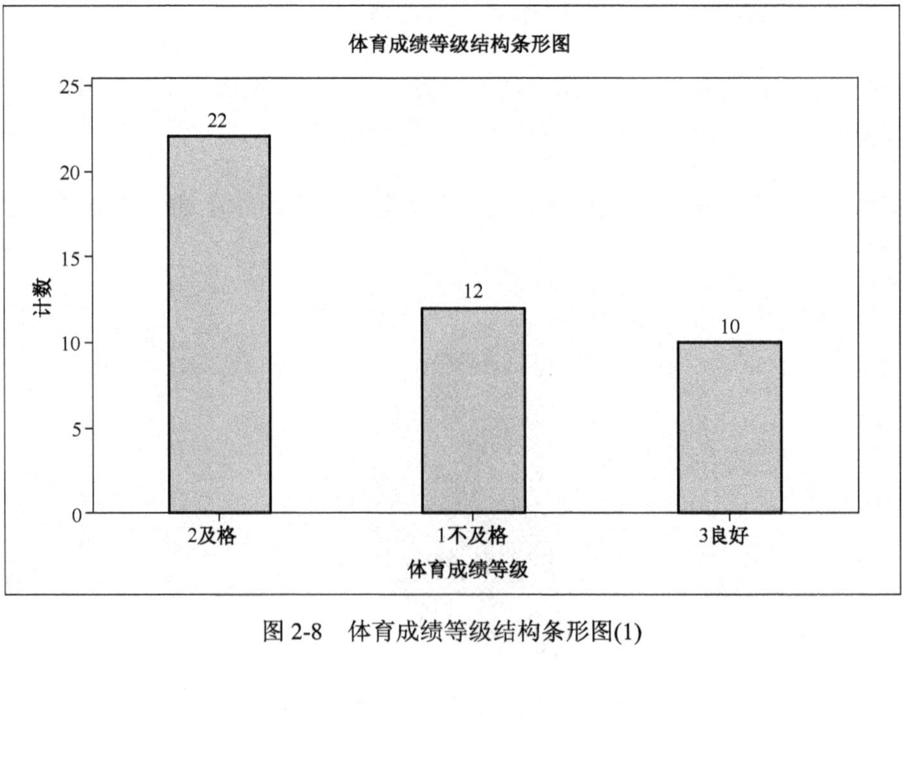

图 2-8　体育成绩等级结构条形图(1)

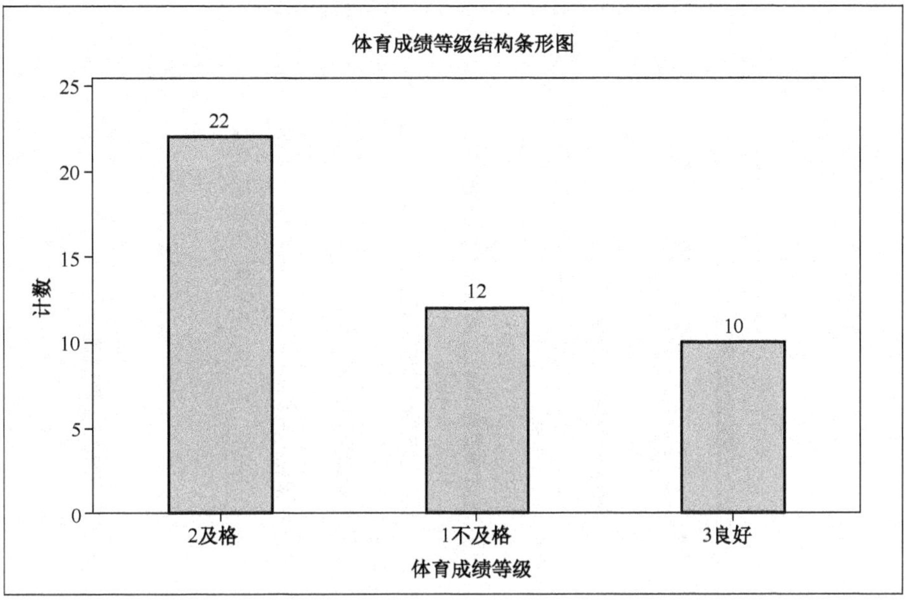

图 2-9 体育成绩等级结构条形图(2)

动手做一做

2-4 比较图 2-8 与图 2-9，说说两幅图的区别，分别有什么优点？什么是帕累托图？

2-5 根据表 2-3 电商 101 班学生身体素质调查结果中的数据，作成绩等级结构的饼图和体型类别的条形图，图例和数据标签要完整。

条形图也可以表示总体定性分组及再分组中各个组成部分内个体数量的差异，这种条形图称为复合条线图，复合条形图一般要有图例，说明不同颜色或图案代表的是什么信息。条形图还可以表示某一指标在不同时间的变化情况。例如，某校 2007 年春在校生人数结构如表 2-5 所示。

表 2-5 某校 2007 年春分系别在校生人数

系别	男生	女生	学生人数
材料工程系	955	155	1110
电气工程系	1050	223	1273
电子通信工程系	795	292	1087
管理工程系	358	524	882
机电工程系	1176	294	1470
机械工程系	1477	199	1676
计算机科学与技术系	835	435	1270
经济贸易系	395	413	808
外语系	41	208	249
艺术设计系	134	197	331
自动控制系	592	105	697
总计	7808	3045	10853

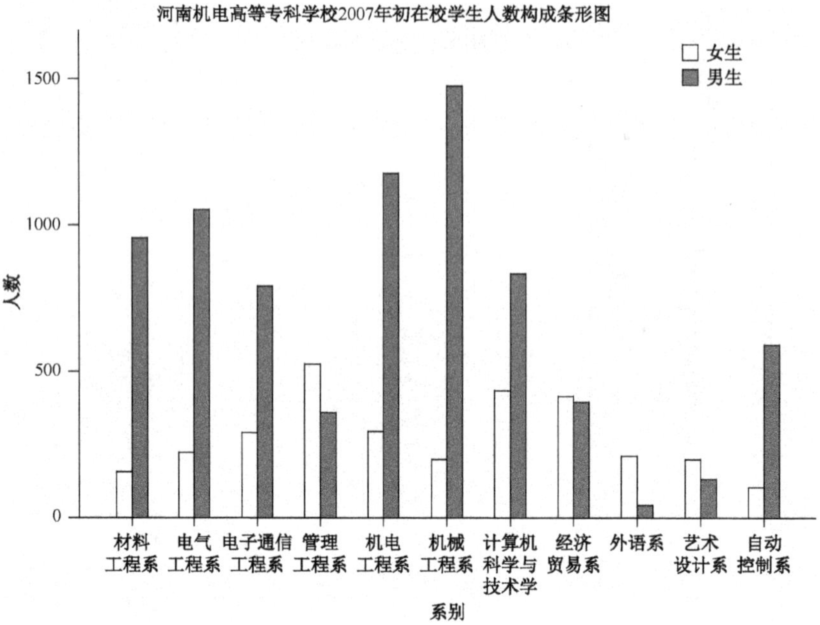

图 2-10 各系男、女生人数复合条形图

动手做一做

2-6 仔细观察图 2-10，说明哪些系的男生人数比女学生人数少一些。

2.3 对个体按定量特征的分组问题

2.3.1 对个体按定量特征的单项式分组与组距式分组

每一组内所有个体的数量特征值都相等的分组，称为单项式分组。同一组内的所有个体关于分组标志的特征值完全相同，没有差异。例如，对家庭按人口数分组，可以分为一口人的家庭、两口人的家庭、3 口人的家庭，…。3 口人的家庭这一组内每一个家庭的人口数都等于 3，否则，这一家庭就应该分到其他组中。单项式分组仅仅适用于个体的数量特征为离散型数值（个体可能的数量特征值可一一列举），且数量特征可能的取值不太多的情况。

组距式分组与单项式分组不同，它不要求分到同一组中的所有个体的数量特征值都相等。组距式分组需要确定每一组的上限、下限（特征值最小的组可以只规定上限，如××以下；特征值最大的组可以只规定下限，如××××万元以上。只有上限或下限的组称为开口组）。

组距式分组不仅适用于个体数量特征为连续型变量的情况，也适用于个体数量特征值为变化范围较大的离散型变量的情况。

1. 单项式分组及点图

某学校为合理配置计算机实训室中计算机的数量，需要了解各个班级的学生数量分布情况。因此，本次调查的单位是班级，而不是每一个学生。调查结果如表 2-6 所示。

表 2-6　各班学生人数一览表

班级	学生人数	班级	学生人数	班级	学生人数	班级	学生人数
电缆 091	42	环境 091	31	计信管 091	37	通技 091	31
电缆 092	43	环艺 091	24	计应用 091	44	通技 092	31
电缆 093	45	环艺 092	23	酒店 091	41	通网 091	46
电缆 094	46	会计 091	54	酒店 092	36	文秘 091	35
电力 091	53	会计 092	46	旅游 091	28	医电 091	38
电力 092	51	机电 091	48	模具 091	39	印刷 091	35
电器 091	47	机电 092	49	模具 092	42	英语 091	26
电器 092	46	机电 093	50	模具 093	43	英语 092	26
电商 091	46	机电 094	52	模具 094	41	英语 093	24
电信 091	38	机计 091	40	模具 095	43	英语 094	25
电信 092	37	机计 092	41	模具 096	48	营销 091	37
电信 093	35	机计 093	43	汽检 091	46	营销 092	47
电信 094	39	机计 094	39	汽检 092	58	营销 093	46
多媒体 091	36	机制 091	38	汽制 091	54	营销 094	24
工企 091	44	机制 092	40	汽制 092	53	应电 091	43
供电 091	52	机制 093	39	软件 091	46	应电 092	42
供电 092	47	机制 094	40	软件 092	47	应电 093	49
广告 091	19	机制 095	39	软件 093	46	造型 091	19
广告 092	19	机制 096	40	软件 094	47	造型 092	21
国贸 091	43	计科学 091	26	数控 091	39	制冷 091	33
焊接 091	40	计科学 092	27	数控 092	39	制冷 092	33
焊接 092	41	计控 091	46	数控 093	38	自 091	50
焊接 093	40	计控 092	49	数控 094	38	自 092	51
焊接 094	32	计网络 091	43	数控 095	38	自 093	53
化工 091	54	计网络 092	39	数控 096	38	自 094	50

根据表 2-6 提供的信息，按班级人数分组整理出班级人数的单项式分布表，结果如表 2-7 所示。

表 2-7　不同人数的班级数

班级人数	班级数	向上累计数	班级人数	班级数	向上累计数	班级人数	班级数	向上累计数
19	3	3	35	3	23	46	10	76
21	1	4	36	2	25	47	5	81
23	1	5	37	3	28	48	2	83
24	3	8	38	7	35	49	3	86
25	1	9	39	8	43	50	3	89
26	3	12	40	6	49	51	2	91
27	1	13	41	4	53	52	2	93

续表

班级人数	班级数	向上累计数	班级人数	班级数	向上累计数	班级人数	班级数	向上累计数
28	1	14	42	3	56	53	3	96
31	3	17	43	7	63	54	3	99
32	1	18	44	2	65	58	1	100
33	2	20	45	1	66			

表 2-7 中的某一组的“向上累计数”表示的是人数小于等于各组特征值的班级数，某一组的向上累计数等于较小一组的向上累计数加上本组的班级数。

全校班级人数的分布状况，也可以用点状图表示，具体情况如图 2-11 所示。

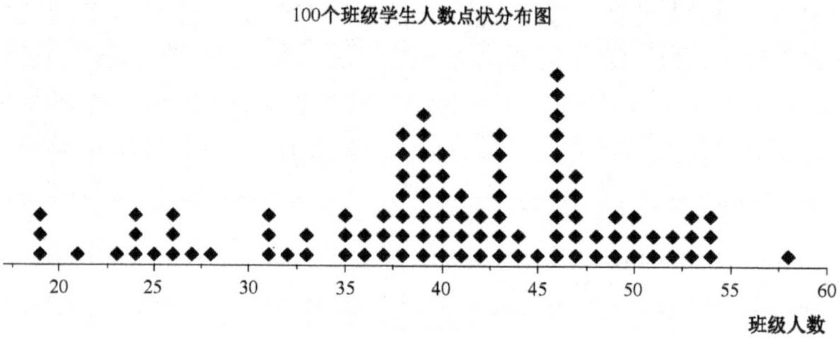

图 2-11 班级人数分布的点状图

点状图是由一条水平轴和若干个点构成的反映个体数据分布状况的图形，点状图的水平轴表示个体特征值的变动范围，是一条水平的数轴，从左至右数值依次由小到大。

个体数量特征值的大小不同，代表这个个体的点在水平轴上的位置也不相同。点状图用点的堆积多少来反映不同特征值出现的次数多少。哪个特征值上的点堆积得越高，说明总体内特征值等于水平轴上数值的个体数量越多。

动手做一做

2-7 根据表 2-3 电商 101 班学生身体素质调查结果，编制学生身高的单项式分组表，并作电商 101 班 44 名学生身高的点状分布图，说说这个班学生身高分布的特点。

2. 组距式分组

当个体数量多且个体数量特征值的变化范围较大时，就应该用组距式分组反映总体的分布状况，次数分布表和直方图是反映总体分布的重要形式。

根据 2-6 表提供的数据，按组距式分组可形成表 2-8。表 2-8 是以 18 人为起点，5 人为组距的组距式分组。

表 2-8 100 个班级按人数分组表

各组界限	含义	班级数 f_i	班级数所占比重 $\frac{f_i}{\sum f}$ (%)
18～23	18≤x<23	4	4.0
23～28	23≤x<28	9	9.0

续表

各组界限	含义	班级数 f_i	班级数所占比重 $\frac{f_i}{\sum f}$（%）
28～33	$28 \leqslant x < 33$	5	5.0
33～38	$33 \leqslant x < 38$	10	10.0
38～43	$38 \leqslant x < 43$	28	28.0
43～48	$43 \leqslant x < 48$	25	25.0
48～53	$48 \leqslant x < 53$	12	12.0
53～58	$53 \leqslant x < 58$	6	6.0
58～63	$58 \leqslant x \leqslant 63$	1	1.0

3. 直方图

直方图是用来反映总体分布情况的图形，其基本单元为矩形，每一组用一个矩形表示。通常用矩形的宽表示组距，矩形的高表示各组的次数。表 2-8 可以用直方图来表示，如图 2-9 所示。

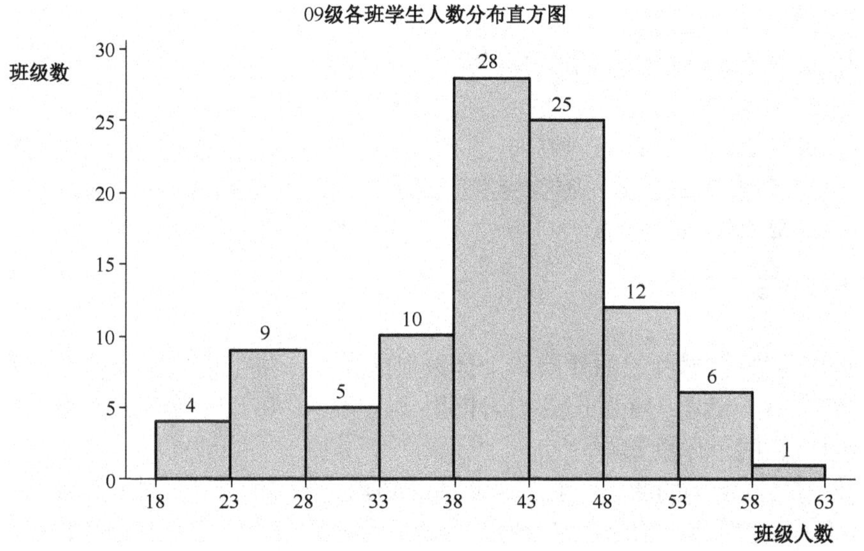

图 2-12　班级人数分布直方图

2.3.2　组距式分组的组限、组距、组中值

1. 组限与组距

对总体内的个体按数值大小分组时，需要明确规定每一组所能容纳个体数据的最小值和最大值。这些规定的最大值或最小值称为组限。组限有下限与上限之分，每一组所容许的最小值称为该组的下限，所容许的最大值称为该组的上限。组限也称为割点或分割点。

当总体中存在具有极小值和极大值的个体时，最小组（最大组）通常不明确规定下限（上限），只规定这一组的上限（下限），如“60 以下”（3000 以上）。同样，最大组通常只规定这一组的下限，如“6000 以上”。这些只规定上限或下限的组称为“开口组”。

无论是按连续型变量，还是按离散型变量分组，为保证每一个个体能且只能分在一组当中，在相邻两组之间只设置一个组限，这样设置组限的分组称为同限分组。在同限分组的情况下，个体的数量特征值须大于等于下限且小于上限，这样的规定就是分组的“上限不在内”原则。

某一组上限与下限的差，称为该组的组距。组距式分组按各组的组距是否全部相等，分为等距分组和不等距分组。若分组的各组（开口组除外）组距都相等，就称为等距分组；否则，就称为不等距分组。

2. 组中值

组中值是各组上、下限之间中点值，在统计分析时，可作为各组个体数量特征的一般水平或代表性水平的近似值。

$$组中值=\frac{下限+上限}{2}$$

计算开口组的组中值时，假设开口组的组距与相邻组的组距相等。

2.3.3 确定各组个体数量的方法

统计分组需要合理划定各组的界限，同时还需要采用科学的方法准确确定各组内个体的数量。在划定各组界限之后，确定各组班级数的方法有两种：一种方法是手工画记法，另一种方法是计算机辅助分组法。

1. 手工画记法

手工画记法就是根据各组的界限和个体数值的大小，将个体一个个地划分到不同的组并在相应的组中做上记号（在我国人们习惯用“正”字，每写一笔代表一个单位）以便于最后清点各组包含的个体数量。

例如，对表 2-6 所示的数据，我们从第 1 个班级电缆 091 开始，电缆 091 班有 42 人，因为这个班的人数符合第 5 组的人数规定 “人数大于等于 38 且小于 43 的班级”，所以在第 5 组画上“正”字的第一笔——“一”。为避免重复和遗漏，同时在电缆 091 班上做个记号“√”，每个班被分入相应组别之后都要这样处理的；

第 2 个班级是电缆 092，有 43 人，因为第 6 组是“人数大于等于 43 且小于 48 的班级”，电缆 092 应划归第 6 组，而不是第 5 组。这样的规定就是同限分组时应遵循的基本原则——“上限不在内原则”。因此，我们在第 6 组中画上“正”字的第一笔——“一”；

第 3 个班级是电缆 093 有 45 人，属于第 6 组，我们在第 6 组再画上“正”字的第二笔——“丨”（表示第 6 组中已经有两个个体）；

……；

第 100 个班级（最后一个班级）是自 094，有 50 人，属于第 7 组，我们在第 7 组画上第 3 个“正”的第二笔——“丨”。

处理完所有的个体之后，根据各组的记号统计各组的个体数，也就是班级数。结果如表 2-9 所示。

表 2-9　手工划记分组法

按人数分组	含　义	画　记	次　数
18～23	18≤x<23	止	4
23～28	23≤x<28	正 止	9
28～33	28≤x<33	正	5
33～38	33≤x<38	正 正	10
38～43	38≤x<43	正 正 正 正 正 下	28
43～48	43≤x<48	正 正 正 正 正	25
48～53	48≤x<53	正 正 丁	12
53～58	53≤x<58	正 一	6
58～63	58≤x≤63	一	1

2. 计算机辅助分组法

我们在此以表 2-7 不同人数的班级数中提供的基本数据为对象，介绍使用 Minitab 16 绘制班级人数分布的直方图的步骤。

第一步，将各班级的“班级名称”和“班级人数”录入 Minitab 软件中，若已将数据录入 Excel 中，可用 Minitab 直接打开，如图 2-13 所示。

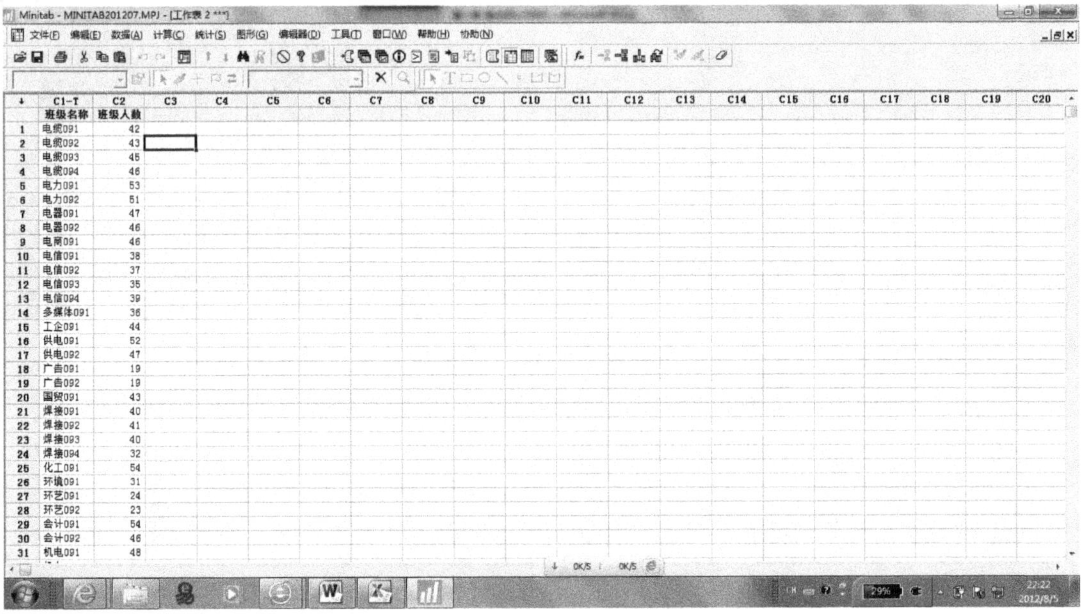

图 2-13　Minitab 的工作表样式

第二步，单击“图形”菜单，选择“直方图”，弹出如图 2-14 所示的对话框。

选择“简单”，单击“确定”，弹出如图 2-15 所示的对话框。

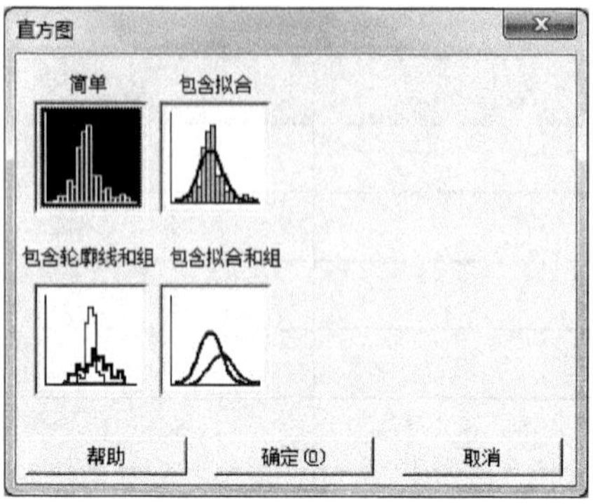

图 2-14　图形选项设置

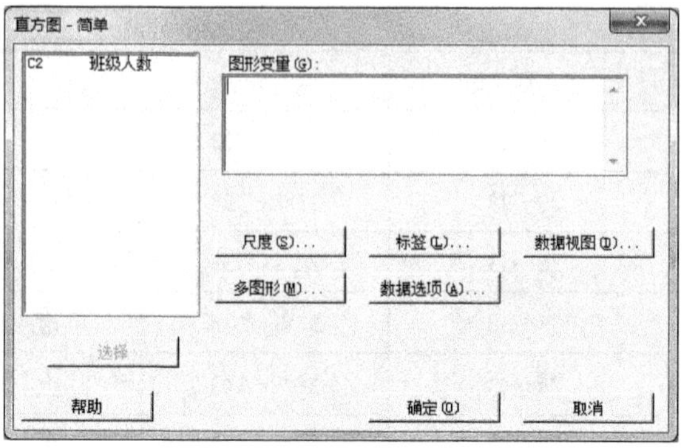

图 2-15　分组变量选择

选择“C2 班级人数”作为图形变量，单击“确定”按钮，输出直方图效果如图 2-16 所示。

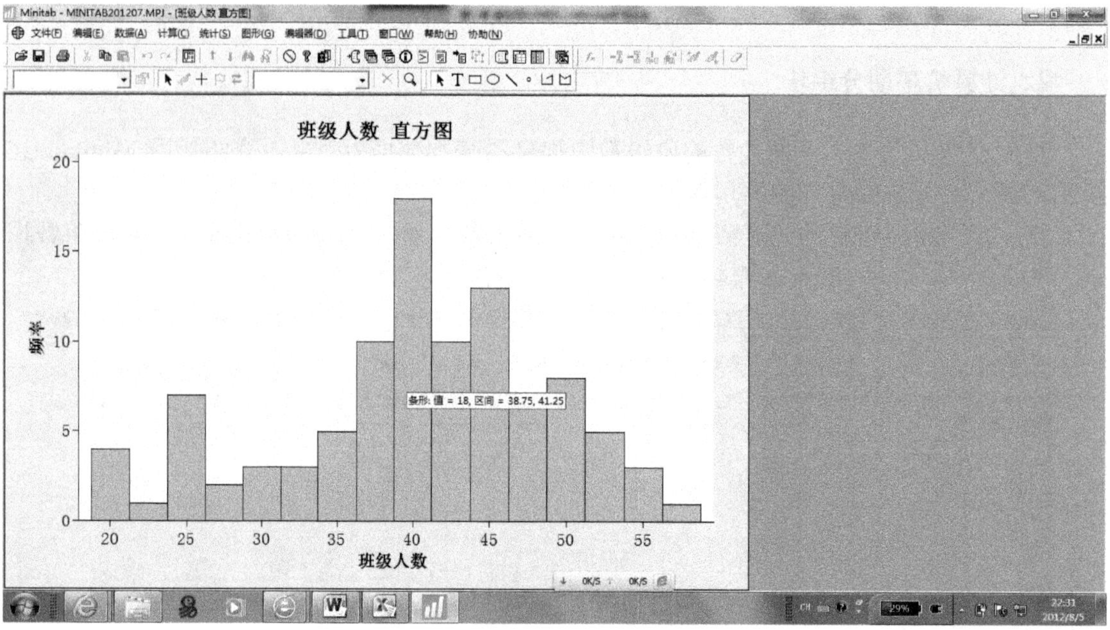

图 2-16　输出直方图效果

第三步，修改组限，添加次数标签。双击条形区域，弹出如图 2-17 所示的对话框。

单击“区间”选项卡，如图 2-18 所示。

在“区间类型”选项区域中选中“割点”单选按钮，在“区间定义”选项区域中选中“中点/割点位置”单选按钮，并在空白处输入割点“17 23 29 35 41 47 53 59”，如图 2-19 所示。

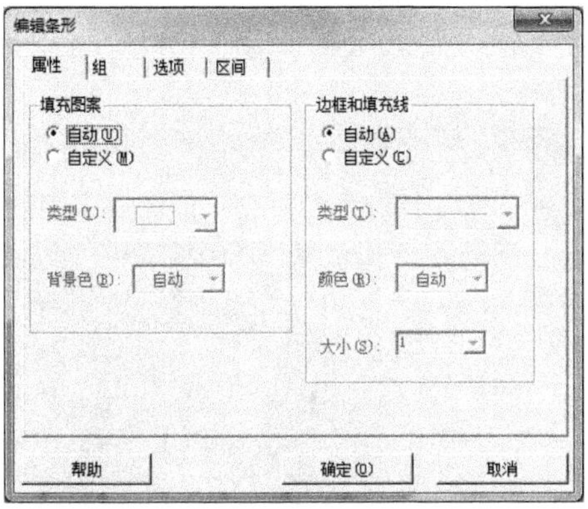

图 2-17　修改分组和图形外观

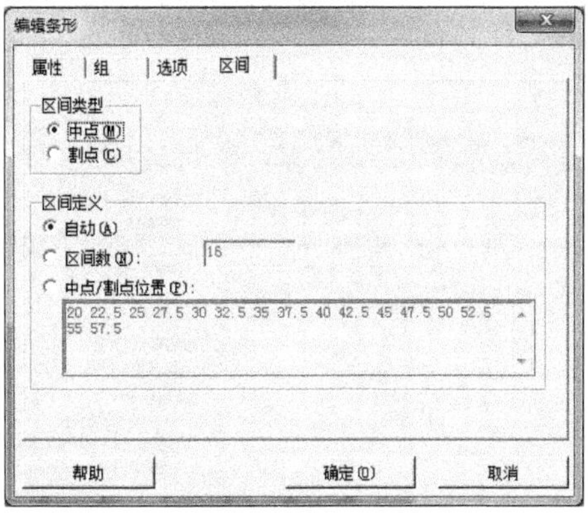

图 2-18　设置显示组中值/组限（割点）

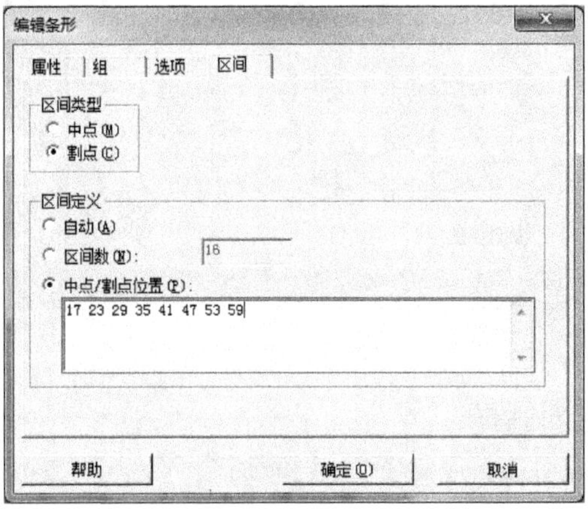

图 2-19　修改分组的割点（组限）

单击“确定”按钮，条形图输出效果如图 2-20 所示。

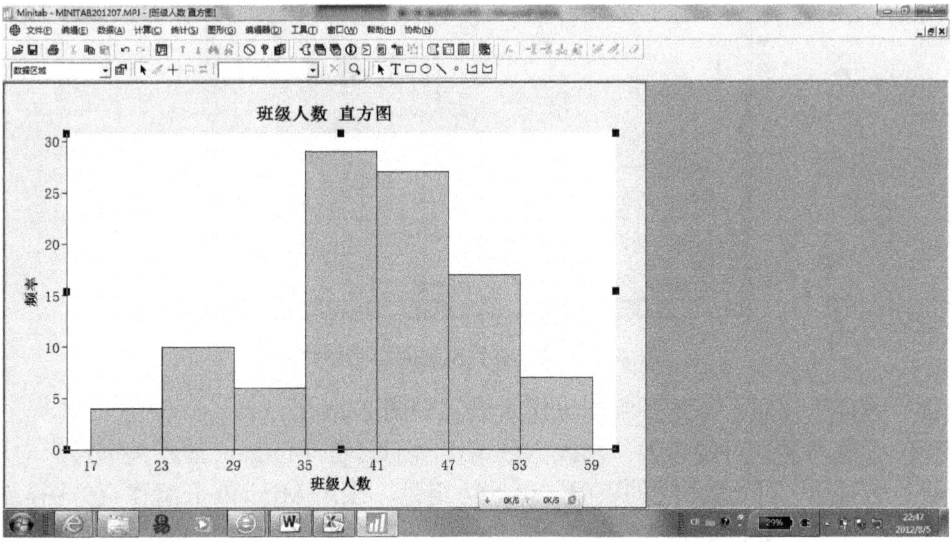

图 2-20　条形图输出效果

在条形上右击，在弹出的快捷菜单中选择“添加”→“数据标签”选项，如图 2-21 所示。

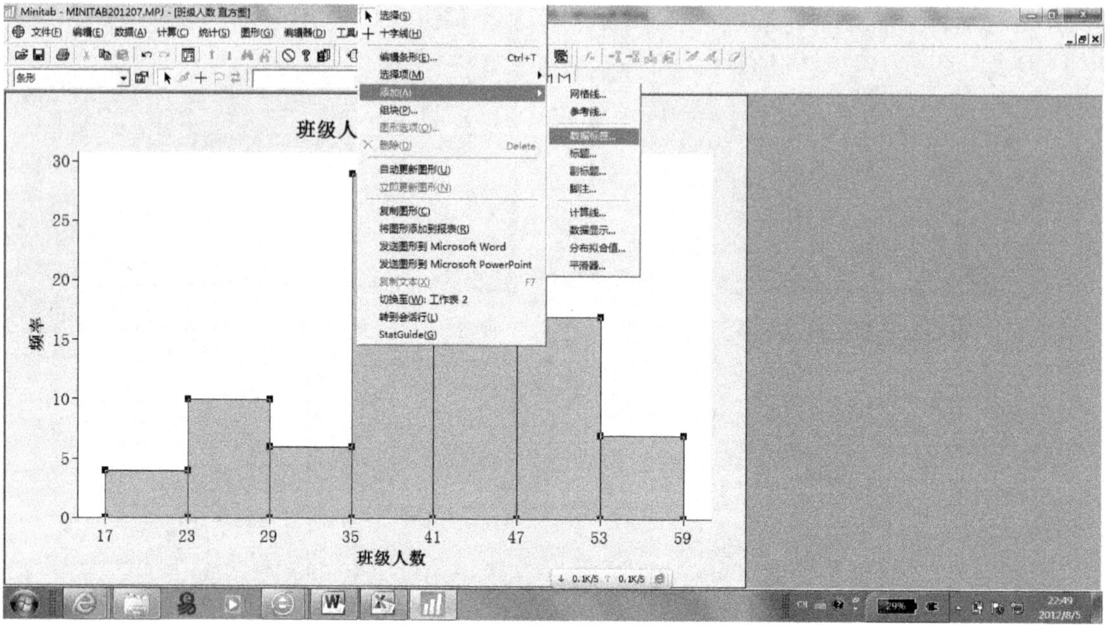

图 2-21　添加数据标签操作过程

弹出如图 2-22 所示的对话框。

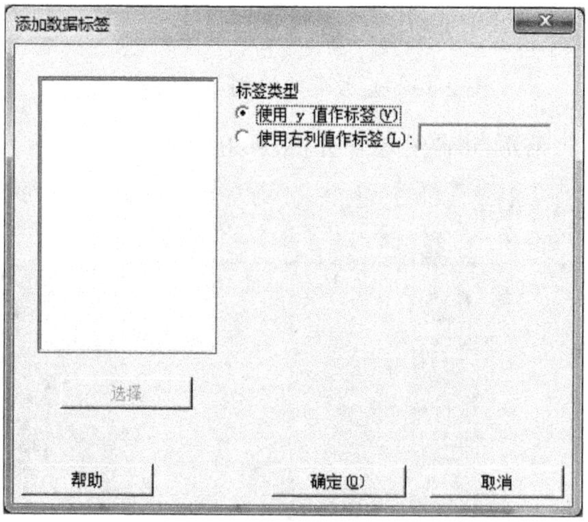

图 2-22　“添加数据标签”对话框

单击“确定”按钮，得到各组的班级人数，如图 2-23 所示。

图形的标题和背景可做修改，修改方法请同学们参考 Minitab 的相关书籍。对班级按人数分组，若采用 18 为最小组的下限，以 5 为组距，采用 Minitab 分组作直方图，添加标题，修改背景设置后如图 2-12 所示。

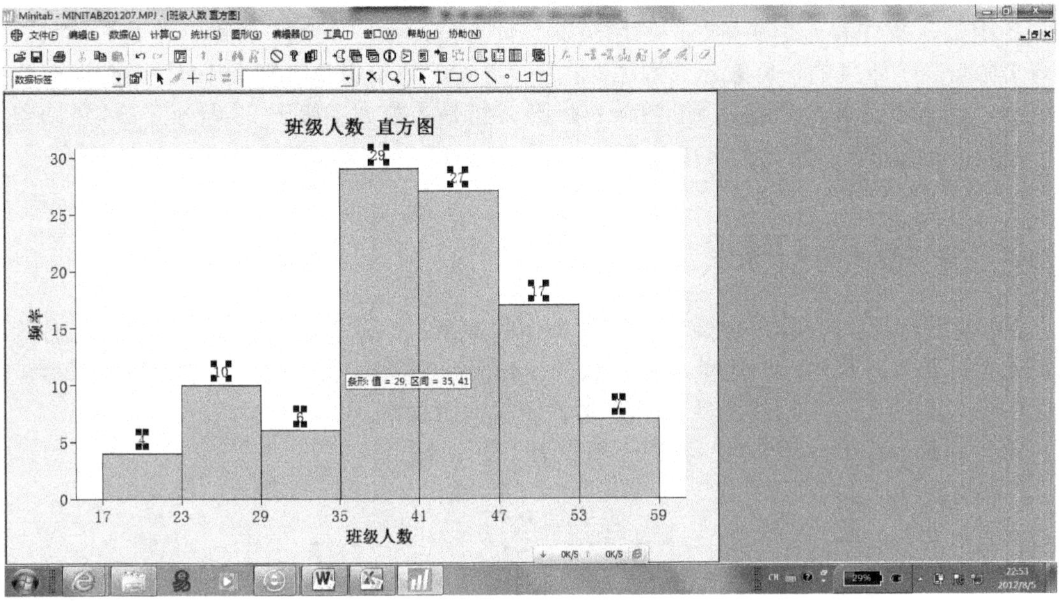

图 2-23 添加数据标签后的效果

2.4 变量数列的次数与频率

对个体按数量特征分组后将各组个体的数量按特征值大小顺序升序排列就形成了变量数列。根据第六次人口普查结果，按港澳台居民和外籍人员在我国境内居住的时间长短分为：居住时间三个月以下的；居住时间三个月至半年的；居住时间半年至一年的；居住时间一年至两年的；居住时间两年至五年的；居住时间五年以上的，这是按居住时间长短排列，共 6 组。各组的人数分别是："103754 人"、"90078 人"、"143210 人"、"183001 人"、"249668 人"、"250434 人"，这个人数的顺序与居住时间相对应，次序不能搞乱，如表 2-10 所示。

表 2-10 港澳台居民和外籍人员按在我国境内居住的时间长短分组表

按居住时间分组（月）	居住时间标准	人数
3 以下	三个月以下	103754
3～6	三个月至半年	90078
6～12	半年至一年	143210
12～24	一年至两年	183001
24～60	两年至五年	249668
60 以上	五年以上	250434

2.4.1 变量数列的次数

在分布数列中各组的个体数量被称为次数，也称频数。显然，次数应为自然数。表 2-10 中说明港澳台居民和外籍人员在我国居住的时间长短不同的人数就是分布数列的次数。

各组的次数作为一个变量时，常用英文单词 frequency（频数、频率、次数）的第一个字母 f 加上表示组别的下标表示。例如，在表 2-8 中，第 1 组是人数大于等于 18 且小于 23 的班级，这一组有 4 个班级，因此 $f_1 = 4$；第 4 组是人数大于等于 33 且小于 38 的班级，这一组有 10 个班级，因此 $f_4 = 10$。

2.4.2 变量数列的频率

某一组的次数与总体单位数（总体内个体的数量）的比值称为该组的频率，也称为比率或比重。需要注意的是，在简体中文版的 Minitab 等统计软件中，将次数称为频率。表 2-11 中不仅列明了各组别的次数，也列明了各组别的频率。

每一组都有频率，第 ***i*** 组的频率一般用 p_i 表示，即：

$$p_i = \frac{f_i}{\sum f}$$

频率有两个重要属性：

一是非负性，$p_i \geqslant 0$，即任何一组的频率不小于 0；

二是和的恒定性，$\sum_{i=1}^{n} p_i = 1$，即各组的频率之和总是等于 1。

频率主要用来反映与其相应的特征值的重要程度。频率越大表明与其相应的特征值对于总体的影响越大，反之，表明特征值对于总体的影响越小。

表 2-11　100 个班级按人数分组的次数与频率分布表

按人数分组	组中值	次数（班级数 f_i）	频率（%）（班级数比重 $\frac{f_i}{\sum f}$）
18～23	20.5	4	4.0
23～28	25.5	9	9.0
28～33	30.5	5	5.0
33～38	35.5	10	10.0
38～43	40.5	28	28.0
43～48	45.5	25	25.0
48～53	50.5	12	12.0
53～58	55.5	6	6.0
58～63	60.5	1	1.0

2.4.3 向上累计的折线图

向上累计就是将变量数列中各组的次数或频率由特征值较小的组向特征值较大的组逐渐累加的工作过程。顺便说一下，“向上累计”中的“上”指的是较大的分组特征值，而不是指次数分布数列排列的位置。因此，对分配数列来说，所谓“上一组”指的并不是某一组所在的空间位置，而是指具有较大特征值的组。

向上累计的结果会形成一个数列，这个数列是将各组次数或比率由变量值较小的组向变量值较大的组逐渐累计而形成的数列。

$$S_k = \sum_{i=1}^{k} f_i = S_{k-1} + f_k$$

其中，当 $k=1$ 时，$S_0 = 0$。

在表 2-12 中，人数小于 23 人的班级有 4 个，人数小于 28 人的班级有 4+9=13 个，人数小于 33 人的班级有 13+5=18 个，人数小于 38 人的班级有 18+10=28 个。由于 38 是第 4 组的上限，该组相应的向上累计数 $S_4 = f_1 + f_2 + f_3 + f_4 = S_3 + f_4$。

向上累计次数表示总体中小于相应组别的上限的个体数量，向上累计频率表示总体中小于相应组别上限的个体数量占总体的比重。根据表 2-12 可知，第 4 组的上限为 38 人，第 4 组的向上累计数 S_4=28,第四组的向上累计频率为 28.0%，这表示人数小于 38 人的班级数为 28 个，占班级数的 28.0%。

表 2-12　按班级人数分组向上累计次数分布表

分组	含义	组中值	班级数 f_i	班级数比重 $\frac{f_i}{\sum f}$（%）	向上累计（人数小于上限的班级数）	
					班级数 S_i*	比重 $\frac{S_i}{\sum f}$
18～23	18≤x<23	20.5	4	4.0	4	4.0
23～28	23≤x<28	25.5	9	9.0	13	13.0
28～33	28≤x<33	30.5	5	5.0	18	18.0
33～38	33≤x<38	35.5	10	10.0	28	28.0
38～43	38≤x<43	40.5	28	28.0	56	56.0
43～48	43≤x<48	45.5	25	25.0	81	81.0
48～53	48≤x<53	50.5	12	12.0	93	93.0
53～58	53≤x<58	55.5	6	6.0	99	99.0
58～63	58≤x<63	60.5	1	1.0	100	100.0

向上累计的结果可以用向上累计折线图表示。

在单项式分组情况下，以各组别的特征值为横轴坐标值，以各组的向上累计次数或频率为纵轴坐标值，确定各组别在平面直角系上的坐标点，然后从最小的特征值开始，用直线依次连接各组的坐标点，形成的折线图，就是向上累计折线图，如图 2-24 所示。

在组距式分组情况下，以各组别的上限为横轴坐标值，以各组的向上累计次数或频率为纵轴坐标值，确定各组别在平面直角系上的坐标点，然后用直线连接这些点，就形成组距式分组的向上累计折线，如图 2-25 所示。

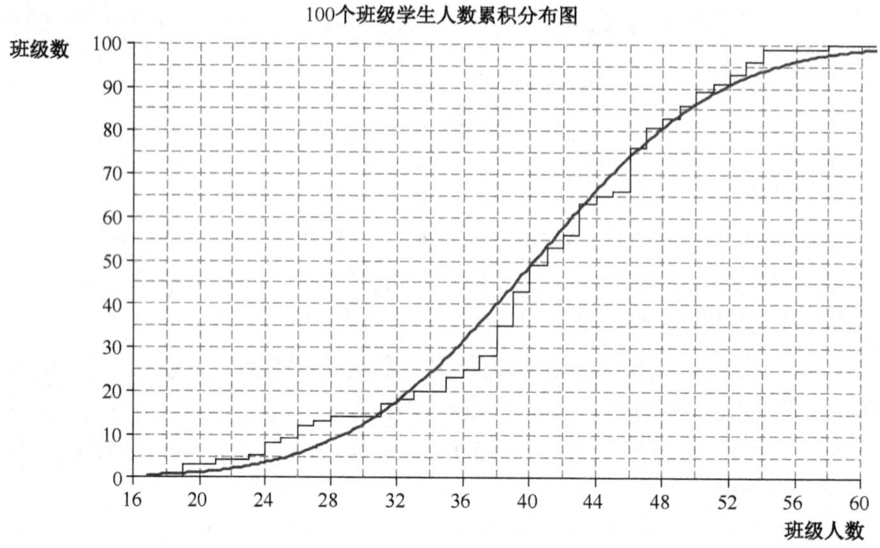

图 2-24　未分组情况下向上累计折线图

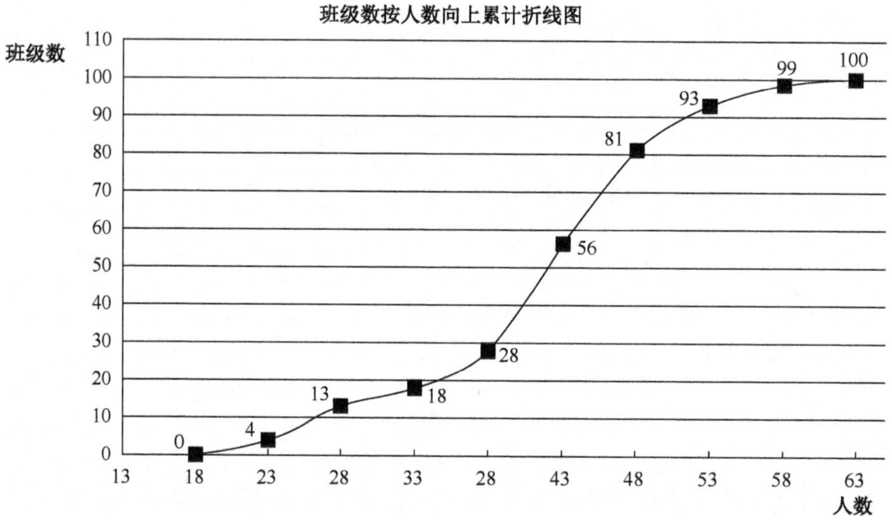

图 2-25　分组情况下向上累计的折线图

2.5　分布的次数密度、分布密度

在组距式分组中，各组的次数不仅受组距大小的影响，还受到一个总体中个体总量多少的影响。在总体中个体总量一定的情况下，采用不等距分组时，各组组距的大小对各组的次数有明显影响，某一组的组距越大，这一组的次数可能就越多。

例如，我国以 2010 年 11 月 1 日零时为标准时点进行了第六次全国人口普查。这次普查首次将居住在我国境内的港澳台居民和外籍人员纳入普查范围。在这次普查发现，居住在我国境内并接受普查登记的香港特别行政区居民 234829 人、澳门特别行政区居民 21201

人、台湾地区居民 170283 人，外籍人员 593832 人，合计 1020145 人。上述人员中，居住时间三个月以下的 103754 人；居住时间三个月至半年的 90078 人；居住时间半年至一年的 143210 人；居住时间一年至两年的 183001 人；居住时间两年至五年的 249668 人；居住时间五年以上的 250434 人。根据上述信息，可作反映在我国境内的港澳台居民和外籍人员居住时间分布的统计表（表 2-13）和直方图（图 2-26）。

表 2-13　港澳台居民和外籍人员在我国境内居住时间分布表

按居住时间分组（月）	人数
3 以下	103754
3～6	90078
6～12	143210
12～24	183001
24～60	249668
60 以上	250434

由图 2-26 可以看出，这是不等距分组，在我国境内居住 3～6 个月时间的港澳台居民和外籍人员人数是最少的。

直方图是反映组距式分组情况下个体数量分布特征的一种图形。直方图由一个个相连的矩形构成，每一个组别用一个矩形表示，矩形的宽表示相应的组距，矩形的高表示相应的次数。在每个个体的特征值都确定的情况下，某一组的组距越大，这一组的个体数量就越多。其实，如果用矩形的高表示不等距分组的次数，会诱使我们对总体分布特征产生一种错误的认识，似乎在我国居住时间两年以上的人是比较多的，这些组的人数之所以多主要是因为它们的组距远大于其他组的组距。

因此，在不等距分组情况下，为比较个体在各组的分布情况，应该用直方图中矩形的高表示各组的次数密度。

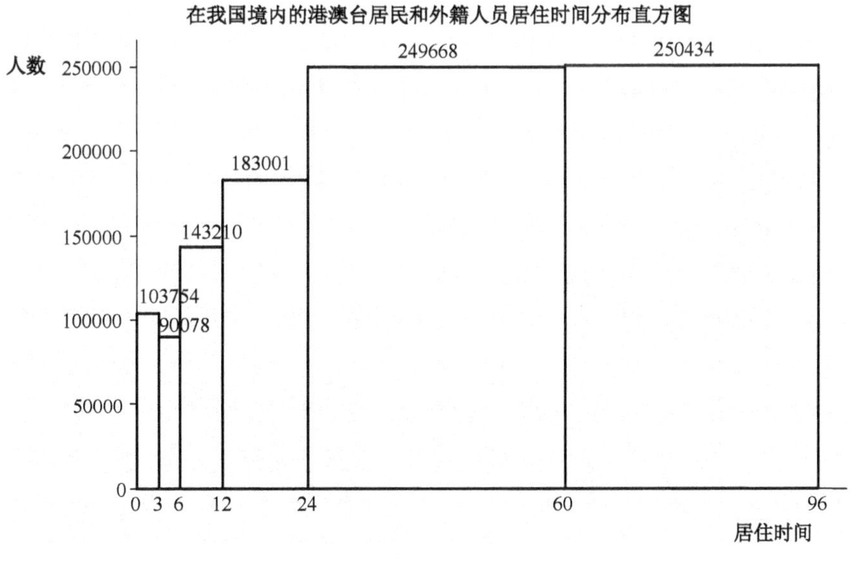

图 2-26　港澳台居民和外籍人员在我国境内居住时间分布的直方图

2.5.1 个体在不同区间的次数密度

在不等距分组情况下，为反映总体的次数分布情况，我们可以计算不同组别的次数密度。次数密度是反映某一区间内个体数量稠密程度的指标，某一组的次数密度通常用该组的次数与该组的组距之比，即：

$$某一组的次数密度=\frac{该组的次数}{该组的组距}$$

次数密度消除了组距对各组次数的影响，可以比较准确地反映总体的分布情况，哪一组的次数密度越大，个体在哪一组的分布就越稠密。根据第六次人口普查提供的数据，计算外籍人员在我国境内居住时间的次数分布密度，如表 2-14 所示。

表 2-14 港澳台居民和外籍人员在我国境内居住时间的次数密度分布表

按居住时间分组（月）	人数	下限	上限	组距	次数密度（人/月）
3 以下	103754	0	3	3	34585
3～6	90078	3	6	3	30026
6～12	143210	6	12	6	23868
12～24	183001	12	24	12	15250
24～60	249668	24	60	36	6935
60 以上	250434	60	96	36	6957

根据次数分布密度，制作的次数分布密度直方图，如图 2-27 所示。图 2-27 的纵坐标轴表示的是各组的次数密度，它消除了因组距差异对各组次数的影响。因此，图 2-27 与图 2-26 的形状有很大的区别。

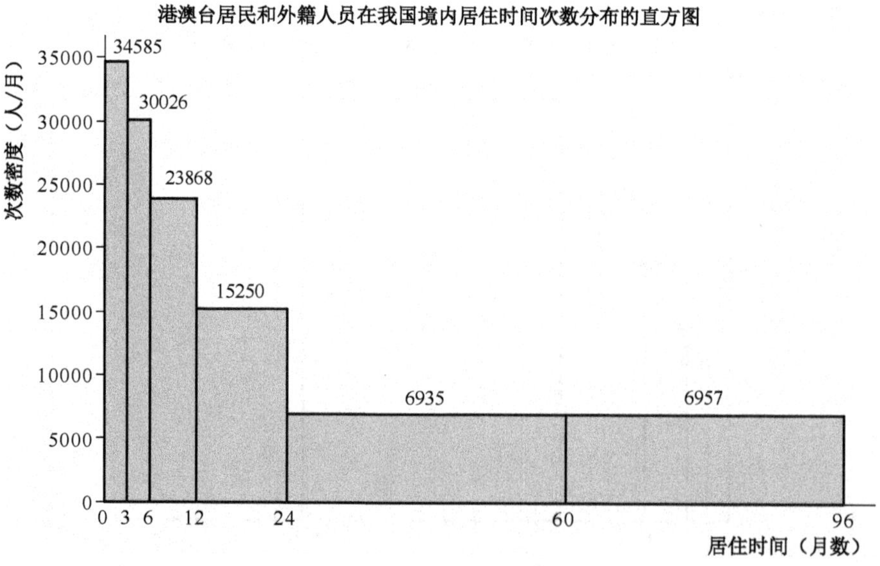

图 2-27 港澳台居民和外籍人员在我国境内居住时间次数分布的直方图

2.5.2　个体在不同区间的分布密度

次数密度虽然消除了不等距分组情况下各组组距差异对次数分布的影响，但不能消除总体内个体数量多少对次数密度的影响。为比较不同总体的分布情况，需要用分布密度反映总体的分布情况。

分布密度等于该组个体数量占总体数量的比重与该组组距的比值，即：

$$\text{某一组的分布密度}=\frac{\text{该组的比率（次数比重）}}{\text{该组的组距}}$$

根据表 2-13 可以计算各组的分布密度，如表 2-15 所示。

表 2-15　港澳台居民和外籍人员在我国境内居住时间的分布密度表

按居住时间分组（月）	人数	比率	下限	上限	组距	次数密度	分布密度
3 以下	103754	0.1017	0	3	3	34585	0.0339
3～6	90078	0.0883	3	6	3	30026	0.0294
6～12	143210	0.1404	6	12	6	23868	0.0234
12～24	183001	0.1794	12	24	12	15250	0.015
24～60	249668	0.2447	24	60	36	6935	0.0068
60 以上	250434	0.2455	60	96	36	6957	0.0068

根据分布密度的计算公式可知，在已知分布密度和组距的情况下，某一组的比率为：

$$\text{某一组的比率（次数比重）}=\text{该组的分布密度}\times\text{该组的组距}$$

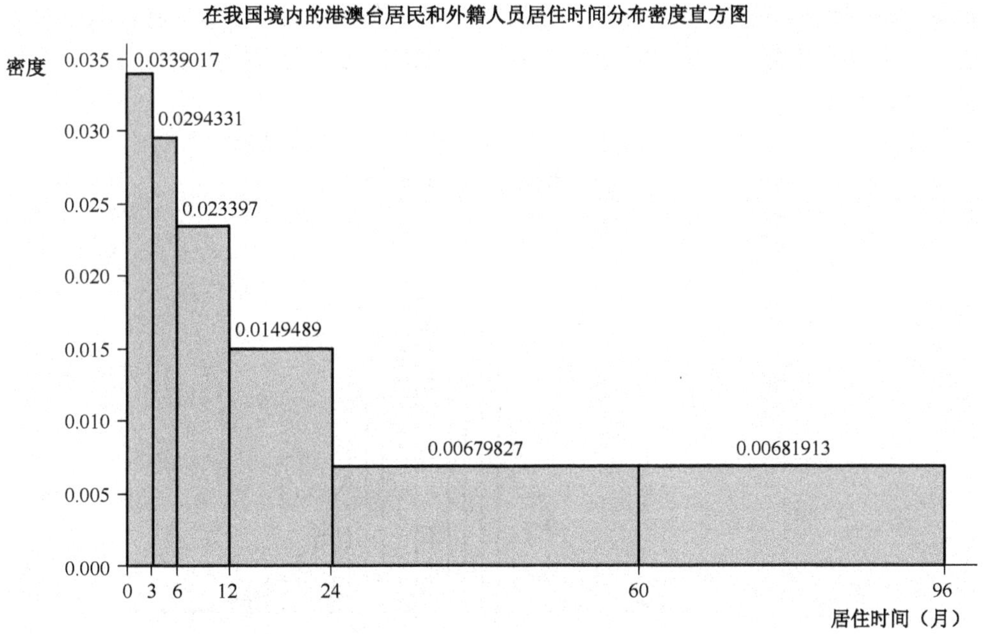

图 2-28　港澳台居民和外籍人员在我国境内居住时间分布密度直方图

分布密度消除了总体内个体的数量多少和各组组距长短对次数密度的影响，可以比较不同总体的分布情况，在统计学中具有重要的作用。

2.5.3 钟形分布与正态分布

对总体按某种数量特征分组，如果形成密度分布的直方图呈现中间高，两边低的形状，我们就称总体在这个数量特征上呈现钟形分布，如图 2-29 所示。

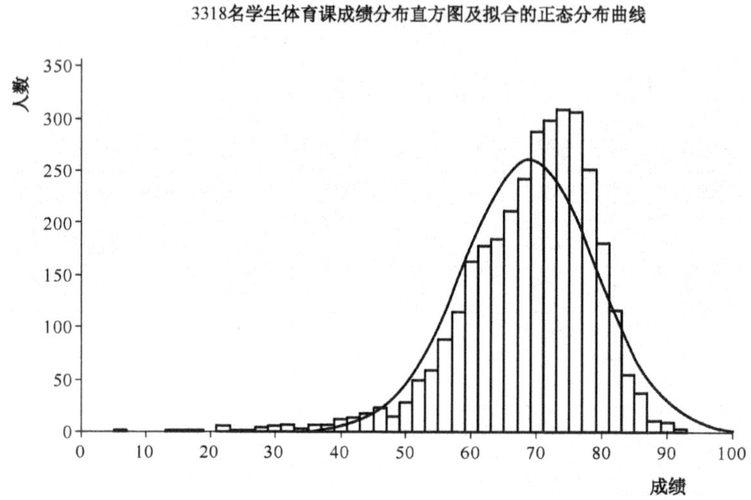

图 2-29 某校 3318 名学生体育成绩分布直方图及拟合的正态分布曲线

钟形分布直方图的特点是中间高，两边低，偏离中间水平左右两端越远，个体分布的密度越低。这是因为特征值在中间水平附近的个体占总体的绝大多数，特征值偏离中间水平越远，个体的数量越少。根据经验，许多自然现象和社会现象的数量特征都呈现钟形分布，是一种重要的分布。

分布密度曲线左右两端对称的分布，称为正态分布，如图 2-30 所示。

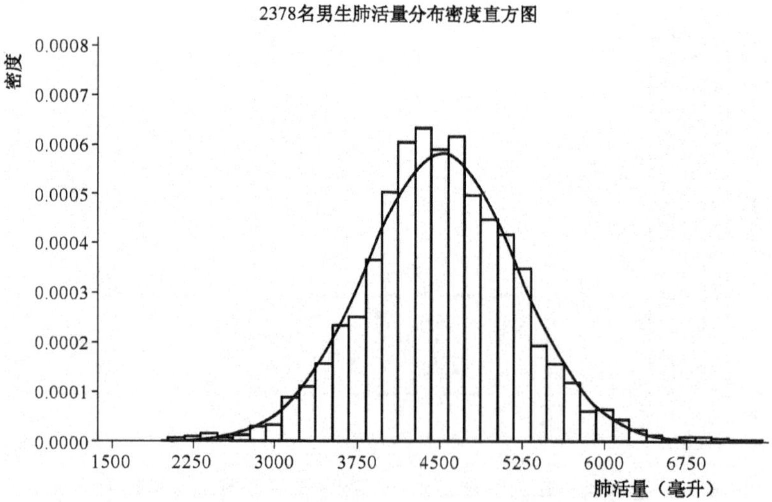

图 2-30 男生的肺活量分布直方图及正态分布曲线

2.6 交叉分组表与散点图

2.6.1 交叉分组表

交叉分类表又称为双变量分组表，是同时按两个特征对个体分组形成的次数分布表。交叉分组表可以分析两个属性之间是否存在某种关联。例如，对 3318 名毕业生同时按性别和体重等级分组，如表 2-16 所示。

表 2-16 对 3318 名学生同时按性别和体重等级分组列联表

	营养不良	较低体重	正常体重	超重	肥胖	总计
男	89	777	1126	171	218	2381
女	41	441	433	12	10	937
总计	130	1218	1559	183	228	3318

根据表 2-16，可以计算出女生中，超重和肥胖的只占全部女生的 2.35%，而男生这一部分的比重却达到了 16.34%。女生中，营养不良和较低体重的占全部女生的 51.45%，而男生这一部分的比重却只有 36.37%。以上数据说明女生爱苗条不是传说，而是事实。

动手做一做

2-8 美国一部教材上有一项关于商务经济管理专业毕业生在校的平均成绩与其毕业后收入水平是否有关的调查。将 751 名被调查者按在校学业成绩和毕业之后的收入分组。具体情况如表 2-17 所示。

表 2-17 在校学业平均成绩与毕业后的收入水平交叉分组表

		毕业之后的收入水平				合计
		低收入	中下收入	中上收入	高收入	
在校学业平均成绩	上等	22	31	31	8	92
	中等	67	80	73	17	237
	下等	124	161	122	15	422
合计		213	272	226	40	751

请你根据表 2-17 说明学生在校学习的成绩与其毕业后的收入是否有关，为什么？

2.6.2 散点图

散点图又称为散布图，它是根据每个个体两个变量数值的大小，在平面直角坐标系上标出所有个体所处位置，依据点在平面直角坐标系上的分布形态来研究两个变量之间的变化关系的统计图形。

图 2-31 是研究学生身高与体育课成绩之间关系的散点图，横轴表示身高，纵轴表示体育分数，每个学生在图上用一点表示，由于这些点均匀地分布在平面内，没有方向性，可

以得出结论：学生的身高和体育课成绩的关系不明显。

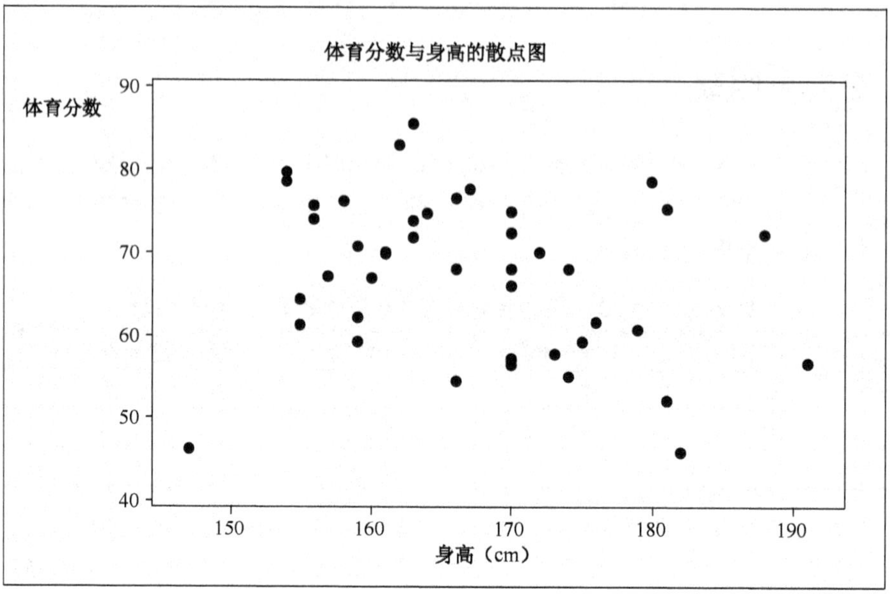

图 2-31　身高与体育分数散点图

图 2-32 是研究学生身高与体重之间关系的散点图，横轴表示体重，纵轴表示身高，每个点代表一个学生。可以看出这些点的分布呈现向右上方倾斜的趋势，因此，可以得出结论：体重较轻的学生，身材也较矮；体重较重的学生，身高也较高。

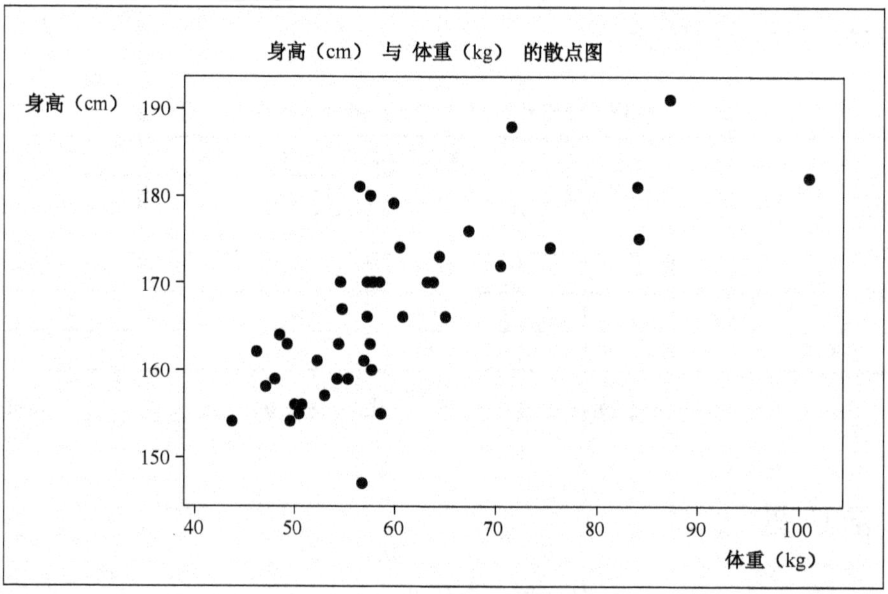

图 2-32　体重与身高分布散点图

本章习题

2-1　直接回答下列问题

（1）对个体数据的要求有哪些？

（2）什么是次数？什么是比率？比率有何特点？

（3）什么是次数密度？什么是分布密度？

（4）什么是交叉表？交叉表有什么重要的作用？

（5）什么是散点图？

2-2　随机调查某企业30名职工的月工资收入如下表所示。请将30名职工按工资分组。要求：

3252.0	3270.5	3430.5	2751.5	3670.5	2579.5	2211.0	2106.0	3419.5	1932.0	2044.5	1677.0	1811.0	1899.0	2451.5
1915.0	1826.0	1772.0	2819.0	1271.0	1296.0	2179.5	1498.0	1498.0	2473.0	2248.5	2108.5	2650.0	1964.0	1498.0

（1）绘制职工工资的点状图；

（2）计算各组的人数，工资总额，平均工资；

（3）计算各组的组中值、人数比重、人数的向上累计数；

（4）根据分组结果，绘制工资分布直方图和折线图；

（5）绘制工资分布的向上累计折线图。

2-3　肺活量是一个连续变量，已知某校08级的3319名学生按肺活量大小等距分组，每组组距为600ml，分组的结果用直方图表示，如图2-33所示。要求将原先的第3组、第4组合并为2700～3900，其余各组的界限不变。做合并分组后的直方图，比较说明直方图的变化，计算合并后各组的次数密度和分布密度。

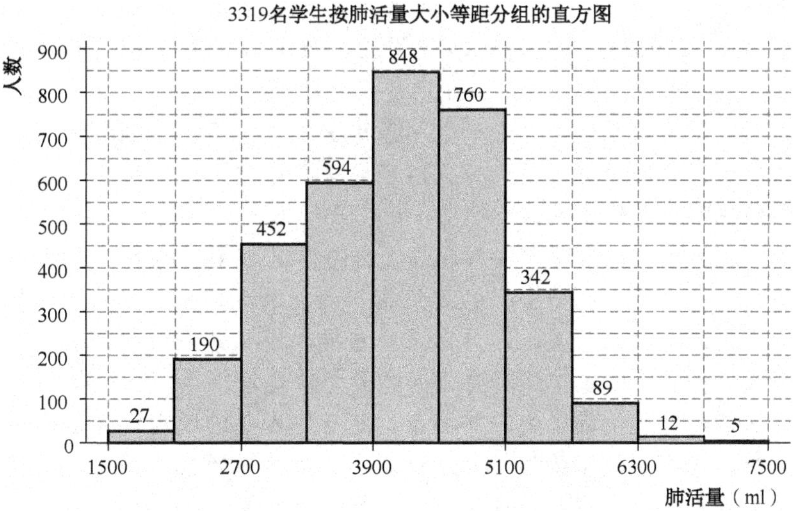

图2-33　按肺活量大小等距分组学生人数分布状况直方图

第 3 章　反映总体分布状况的统计指标

学习要点

- 根据原始数据或分组数据计算总体的算术平均数；
- 理解算术平均数的含义；
- 根据原始数据指出中位数和众数，并理解中位数和众数的含义和特点；
- 计算总体的极差、四分位数，能够绘制反映总体分布特征的盒形图；
- 理解平均差含义并计算总体的方差和标准差；
- 理解切比雪夫不等式和经验法则的意义。

导读案例

牛顿曾为英国节省 1000 万英镑

牛顿曾担任皇家造币厂厂长（英国的硬币在皇家造币厂制造）。一项统计分析表明，由于牛顿采取了英国金币制造标准化措施，为英国节省了相当于 1000 万英镑的资金。

加拿大不列颠哥伦比亚理工大学的数学家阿里·贝伦基对牛顿担任皇家造币厂厂长之前和之后该厂生产的硬币进行了比较，以研究当年牛顿采取的防止有钱的金匠利用货币漏洞获利的措施所造成的影响。

皇家造币厂生产的硬币每年都要接受质量检查。这一检查始于 13 世纪。当皇家造币厂铸造出硬币时，每批硬币的一些样品被放在一个货币检查箱里，然后对其称重，以确定这些硬币偏离规定标准的程度。这样做至关重要，因为如果硬币的重量超过自身的面值，精明的金匠会将硬币熔毁，然后再按照重量卖给皇家造币厂从中获利。

贝伦基建立了硬币重量的正态分布模型，然后对当年的硬币样品检查记录和牛顿的笔记进行了分析，并进行数学推理，最后计算出正态分布的标准差，进而揭示出牛顿改进措施的效果。他的分析表明，牛顿使硬币重量的标准差从 1.3 格令(约合 85 毫克)下降到了 0.75 格令(合 49 毫克)。贝伦基通过计算得出结论：牛顿的改进措施在他担任皇家造币厂厂长期间节省了 41510 英镑(大致相当于现在的 300 万英镑)。后来的 4 任厂长也采用了他的方法，他们节省下来的钱是以上数字的两倍。这就是说牛顿可能为英国节省了相当于现在的 1000 万英镑。

【案例分析】

一个总体的分布的集中趋势和差异程度不仅可以用直方图来表示，还可以分别用均值和标准差等统计指标来反映。牛顿通过采取措施使每一枚金币的重量既不小于规定的重量，又与规定重量的偏差缩小到更小的范围，从而达到了降低金币制造中黄金消耗水平的目的。现在统计过程控制也主要是控制生产产品重量、长度的均值和标准差。

总体的分布状况不仅可以用次数分布表、条形图、直方图、折线图等来表示，还可以用统计指标来表示。本章主要介绍反映数据分布状况的两类统计指标——反映集中趋势的统计指标和反映离散程度的统计指标。

反映总体分布集中趋势的统计指标有平均数、中位数、众数，反映总体分布离散程度的统计指标有极差、四分位差、标准差等。

3.1　算术平均数

算术平均数，又常被称为均值。算术平均数是所有个体的某一数量特征值之和与个体的数量之间的比值。

$$\text{算术平均数}=\frac{\text{总体内所有个体的某一数量特征值之和}}{\text{总体内个体的数量}}$$

例 3-1　在第 2 章中所提到的 44 名学生中，有男生 23 名，他们的身高（单位：cm）分别为：170、174、181、180、172、166、166、161、167、174、176、188、182、179、170、173、191、170、175、170、166、170、181。计算这 23 名学生身高的算术平均数。

解：根据这 23 名身高的数据计算他们的身高之和为 4002cm。因此，男生身高的算术平均数为：

$$\text{男生身高的算术平均数}=\frac{170+174+181+\cdots+170+181}{23}=\frac{4002}{23}=174(\text{cm})$$

算术平均数反映了总体内个体某一数量特征值的一般水平。所谓一般水平有两层含义，一是介于总体中较小的数量特征值和较大的数量特征值之间的中等水平；二是普遍性水平，是多数个体数量特征值所处于的水平。

结合例 3-1 中 23 名男生的身高的具体情况来说明算术平均数的含义。这 23 名男生身高的整体状况可以用点状分布图表示（如图 3-1 所示），也可以用表来表示（如表 3-1 所示）。由图 3-1 或表 3-1 可以清晰地看出，平均身高与 23 名男生中身高最小值 161cm 和最大值 191cm 相去甚远，但与最大值、最小值之间的中点——176cm 比较接近。实际上，所有较大（大于算术平均数）特征值与算术平均数的差的和总是恰好等于算术平均数与所有较小（小于算术平均数）特征值的差的和（请参看算术平均数的特点），因此可以说，算术平均数是个体某一数量特征值的中等水平。

同时，虽然身高为 174cm 的学生只有两名，但在 174cm 左右两侧 4cm 范围之内，即在 174cm±4cm 之内的学生人数为 11 人，几乎占总人数的一半，所以说算术平均数是大多数个体某一数量特征值的普遍性水平。相信同学们在学习本章后面介绍的切比雪夫不等式之后，对算术平均数的这层含义会有更深入地理解。

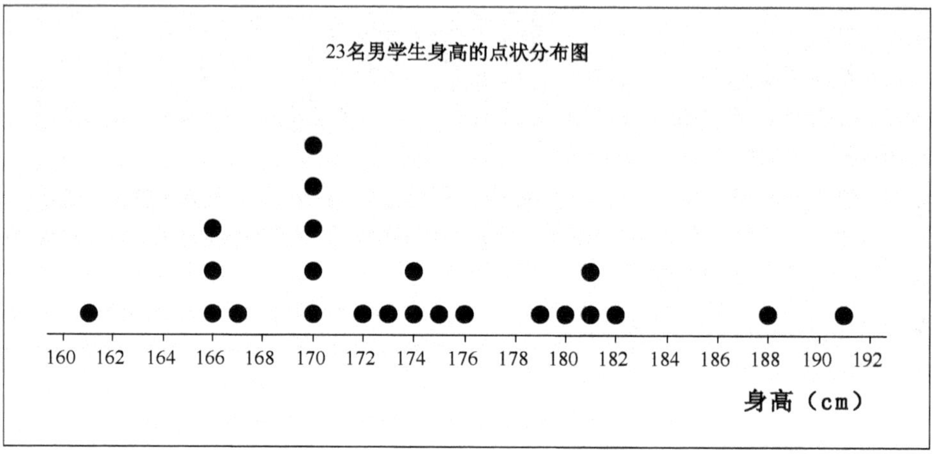

图 3-1　23 名男生身高点状分布图

表 3-1　23 名男生身高次数分布表

身高（cm）	161	166	167	170	172	173	174	175	176	179	180	181	182	188	191
人数	1	3	1	5	1	1	2	1	1	1	1	2	1	1	1

动手做一做

3-1　请你在图 3-1 中表示出 23 名男生平均身高所处的位置。说明这个位置是不是在身高分布的正中间，为什么？

变量分布是统计的一个重要概念，均值是反映变量分布集中趋势的重要指标。反映变量分布特征的另一个重要指标是标准差（本章还要专门详细介绍），它用于反映变量分布的离散程度。

在学习推断统计时，需要区分总体平均数和样本平均数。两者需要用不同的字母表示。根据所有个体的数量特征计算的算术平均数，称为总体平均数，以希腊字母 μ 表示。根据从总体中抽取的部分个体的数量特征值计算的算术平均数，称为样本平均数，以字母 $\bar{x}$ 表示。

3.1.1　根据次数分布数列计算算术平均数

所谓次数分布数列，就是个体按数量特征值大小分组，各组内个体的数量（次数）按其特征值大小顺序排列而形成的数列。次数分布数列有两个要素：一是各组的特征值（各组内个体数量特征的平均值），一般用 X_i 表示；二是各组内个体的数量（次数），一般用 F_i 表示。各组特征值 X 和次数 F 中的下标 i 表示第 i 组，也表示了 X 与 F 因同属第 i 组而形成的对应关系。因此，次数分布数列常用表 3-2 的形式表示。

表 3-2　次数分布表的基本形式

需要计算算术平均数的变量值 X_i（各组的特征值）	X_1	X_2	X_3	…	X_{n-1}	X_n
各组的次数 F_i	F_1	F_2	F_3	……	F_{n-1}	F_n

例 3-2　根据表 3-1 的数据计算 23 名学生的身高的算术平均数。

解：根据算术平均数的概念，23 名学生身高的算术平均数应该等于 23 名学生的身高之和除以 23 得到。因此，23 名学生的身高的算术平均数为：

$$\begin{aligned}\mu &= \frac{161\times1+166\times3+167\times1+\cdots+188\times1+191\times1}{1+3+1+\cdots+1+1}\\ &=\frac{161+498+167+\cdots+188+191}{23}\\ &=\frac{4002}{23}\\ &=174(\text{cm})\end{aligned}$$

计算的主要过程可以用表 3-3 表示出来。它可以使计算的过程更清晰，便于计算和检查计算结果，现在的统计工作中仍经常使用可以表示数据运算关系的计算表。因此，计算过程可以根据表 3-3 中的计算结果，简单地表示为：

$$\mu=\frac{\sum X_iF_i}{\sum F_i}=\frac{4002}{23}174\ \text{（cm）}$$

表 3-3　身高的算术平均数计算表

身高（cm）X_i	人数 F_i	本组所有学生的身高之和 $X_i\times F_i$
161	1	161
166	3	498
167	1	167
170	5	850
172	1	172
173	1	173
174	2	348
175	1	175
176	1	176
179	1	179
180	1	180
181	2	362
182	1	182
188	1	188
191	1	191
总计	23	4002

需要强调的是，根据次数分布数列计算这 23 名学生身高的算术平均数，一般不能仅仅根据分成的 15 个组的特征值计算，除非各组的次数都相等。

例 3-3 已知某高校女生的平均身高是 160.68cm，男生的平均身高是 173.45cm。请问：该高校学生的平均身高为多少厘米？

解：该高校学生的平均身高需要根据男、女生人数的具体情况计算。

第一种情况，如果该校男、女生人数相等，那么该高校学生的平均身高为：

$$\mu=\frac{160.68+173.45}{2}\approx 167.065(\text{cm})$$

这是在男、女生人数相等情况下，该高校学生的平均身高。需要强调的是：如果男、女生人数不相等时，这最多只是该校一名男生和一名女生可能的平均身高。

这种不考虑变量值出现次数或重要程度的算术平均数称为简单算术平均数。简单算术平均数将各个变量值大小作为影响算术平均数大小的唯一因素，不考虑各个变量值对算术平均数影响程度差异。

简单算术平均数的计算公式为：

$$\mu=\frac{\sum_{i=1}^{N}X_i}{N}$$

式中，μ 表示总体的算术平均数；Σ 表示相加；X_i 代表总体中编号为 i 的个体的数值（对个体编号的规则很多，这里是对个体随机编号）；N 代表总体内个体的数量。

因为计算算术平均数时需要将所有个体的数量特征值相加，没有必要用下标标注相加的范围，因此计算平均数的公式常被略写为：

$$\mu=\frac{\sum X}{N}$$

第二种情况，如果已知该校女生人数为 F_1，男生人数为 F_2，则全校学生的平均身高的计算公式为：

$$\mu=\frac{160.68\times F_1+173.45\times F_2}{F_1+F_2}$$

例如，某校女生人数为 937 人，男生人数为 2381 人，则全校学生的平均身高为：

$$\mu=\frac{160.68\times 937+173.45\times 2381}{3328}\approx 169.84(\text{cm})$$

与简单算术平均相对应的是加权算术平均数。计算加权算术平均数需要根据次数分布数列，不仅要考虑各组变量值的大小 X_i，还要考虑各个变量值出现的次数 F_i。加权算术平均数的计算公式为：

$$\mu=\frac{X_1F_1+X_2F_2+\cdots+X_nF_n}{F_1+F_2+\cdots+F_n}=\frac{\sum X_iF_i}{\sum F_i}$$

式中，X_i 表示需要计算算术平均数的第 i 组的变量值（或平均值），F_i 表示第 i 组包含的个体数（或者说是变量值 X_i 出现的次数）；ΣF_i 表示从第 1 组到第 n 组的次数之和（即总体单位数）；公式中的下标 n 表示总体被分成了 n 组，n 为自然数。

加权算术平均数计算公式的变形：

$$\mu=\frac{X_1F_1+X_2F_2+\cdots+X_nF_n}{F_1+F_2+\cdots+F_n}=\frac{X_1F_1+X_2F_2+\cdots+X_nF_n}{\sum F}$$
$$=\frac{X_1F_1}{\sum F}+\frac{X_2F_2}{\sum F}+\cdots+\frac{X_nF_n}{\sum F}$$
$$=X_1\frac{F_1}{\sum F}+X_2\frac{F_2}{\sum F}+\cdots+X_n\frac{F_n}{\sum F}$$
$$=X_1P_1+X_2P_2+\cdots+X_nP_n$$
$$=\sum XP$$

式中，P_i 代表第 i 组与 X_i 相应的比率，显然，ΣP_i 必然等于 1，即对于一个总体，定有 $\Sigma P_i=1$

这种变形对于计算加权算术平均数是十分重要的，它可以解决和说明许多问题。

动手做一做

3-2　某车间甲、乙两个小组分别有 10 名和 16 名工人，甲、乙两组工人的日产量（单位：件）情况如下：

甲组：60、60、60、60、60、75、75、75、83、83

乙组：60、60、75、75、75、75、75、83、83、83、83、83、83、83、83、83

要求：分别对甲、乙两组的工人分别按日产量采用单项式分组，统计各组的人数和人数所占比重，分别采用 $\mu=\frac{\sum X_iF_i}{\sum F_i}$ 和 $\mu=\sum XP$ 两个公式计算甲、乙两组的工人日产量的算术平均数。

3-3　根据规定比赛用乒乓球呈白色或橙色，且无光泽，直径 40mm、重量 2.7g 的硬球。调查某企业生产的 100 个乒乓球的直径（单位：mm）如表 3-4 所示。

表 3-4　100 个乒乓球的直径

（单位：mm）

39.99	40.12	39.84	40.16	39.87	40.04	40.04	39.94	39.89	39.97
40.15	39.86	40.01	39.96	40.09	39.91	40.01	40.06	39.93	40.00
39.98	39.89	40.15	40.09	40.06	39.98	40.10	40.03	39.99	40.15
40.09	40.08	40.06	39.94	40.17	39.97	39.87	39.96	40.12	39.96
39.86	40.01	40.07	39.93	40.13	40.02	40.09	39.93	40.02	39.90
39.79	39.91	39.84	40.19	39.87	39.97	39.84	40.20	40.06	40.07
39.90	40.15	40.03	40.23	39.95	40.16	39.83	40.01	39.96	39.86
39.91	40.01	39.91	40.17	39.94	40.10	40.23	39.90	40.01	39.99
39.98	39.99	40.00	39.88	40.04	40.22	39.95	40.09	39.85	40.11
40.05	40.23	40.07	39.87	39.93	39.99	39.89	40.01	39.99	39.88

要求：

① 根据这 100 个乒乓球直径的数据直接计算算术平均数，并说明这种计算算术平均数的方法是简单算术平均数还是加权算术平均数。

② 先对 100 个乒乓球按直径大小采用单项式分组（相同直径的才能分为一组）并统计各组乒乓球的数量，然后计算直径的算术平均数，并说明这种计算算术平均数的方法是简单算术平均数还是加权算术平均数。

③ 先对这 100 个乒乓球按直径大小采用组距式分组（具体的分组界限要求是 39.85 以下、39.85 ~ 39.95、39.95 ~ 40.05、40.05 ~ 40.15 和 40.15 以上）并统计各组的乒乓球的数量，然后根据组中值和各组的乒乓球数量计算加权算术平均数，说明计算结果与单项式分组的计算结果产生差异的原因。

补充说明一下组中值的知识。组中值是每一组上、下限之间的中点值，其计算公式为：

$$组中值=\frac{下限+上限}{2}$$

组中值通常作为组平均数的点估计值。如果遇到没有下限或上限的开口组，计算组中值可以假设本组的组距与相邻组的组距相等来推算计算组中值所需的下限或上限。例如，“39.85 以下”这组没有下限，其相邻组的组距为 0.1mm（39.95−39.85），因此，第一组的下限等于其上限减去相邻组的组距，即：

$$39.85-0.1=39.75\text{（mm）}$$

这样就可以计算开口组组中值的近似值了。

由于计算工作量较大，可使用 Excel 软件在计算机上完成。

3.1.2 使用 Excel 计算算术平均数

1. 简单算术平均数的计算

例 3-4 用 Excel 计算表 3-4 中的 100 个乒乓球的平均直径。

本题的具体做法是：首先，将数据录入 Excel 中，数据录入的位置如图 3-2 所示；然后，使用 Excel 中计算算术平均数的函数，具体格式为“=AVERAGE（A1：J10）”。如果希望将计算的算术平均数放置在单元格 C11 中，就在单元格 C11 中，输入“=AVERAGE(A1:J10)”，然后按 Enter 键。在单元格 C11 中我们看到的是 Excel 返回的总体算术平均数的计算结果：40.0045。

	A	B	C	D	E	F	G	H	I	J
1	39.99	40.12	39.84	40.16	39.87	40.04	40.04	39.94	39.89	39.97
2	40.15	39.86	40.01	39.96	40.09	39.91	40.01	40.06	39.93	40
3	39.98	39.89	40.15	40.09	40.06	39.98	40.1	40.03	39.99	40.15
4	40.09	40.08	40.06	39.94	40.17	39.97	39.87	39.96	40.12	39.96
5	39.86	40.01	40.07	39.93	40.13	40.02	40.09	39.93	40.02	39.9
6	39.79	39.91	39.84	40.19	39.87	39.97	39.84	40.2	40.06	40.07
7	39.9	40.15	40.03	40.23	39.95	40.16	39.83	40.01	39.96	39.86
8	39.91	40.01	39.91	40.17	39.94	40.1	40.23	39.9	40.01	39.99
9	39.98	39.99	40	39.88	40.04	40.22	39.95	40.09	39.85	40.11
10	40.05	40.23	40.07	39.87	39.93	39.99	39.89	40.01	39.99	39.88
11										

图 3-2 录入 Excel 中的数据情况

需要强调以下几点：

第一，“=AVERAGE（A1：J10）”开头和结束的引号不能输入；

第二，在 Excel 中，所有计算的开头必须用等号“=”开始，开头的等号“=”一定不能省略，没有等号，Excel 只显示输入的内容而不进行计算。

第三，“AVERAGE”是计算算术平均数的命令。Excel 中计算不同的指标有不同的命令，例如，求和用的命令是“SUM”，Excel 中常用的命令需要记住。

第四，计算公式括号中的“A1：J10”指定了计算所需数据的具体位置和范围。

在 Excel 中，指定一个矩形区域内的数据范围一般仅用两个单元格。若数据仅在某一列时，用“最上面的单元格（行号最小的单元格）”和“最下面的单元格（行号最大的单元格）”两个单元格，单元格中间用冒号“：”相连；若数据仅在某一行时，用最左的单元格和最右面的单元格，两个单元格中间用冒号“：”相连；若数据在某一矩形区域时，用矩形区域左上角和右下角的两个单元格，两个单元格中间用冒号“：”相连。

2. 使用 Excel 计算加权算术平均数

例 3-5 已知 100 个乒乓球按直径大小分组情况如表 3-5 所示，试用 Excel 计算这 100 个乒乓球直径的加权算术平均数。

表 3-5 100 个乒乓球按直径大小分组情况表

按直径分组（mm）	次数
39.85 以下	5
39.85～39.95	27
39.95～40.05	34
40.05～40.15	20
40.15 以上	14

计算加权算术平均数的操作步骤如下：

第一，将表 3-5 中的数据录入 Excel 中。为便于介绍计算过程和使用的公式，我们将数据录入到规定的单元格中，具体位置和输入结果如图 3-3 所示。

	A	B	C	D	E
1	按直径分组	次数			
2	39.85 以下	5			
3	39.85～39.95	27			
4	39.95～40.05	34			
5	40.05～40.15	20			
6	40.15 以上	14			
7	合计				
8					
9					

图 3-3 将基本数据输入 Excel 中的结果

第二步，根据各组的组限计算组中值，在 C1 单元格中输入“组中值”，将各组的组中值分别填入 C2 到 C6 中。

第三步，计算各组所有乒乓球的直径之和；在 D1 单元格输入：“各组乒乓球直径的总和”，在 D2 单元格中输入计算组中值与次数乘积的算式，即“=C2*B2”。

然后将鼠标的指针移动到 D2 单元格的右下角，鼠标的指针会自动由白色空心的十字形自动变为黑色的实心十字形，这时按住鼠标的左键同时向下拖动鼠标至 D6，Excel 自动在单元格 D3 到 D6 中计算出各组的直径之和。

第四步，计算乒乓球的数量和所有乒乓球的直径总和。在 B7 单元格中输入“=SUM(B2：B7)”，计算 ΣF 的值，在 D7 单元格中输入“=SUM（D2：D7)”，计算 ΣXF 的值。

第五步，计算平均直径。在 A8 中输入“平均直径”，在 B8 中录入“=D7/B7”，Excel 显示的结果为：“40.011”。

Excel 计算的过程和结果如图 3-4 所示。

	A	B	C	D	E
1	按直径分组	次数	组中值	各组乒乓球直径的总和	
2	39.85 以下	5	39.8	199	
3	39.85～39.95	27	39.9	1077.3	
4	39.95～40.05	34	40	1360	
5	40.05～40.15	20	40.1	802	
6	40.15 以上	14	40.2	562.8	
7	合计	100		4001.1	
8	平均直径	40.011			
9					

图 3-4 加权算术平均数的计算过程和结果

3.1.3 加权算术平均数的权数和作用

在计算分组情况下总体的算术平均数时，不同变量值出现的比率 P（次数占总次数的比重）被称为权数。在各组变量值不变的情况下，权数对加权算术平均数的大小有重要的影响。

有人认为各组的次数也可以被称为权数，这是错误的。因为当总体内不同变量值的次数等比例变化时，虽然各组的次数发生了变化，但因各变量值出现的比率没有变化，加权算术平均数也不发生变化，因此，权数只能是各变量值出现的比率而不是出现的次数。

在各组变量值不变的条件下，变量值较大的次数比重提高，而变量值较小的次数比重下降，加权算术平均数的值就会增大。反之，即变量值较大的次数比重下降，而变量值较小的次数比重提高，加权算术平均数的值就会减小。这是加权算术平均数的一个特点，这一规律对许多管理决策有重要的用途。

动手做一做

3-4　有 A、B 两名股民各自分 3 次买入同一只股票，并且他们每次购买股票的价格都恰好是相等的，但金额和数量不同，具体情况如表 3-6 所示。试分别计算 A 股民和 B 股民持有这只股票的平均成本，并用加权算术平均数大小与权数的关系说明谁的平均成本要高一些。

表 3-6　A、B 两股民购买股票的数量和金额表

价格（元/股）	A 股民		B 股民	
	购买数量（股）	支付金额（元）	支付金额（元）	购买数量（股）
2	300	600	3000	1500
3	300	900	3000	1000
5	300	1500	3000	600
合计	900	3000	9000	3100

3.1.4　算术平均数的特点

第一，算术平均数容易受极端值的影响。

算术平均数主要适用于反映个体数量特征分布的中心位置和一般水平，不能用来反映个体定性特征的分布状况。

算术平均数容易受到极端值（极大值和极小值）的影响，为消除极端值的影响，可以计算去尾平均数。去尾平均数是去掉一组数据中的最大值和最小值之后计算出来的算术平均数。

$$\text{去尾平均数}=\frac{\sum X-\mathrm{Max}(X)-\mathrm{Min}(X)}{N-2}$$

当一组数据的个数较少、且可能出现明显影响平均数大小的极端值时，常用去尾平均数描述一组数据的集中趋势。例如，体操比赛给每个运动员评分时，6 个裁判员同时给一个运动员的动作完成情况进行评分，在去掉最高分和最低分后，将其余 4 个分数的平均数作为该运动员的得分。

第二，各变量值与总体算术平均数的离差之和等于零。

各变量值与总体算术平均数的离差之和等于零，即 $\sum_{i=1}^{n}(X_i-\mu)=0$。如果以算术平均数为分界线将总体分为两部分，那么，所有特征值大于算术平均数的个体特征值与算术平均数的离差总和与所有特征值小于算术平均数的个体特征值与算术平均数的离差总和大小相等，符号相反。

动手做一做

3-5 根据例3-1中23名学生的身高数据和他们身高的算术平均数174cm，回答和计算下列问题:

①身高大于算术平均数174cm的特征值有哪些？他们与174cm的离差分别是多少？计算这些离差总和。

②身高小于算术平均数174cm的特征值有哪些？他们与174cm的离差分别是多少？计算这些离差总和。

③身高大于算术平均数174cm的特征值的个数与小于这一数值的个数是否相等？它们与算术平均数的离差是否相等？

第三，各变量值与总体算术平均数的离差的平方和为最小值。

各变量值与总体算术平均数的离差的平方和为最小值，换句话说，就是各变量值与总体算术平均数的离差平方和总是小于各变量值与任意不等于均值的任意常实数 C（$C\neq \mu$）的离差的平方和，即：

$$\sum_{i=1}^{n}(X_i-\mu)^2<\sum_{i=1}^{n}(X_i-C)^2 \qquad (C\neq\mu)$$

动手做一做

3-6 根据例3-1中23名学生的身高数据，计算每一个数值分别与173cm、174cm和175cm离差平方，完成表3-7并回答问题。

表3-7 离差及离差平方计算表

身高 X	与173的离差（X-173）	与均值的离差（X-174）	与175的离差（X-175）	与173离差的平方（X-173）^{2}	与均值离差的平方（X-174）^{2}	与175离差的平方（X-175）^{2}
170						
174						
181						
180						
172						
166						
166						
161						
167						
174						
176						
188						
182						
179						

续表

身高 X	与173的离差（X-173）	与均值的离差（X-174）	与175的离差（X-175）	与173离差的平方（X-173）^{2}	与均值离差的平方（X-174）^{2}	与175离差的平方（X-175）^{2}
170						
173						
191						
170						
175						
170						
166						
170						
181						
合计						

①身高的各个特征值与均值的离差之和是否为 0，与其他两个值的离差之和大于 0 还是小于 0?

②身高的各个特征值与均值离差的平方和是否小于与其他两个值离差的平方和?

3.2　中位数与众数

3.2.1　中位数

将总体内的个体按数量特征值由小到大的顺序依次排列（也可由大到小排列），位于中间位置那个数值，就是中位数，记为 M_e，是英文单词 Median（中位数）的前两字母。大于中位数的个体数量与小于中位数的个体数量相等，中位数将总体分成了个体数量相等的两部分。因此，中位数反映了总体变量值的中等水平。

未分组和分组情况下中位数的计算方法是不同的。下面只介绍未分组情况下中位数的计算。

中位数的计算需要先按个体的数量特征值大小排序，排序规则通常是按升序排列，即由小到大的顺序排列，在计算中位数时，降序排序也不影响结果。

升序排列：

$$X_1 \leqslant X_2 \leqslant \cdots \leqslant X_{m-1} \leqslant X_m \leqslant X_{m+1} \leqslant \cdots \leqslant X_{n-1} \leqslant X_n$$

或降序排列：

$$X_1 \geqslant X_2 \geqslant \cdots \geqslant X_{m-1} \geqslant X_m \geqslant X_{m+1} \geqslant \cdots \geqslant X_{n-1} \geqslant X_n$$

然后根据总体内个体的总量确定中位数的位序 m，

$$m = \frac{n+1}{2}$$

当观测值的个数 n 为奇数时，m 为整数：

$$M_e = X_m$$

当观测值的个数 n 为偶数时，$\frac{n}{2}$ 为整数，应该以中间两个观测值的算术平均数作为中位数，即：

$$M_e=\frac{X_{\frac{n}{2}}+X_{\frac{n}{2}+1}}{2}$$

例 3-6 某小组 11 名工人的日产量如表 3-8 所示，试计算该小组 11 名工人日产量的中位数。

表 3-8 小组 11 名工人日产量一览表

工人编号	1	2	3	4	5	6	7	8	9	10	11
产量（件）	64	66	61	63	63	59	61	60	48	67	53

解： 按产量对工人排序（由小到大的排列，即升序排列），如表 3-9 所示。

表 3-9 11 名工人按日产量高低排序表

排序号	1	2	3	4	5	6	7	8	9	10	11
工人编号	9	11	6	8	3	7	4	5	1	2	10
产量（件）	48	53	59	60	61	61	63	63	64	66	67

总体内的个体数量 n=11，因此，日产量的中位数的位序 m 是：

$$m=\frac{n+1}{2}=\frac{11+1}{2}=6$$

因此，中位数 M_e 为：

$$M_e=X_6=61\text{（件）}$$

例 3-7 某小组有 12 名工人，他们的日产量如表 3-10 所示。试计算这个小组工人日产量的中位数。

表 3-10 某小组 12 名工人的日产量一览表

工人编号	1	2	3	4	5	6	7	8	9	10	11	12
产量（件）	64	66	61	63	63	59	61	60	48	67	53	65

解： 将 12 名工人按产量升序排列，即由小到大的排列，如表 3-11 所示。

表 3-11 工人按日产量排序表

排序号	1	2	3	4	5	6	7	8	9	10	11	12
工人编号	9	11	6	8	3	7	4	5	1	12	2	10
产量（件）	48	53	59	60	61	61	63	63	64	65	66	67

总体内的个体数量 n=12，因此，日产量的中位数的位序 m 是：

$$m=\frac{n+1}{2}=\frac{12+1}{2}=\frac{12}{2}+0.5=6.5$$

因此，中位数 M_e 为第 $\frac{n}{2}$ 和第 $\frac{n}{2}+1$，即第 6、第 7 两个观测值的平均数，即：

$$M_e=\frac{X_{\frac{n}{2}}+X_{\frac{n}{2}+1}}{2}=\frac{X_{\frac{12}{2}}+X_{\frac{12}{2}+2}}{2}=\frac{X_6+X_7}{2}=\frac{61+63}{2}=62$$

中位数的特点：

中位数的特点是不易受极端值（极大值或极小值）的影响，当总体呈偏态分布时，中位数作为总体一般水平的代表性优于算术平均数。

Excel 中计算中位数的函数为"=MEDIAN（……）"。本章中 100 个乒乓球的直径的中位数的计算函数为 "=MEDIAN（A1：J10）"。

动手做一做

3-7 在动手做一做的第 3-4 题中，给出了 100 个乒乓球的直径数据，根据中位数的定义，找出这 100 个乒乓球直径的中位数，并说明你的工作过程和使用的方法。

3.2.2 众数

总体中出现次数最多的观测值，称为众数，记为 M_o，是英文单词 Mode（众数）的前两字母。在未分组的情况下，需要按特征值的不同进行分组，次数最多的那一组的特征值就是众数。一个总体可以有两个众数，即两个特征值出现的次数相等且大于其他特征值出现的次数，称为复众数。

需要说明的是：当一个总体存在三个或三个以上特征值的出现的次数相等，且大于其他特征值出现的次数，一般也认为这个总体不存在众数。因此，如果一个总体中，各个特征值出现的次数都相等，这个总体也不存在众数。

例 3-8 表 3-12 是四个总体的特征值，试指出它们的众数分别是多少。

表 3-12 众数示例

总体编号	x_1	x_2	x_3	x_4	x_5	x_6	x_7	众数值
甲	17	18	19	20	21	22	23	—
乙	18	18	19	19	22	25	25	—
丙	17	18	19	19	19	20	25	19
丁	19	19	19	20	25	25	25	19、25

解：在总体甲中，每个特征值都只出现一次，因此，总体甲中不存在众数；

在总体乙中，18、19 和 25 三个特征值各出现两次，由于出现次数最多的特征值超过两个，所以，总体乙的众数也不存在。

在总体丙中，19 是出现次数最多的特征值，因此，总体丙的众数是 19；

在总体丁中，19 和 25 是两个出现次数最多的特征值，因此，其众数有两个，它们分别是 19 和 25。

动手做一做

3-8 在动手做一做的第 3-4 题中，给出了 100 个乒乓球的直径数据，根据众数的定义，找出这 100 个乒乓球直径的众数，并说明你的工作过程和使用的方法。

众数的特点是不易受个体出现的极端值的影响，并且对于个体的定性特征也可以找出它们的众数，只要它们存在。

Excel 中计算众数的函数为“=MODE()”。本章中 100 个乒乓球的直径的众数的计算函数为“=MODE（A1：J10）”，返回的结果为 40.01。

3.3 极差、四分位数与盒形图

3.3.1 极差

极差是所有个体的特征值中，最大值与最小值之差，也称为全距。统计中，极差被记作 R，是英文单词 Range（极差、范围）的第一个字母，用公式表示为：

$$R=\max(X)-\min(X)。$$

极差是个体特征值变动的最大范围，是反映个体特征值变动范围的最简单的统计指标。

极差的优点是含义明确。当极差很小时，可以说明个体特征值的变动范围很小。

极差的缺点是极差容易受总体中的极小值或极大值的影响。因此，当极差较大时，个体特征值的变动范围未必很大。

Excel 中计算极差使用的函数为“=MAX（……）-MIN（……）”。

动手做一做

3-9 某车间甲、乙两个小组各有 10 名工人，它们在某一天的日产量（单位：件）情况如下：

甲组：60、66、68、70、75、75、75、75、83、83

乙组：36、72、73、76、76、76、76、76、77、92

要求：分别计算甲、乙工人日产量的极差，并说明甲、乙两组工人的产量水平的异同。

3-10 说明计算动手做一做第 3-4 题中 100 个乒乓球直径极差的工作过程，并给出计算结果。同时使用 Excel 计算 100 个乒乓球直径极差使用的公式和返回值。

3.3.2 四分位数与四分位差

四分位数（Quartile），就是把一个总体内的所有个体按特征值小到大分成数量相等的四部分所需要的三个数值。这三个数值从小到大依次称为“第一四分位数”，“第二四分位数”，“第三四分位数”。

第一四分位数又称为“下四分位数”，记作 Q_1，总体中大约有 25%的个体的特征值小于 Q_1。

第二四分位数，其实就是“中位数”，记作 Q_2，总体中大约有 50%的个体的特征值小于 Q_2。

第三四分位数又被称为“上四分位数”，记作 Q_3，总体中大约有 75%的个体的特征值小于 Q_3。

计算四分位数首先应将个体的特征值按由小到大的顺序排列，然后根据四分位数的位序找到相应的四分位数。确定四分位数位序的公式如下：

$$第一四分位数的位序=\frac{n+1}{4}$$

$$第二四分位数的位序=2\times\frac{n+1}{4}$$

$$第三四分位数的位序=3\times\frac{n+1}{4}$$

式中，n 表示总体内个体的数量。

四分位差又称为四分位距，是第三四分位数与第一四分位数的差。四分位差常被记作 IQR，是由英文 Inter Quartile Range（四分位数间距）三个字母构成的。四分位差的计算公式为：

$$\mathrm{IQR}=Q_3-Q_1$$

四分位差反映去除总体中特征值较低和较高的各 25%个体后，剩余 50%个体的中的最大特征值与最小特征值之间的差距。与极差相比，四分位差消除掉了极端值的影响，说明个体特征值的变动范围。

例 3-9 某小组 11 名工人的日产量如表 3-13 所示。试计算这 11 名工人日产量的四分位数和四分位差。

表 3-13 小组 11 名工人日产量一览表

工人编号	1	2	3	4	5	6	7	8	9	10	11
产量（件）	64	66	61	63	63	59	61	60	48	67	53

解：首先，将工人的日产量由低到高排序，结果如表 3-14 所示。

表 3-14 工人按日产量高低排序表

排序号	1	2	3	4	5	6	7	8	9	10	11
工人编号	9	11	6	8	3	7	4	5	1	2	10
产量（件）	48	53	59	60	61	61	63	63	64	66	67

由于 n=11，所以 Q_1、Q_2、Q_3 的位序分别为 3、6、9，对应的日产量分别为 X_3=59，X_6=61 和 X_9=64，因此，Q_1=59；Q_2=61；Q_3=63。

据此计算，其四分位差为：

$$\mathrm{IQR}=Q_3-Q_1=63-59=4$$

动手做一做

3-11 例 3-1 中 23 名男生的身高数据如下：

170、174、181、180、172、166、166、161、167、174、176、188、182、179、170、173、191、170、175、170、166、170、181（他们的计量单位为 cm）。

试说明计算四分位数的过程，并给出计算结果。

3.3.3 盒形图

盒形图又被称为箱图、箱线图。盒形图能直观地显示出一个总体的最小值、下四分位数、中位数、上四分位数和最大值，如图 3-5 所示。箱线图不仅能反映总体分布的特征，而且还可以分析比较不同总体的分布。

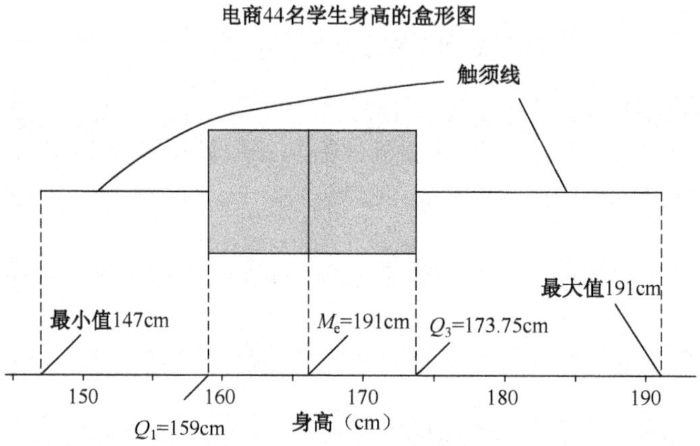

图 3-5 盒形图反映信息的构成五要素

盒子（矩形框）是盒形图的主体，中间的黑色竖线是中位数（Median）。盒子的左、右两边分别表示上、下四分位数；在盒子左右两边分别有一条横向的线段，称为触须线，分别表示最小值和最大值的范围。

3.4 平均差与标准差

3.4.1 平均差

平均差（Average Deviation 或 Mean Deviation）统计中用 A.D 或 M.D 表示。平均差是所有单位的标志值与总体算术平均数的离差绝对值的算术平均数。离差是总体各单位的标志值与总体算术平均数之差。因 $\sum_{i=1}^{n}(X_i-\mu)=0$，计算平均差必须先取各个离差的绝对值，然后再计算绝对值的算术平均数，而不能直接用各个个体离差之和除以离差的个数。

平均差可以反映各单位标志值与总体算术平均数之间的平均差异程度。平均差越大，表明各单位标志值与总体算术平均数的差异程度越大，算术平均数的代表性就越小；平均差越小，表明各单位标志值与总体算术平均数的差异程度越小，算术平均数的代表性就越大。

根据个体是否按变量值大小分组，计算平均差的公式也不相同。

1. 未分组情况下，平均差的计算

未分组情况下的计算公式：

$$A.D=\frac{\sum|X-\mu|}{n}$$

例 3-10 某小组有 11 名工人，他们在某一天的产量分别为 64、66、61、63、63、59、61、60、48、67，产量单位为件。试计算这 11 名工人日产量的平均差。

解：计算的主要过程用表 3-15 列示出来。

表 3-15 未分组情况下平均差的计算表

工人编号	产量（件）X	离差的计算式	离差（$X-\mu$）	离差绝对值$\|X-\mu\|$
1	64	=64−61.2	2.8	2.8
2	66	=66−61.2	4.8	4.8
3	61	=61−61.2	−0.2	0.2
4	63	=63−61.2	1.8	1.8
5	63	=63−61.2	1.8	1.8
6	59	=59−61.2	−2.2	2.2
7	61	=61−61.2	−0.2	0.2
8	60	=60−61.2	−1.2	1.2
9	48	=48−61.2	−13.2	13.2
10	67	=67−61.2	5.8	8
合计	612	—	0	34

根据表 3-15 中的结果，做如下计算：

先计算总体均值 μ：

$$\mu=\frac{\sum X}{N}=\frac{612}{10}=61.2$$

再计算离差绝对值，最好计算平均差 A.D：

$$A.D=\frac{\sum|X-\mu|}{n}=\frac{34}{10}=3.4$$

因此，这 11 名工人日产量的平均差为 3.4 件。

2. 分组情况下，平均差的计算公式

$$A.D=\frac{\sum|X-\mu|F}{\sum F}$$

例 3-11 100 只乒乓球按直径分组，分组情况和各组乒乓球的数量如表 3-16 所示。试计算这 100 个乒乓球直径的平均差。

表 3-16 100 只乒乓球按直径分组情况表

按直径分组（mm）	39.85 以下	39.85～39.95	39.95～40.05	40.05～40.15	40.15 以上
个数	5	27	34	20	14

解：平均差主要过程计算表，如表 3-17 所示

表 3-17 分组情况下 100 只乒乓球直径平均差的计算表

按直径分组	组中值	次数	总直径	离差	离差绝对值	总离差
	X	F	XF	$X-\mu$	$\|X-\mu\|$	$\|X-\mu\|F$
（甲）	①	②	③=①×②	④=①-40.011	⑤=|④|	⑥=⑤×②
39.85 以下	39.8	5	199	−0.211	0.211	1.055
39.85～39.95	39.9	27	1077.3	−0.111	0.111	2.997
39.95～40.05	40	34	1360	−0.011	0.011	0.374
40.05～40.15	40.1	20	802	0.089	0.089	1.78
40.15 以上	40.2	14	562.8	0.189	0.189	2.646
合计	—	100	4001.1	—	—	8.852

根据表 3-17 可以计算：

$$\mu=\frac{\sum XF}{\sum F}=\frac{4000.11}{100}=40.011(\text{mm})$$

$$\text{A.D}=\frac{\sum|X-\mu|F}{\sum F}=\frac{8.852}{100}=0.08852(\text{mm})$$

因此，这 100 个乒乓球直径的平均差为 0.08852mm。

3.4.2 总体的方差与标准差

方差是个体特征值与总体算术平均数离差的平方的算术平均数，也是各个特征值平方的算术平均数与算术平均数平方的差。因此，方差的计算过程主要是计算算术平均数的过程。

标准差是方差的算术平方根。

标准差是反映变量分布离散程度的最重要统计指标，在统计中具有重要的地位。标准差越大，个体的数量特征值的差异程度就越大；标准差越小，个体的数量特征值差异程度就越小。如图 3-6 所示，标准差越大，反映变量分布密度的钟形轮廓下面的开口就越宽阔。

1. 未分组情况下，方差的计算公式和过程

在未对个体按变量值大小分组情况下，方差的计算可以选择下列某一个公式计算。

离差法公式：

$$\sigma^2=\frac{\sum(X-\mu)^2}{N}$$

平方法公式：

$$\sigma^2=\frac{\sum X^2}{N}-\left(\frac{\sum X}{N}\right)^2=\overline{X^2}-\mu^2$$

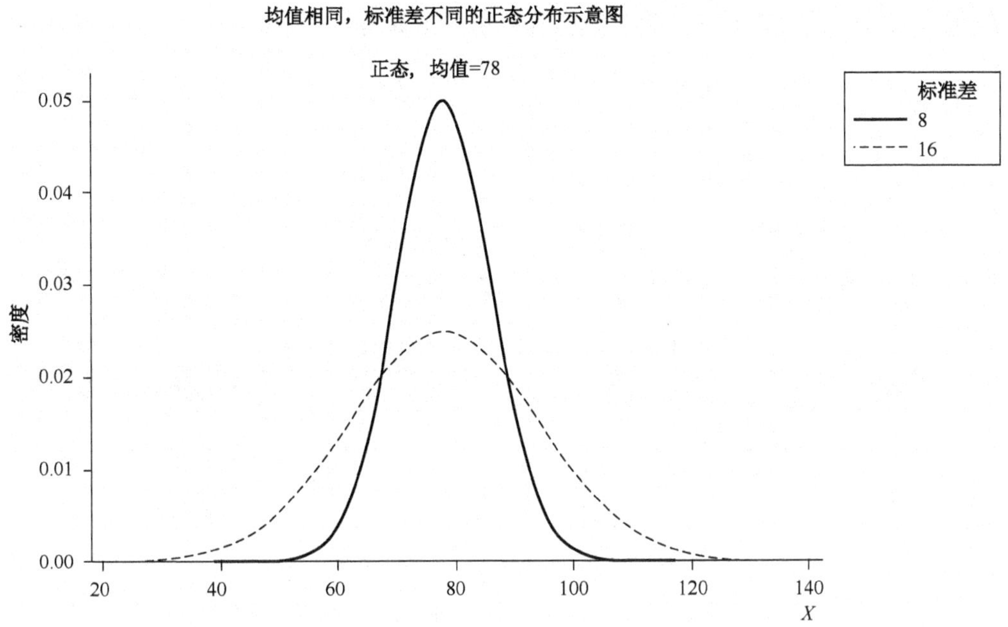

图 3-6　两个标准差大小不同的变量分布特征

需要说明的是，由于定义式$\sigma^2=\frac{\sum(X-\mu)^2}{N}$需要先计算总体均值，在总体均值由于小数位数太多需要四舍五入时，定义式的误差较大，而$\sigma^2=\frac{\sum X^2}{N}-\left(\frac{\sum X}{N}\right)^2$因四舍五入产生的误差较小。公式$\sigma^2=\overline{X^2}-\mu^2$体现了方差的含义。

例 3-12　有 10 名工人，某日他们的产量分别为 64、66、61、63、63、59、61、60、48、67 件，试计算这 10 名工人日产量的方差和标准差。

解：如果采用离差法计算，主要过程如表 3-18 所示。

表 3-18　未分组情况下离差平方平均数计算表

工人编号	产量（件）	离差	离差的平方
（甲）	X	$X-\mu$	$(X-\mu)^2$
1	64	2.8	7.84
2	66	4.8	23.04
3	61	−0.2	0.04
4	63	1.8	3.24
5	63	1.8	3.24
6	59	−2.2	4.84
7	61	−0.2	0.04
8	60	−1.2	1.44
9	48	−13.2	174.24
10	67	5.8	33.64
合计	612	0	251.6

因此，他们产量的算术平均数、方差和标准差分别为：

$$\mu=\frac{\sum X}{N}=\frac{612}{10}=61.2(\text{件})$$

$$\sigma^2=\frac{\sum(X-\mu)^2}{N}=\frac{251.6}{10}=25.16$$

$$\sigma=\sqrt{\sigma^2}=\sqrt{25.16}\approx 5.02(\text{件})$$

如果采用平方法计算，计算的主要过程如表 3-19 所示。

表 3-19　未分组情况下平方的平均数计算表

工人编号	产量（件）	产量的平方
（甲）	X	X^2
1	64	4096
2	66	4356
3	61	3721
4	63	3969
5	63	3969
6	59	3481
7	61	3721
8	60	3600
9	48	2304
10	67	4489
合计	612	37706

$$\mu=\frac{\sum X}{N}=\frac{612}{10}=61.2(\text{件})$$

$$\sigma^2=\frac{\sum X^2}{N}-\left(\frac{\sum X}{N}\right)^2=\frac{37706}{10}-\left(\frac{612}{10}\right)^2=25.16$$

$$\sigma=\sqrt{\sigma^2}=\sqrt{25.16}\approx 5.02(\text{件})$$

2. 根据次数分布数列，计算方差的公式和过程

在对个体按特征值大小分组情况下，不仅要考虑各组变量值的差异，也要考虑各组权数的影响，因此，在分组情况下，方差的计算可以在以下 4 个公式中选择一个来计算。

离差法公式：

$$\sigma^2=\frac{\sum(X-\mu)^2 F}{\sum F}$$

平方法的公式及其变形：

$$\sigma^2=\frac{\sum X^2F}{\sum F}-\left(\frac{\sum XF}{\sum F}\right)^2$$

$$\sigma^2=\sum X^2P-(\sum XP)^2$$

$$\sigma^2 = \overline{X^2} - \mu^2$$

例 3-13 根据例 3-11 中表 3-16 提供的 100 个乒乓球直径分组数据，计算其方差和标准差。

解： 采用离差法计算，主要计算过程如表 3-20 所示。

表 3-20 分组情况下方差计算表（离差法）

按直径分组	组中值	次数	总直径	离差	组中值离差平方	总离差平方
（甲）	X	F	XF	$X-\mu$	$(X-\mu)^2$	$(X-\mu)^2F$
39.85 以下	39.8	5	199	−0.211	0.044521	0.222605
39.85～39.95	39.9	27	1077.3	−0.111	0.012321	0.332667
39.95～40.05	40	34	1360	−0.011	0.000121	0.004114
40.05～40.15	40.1	20	802	0.089	0.007921	0.15842
40.15 以上	40.2	14	562.8	0.189	0.035721	0.500094
合计	—	100	4001.1	—	—	1.2179

根据表 3-20 的计算结果，可以计算：

$$\mu = \frac{\sum XF}{\sum F} = \frac{4001.1}{100} = 40.011(\text{mm})$$

$$\sigma^2 = \frac{\sum (X-\mu)^2 F}{\sum F} = \frac{1.2179}{100} = 0.012179$$

$$\sigma = \sqrt{\sigma^2} = \sqrt{0.012179} \approx 0.1104(\text{mm})$$

采用平方法的主要计算过程如表 3-21 所示。

表 3-21 分组情况下方差计算表（平方法）

按直径分组	组中值	次数	总直径	组中值平方	组中值离差平方
（甲）	X	F	XF	X^2	X^2F
39.85 以下	39.8	5	199	1584.04	7920.2
39.85～39.95	39.9	27	1077.3	1592.01	42984.27
39.95～40.05	40	34	1360	1600	54400
40.05～40.15	40.1	20	802	1608.01	32160.2
40.15 以上	40.2	14	562.8	1616.04	22624.56
合计	—	100	4001.1	—	160089.23

根据表 3-21 的计算结果，可以计算其方差为：

$$\sigma^2 = \frac{\sum X^2 F}{\sum F} - \left(\frac{\sum XF}{\sum F}\right)^2 = \frac{160089.23}{100} - \left(\frac{4001.1}{100}\right)^2 = 0.012179$$

需要说明的是：根据组距数列计算的总体方差，其实只是组间方差的近似值。总体的方差等于组间方差与组内方差加权算术平均数之和。组内方差就是各组内个体特征值的方差。

3.4.3 使用 Excel 计算方差与标准差

1. 数据未分组情况下方差与标准差的计算

Excel 中提供了根据原始数据，即根据未分组的个体特征值数据，计算总体方差和标准差的函数。这两个函数分别为：

计算总体方差使用的函数为："=VARP(……)"。

计算总体标准差使用的函数为："=STDEVP(……)"。

需要强调的是：方差有总体的方差和样本的方差之分，标准差也有总体的标准差和样本的标准差之分。样本的方差、标准差主要用来作为总体的方差、标准差的估计值。为了防止估计总体方差时产生的偏差，计算样本方差时，公式中的分母为 $n-1$，它是特征值的个数减 1，而不是特征值的个数。因此，样本方差的计算公式为：

$$s^2=\frac{\sum_{i=1}^{n}(x_i-\overline{x})^2}{n-1}$$

式中，$\overline{x}=\frac{\sum_{i=1}^{n}x_i}{n}$。

在计算总体方差的函数为"=VARP(……)"和总体标准差函数为"=STDEVP(……)"中的最后一个字母"P"是英文单词"Population"（总体）的第一字母，表示函数计算的是总体的方差或标准差。

其中的"……"为基本数据或基本数据所在的单元格。

动手做一做

3-12 根据例 3-4 录入的 100 个乒乓球直径数据，计算这 100 个乒乓球直径的方差和标准差使用的函数格式为：

计算总体方差使用的函数为"=VARP(A1:J10)"，返回的计算结果为 0.01117075。

计算总体标准差使用的函数为"=STDEVP(A1:J10)"，返回的计算结果为 0.105691769。

如果例 3-4 给出的 100 个乒乓球直径数据只是用来推断总体直径的一个样本，那么根据例 3-4 录入的数据，计算样本方差、标准差使用的函数分别为"=VAR（A1:J10）"和"=STDEV（A1:J10）"，相应的返回结果分别为 0.011283586 和 0.106224224。

由于 Excel 的版本不同，函数的格式也有差异，在计算时可以查看 Excel 软件关于函数的帮助信息。例如，在 2010 版的 Excel 中，根据图 3-2 录入的数据，计算样本方差、标准差使用的函数分别为"=VAR.S（A1:J10）"和"=STDEV.S（A1:J10）"，最后一个字母"S"是英文单词"Sample"（样本）的第一字母，表示函数计算的是样本的方差或标准差。

2. 根据次数分布数列计算总体方差和标准差的过程和方法

例 3-14 根据例 3-5 中的数据，计算 100 个乒乓球直径的方差和标准差。

总体的方差等于各变量值平方的平均数减去算术平均数的平方。因此，计算方差的操作步骤可以分为两个过程：一是计算总体加权算术平均数的过程；二是计算特征值平方的加权算术平均数的过程。计算总体加权算术平均数的过程见例 3-5，在此不再赘述。计算特征值平方加权算术平均数、总体方差和标准差的操作如下：

第一步，在 E1 中输入“组中值平方”，在 F1 中输入“组中值平方乘以次数”；在 E2 中输入算式“=C2^2”，计算第一组组中值的平方；在 F2 中输入算式“=E2*B2”，计算第一组组中值的平方与次数的乘积。

需要说明的是：在 Excel 中计算 C2 单元格中数值平方可以使用算式“=C2^2”完成，也可以用“=C2*C2”或“=POWER（C2，2）”来完成。如果需要计算 C2 单元格数值的平方根，可用算式“=C2^0.5”或“=POWER（C2，1/2）”等。

第二步，同时选中 E2 和 F2 两个单元格，将鼠标移动到 F2 的右下角，按住鼠标的左键向下拖动至第 6 行，Excel 自动计算填充第二组到第五组各组的组中值的平方和与次数的乘积。

第三步，在 F7 中输入算式“=SUM(F2:F6)”，计算各组组中值的平方与次数的乘积之和。

第四步，在 C8 中输入“平方平均数”，在 D8 中输入算式“=F7/B7”，计算组中值平方的加权算术平均数。

第五步，在 A9 中输入“方差”，在 B9 中输入算式“=D8-B8^2”，计算总体的方差。

第六步，在 C9 中输入“标准差”，在 D9 中输入算式“=B9^0.5”，计算方差的算术平方根——标准差，结果如表 3-22 所示。

表 3-22 100 个乒乓球直径的方差和标准差的计算结果

	A	B	C	D	E	F
1	按直径分组	次数	组中值	各组乒乓球直径的总和	组中值平方	组中值平方乘以次数
2	39.85 以下	5	39.8	199	1584.04	7920.2
3	39.85～39.95	27	39.9	1077.3	1592.01	42984.27
4	39.95～40.05	34	40	1360	1600	54400
5	40.05～40.15	20	40.1	802	1608.01	32160.2
6	40.15 以上	14	40.2	562.8	1616.04	22624.56
7	合体	100		4001.1		160089.23
8	平均直径	40.011	平方平均数	1600.8923		
9	方差	0.012179	标准差	0.110358507		

3.5 切比雪夫不等式和经验法则

切比雪夫不等式和经验法则主要说明的是特征值以总体均值为中心，在以若干倍的标准差为半径的邻域内的个体数量占总体比重的规律。

需要强调的是：特征值 X 在均值 μ 左右两侧一定长度 a 范围内的个体数量占总体的比

重，即 $X \in (\mu - a, \mu + a)$ 的个体占总体的比重不仅与 a 的大小有关，也与总体的标准差有关。在 a 一定的情况下，总体标准差 σ 越大，区间范围内个体占总体的比重就越低，总体标准差 σ 越小，区间范围内个体占总体的比重就越高。在总体标准差 σ 一定的情况下，a 越大，区间范围内个体占总体的比重就越高。

3.5.1 切比雪夫不等式

切比雪夫（俄罗斯数学家，1821—1894 年）不等式揭示了一个总体中，特征值出现在以均值为中心、以 k 倍（倍数大于 1）标准差为半径的邻域之内的个体占总体的比重不少于 $1-\frac{1}{k^2}$。

具体来说：已知均值 μ 和标准差 σ 的总体中，特征值 X 满足 $\mu - k\sigma < X < \mu + k\sigma$（其中 $k = \frac{\varepsilon}{\sigma} > 1$）即 $|X-\mu| < k\sigma$ 的个体数量占总体单位数的比重不少于 $1-\frac{1}{k^2}$，即 $P\{|X-\mu| < k\sigma\} \geqslant 1-\frac{1}{k^2}$；而特征值 X 满足 $X \leqslant \mu - k\sigma$ 或 $X \geqslant \mu + k\sigma$ 的个体数量占总体单位数的比重不多于 $\frac{1}{k^2}$，即 $P\{|X-\mu| \geqslant k\sigma\} \leqslant \frac{1}{k^2}$。

例 3-15 本章例 3-4 给出了 100 个乒乓球直径，这 100 个乒乓球直径的算术平均数为 40.0045mm，标准差为 0.1057mm。试根据 100 个乒乓球的直径数据验证当 k=1.8 时，切比雪夫不等式是成立的。

解： 为快速统计直径在某一区间内乒乓球的数量，将 100 个乒乓球的直径数据整理成次数分布表（如表 3-23 所示）和向上累计分布图（如图 3-7 所示）。

表 3-22 100 个乒乓球按直径大小向上累计次数表

直径（mm）	39.79	39.83	39.84	39.85	39.86	39.87	39.88	39.89	39.9	39.91	39.93	39.94	39.95
个数	1	1	3	1	3	4	2	3	3	4	4	3	2
累计个数	1	2	5	6	9	13	15	18	21	25	29	32	34
直径（mm）	39.96	39.97	39.98	39.99	40	40.01	40.02	40.03	40.04	40.05	40.06	40.07	40.08
个数	4	3	3	6	2	7	2	2	3	1	4	3	1
累计个数	38	41	44	50	52	59	61	63	66	67	71	74	75
直径（mm）	40.09	40.1	40.11	40.12	40.13	40.15	40.16	40.17	40.19	40.2	40.22	40.23	
个数	5	2	1	2	1	4	2	2	1	1	1	3	
累计个数	80	82	83	85	86	90	92	94	95	96	97	100	

当 k=1.8 时，$\mu - k\sigma$、$\mu + k\sigma$、$1-\frac{1}{k^2}$ 分别为 39.814、40.195、0.691，根据切比雪夫不等式，直径小于 40.195mm 大于 39.814mm 的乒乓球应不少于总数的 69.1%。

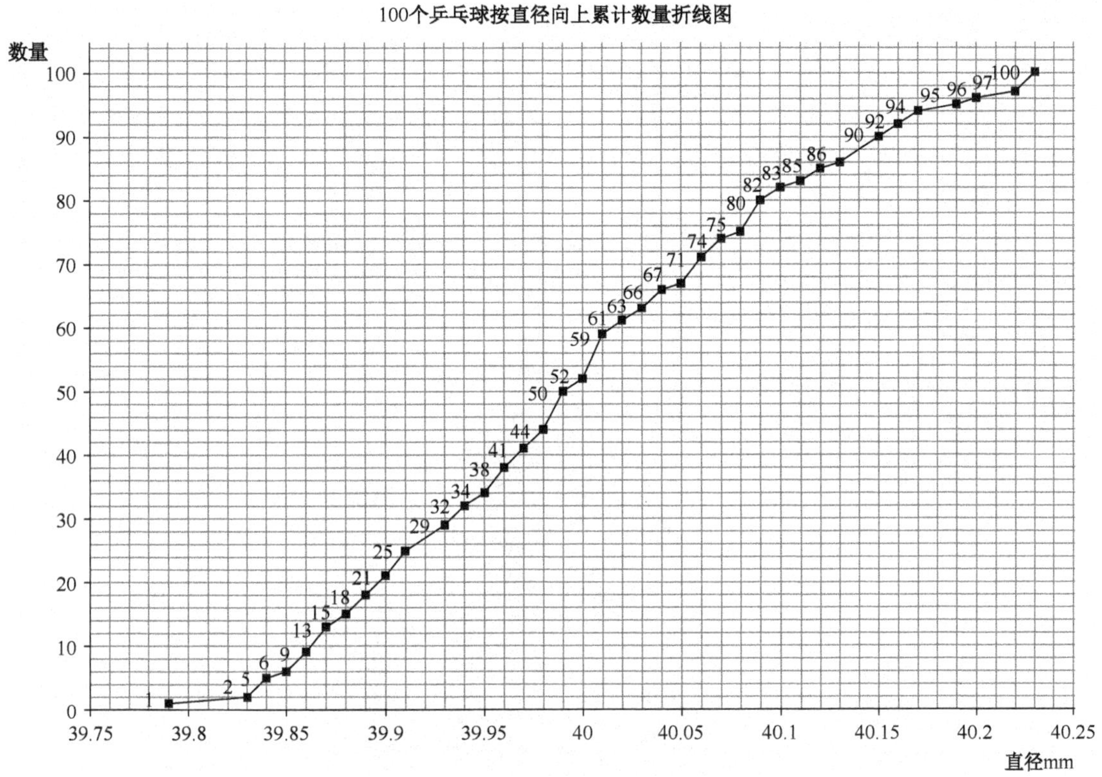

图 3-7　向上累计折线图

根据表 3-22 的结果，直径小于 40.195mm 大于 39.814mm 的乒乓球数量等于直径小于 40.195mm 的数量（95 个）减去直径小于 39.814mm 的数量（1 个），即：

$$S_{40.19}-S_{39.82}=95-1=94\ （个）$$

因此，直径小于 40.195mm 大于 39.814mm 的乒乓球数量占总体数量的 94%，这个比重远大于切比雪夫不等式所给出的比重下限。这说明对于这 100 个乒乓球直径来说，当 k=1.8 时，切比雪夫不等式所说明的特征值出现在以均值为中心，以 1.8 倍标准差为半径的邻域的比重规律是正确的。

动手做一做

3-14　根据例 3-4 给出的 100 个乒乓球直径数据，验证当 k 分别为 1.2、1.6、2 和 2.5 时切比雪夫不等式是否成立。

3.5.2　经验法则

根据经验，我们周围的许多自然现象和社会现象都是服从正态分布的。经验法则与切比雪夫不等式一样，它告诉我们在一个正态分布总体中，特征值在均值左右两侧若干个标准差范围内个体数量占总体比重的规律。

在正态分布情况下，标志值在以均值为中心，1 个标准差为半径的邻域内（即 $\mu-\sigma \leqslant x \leqslant \mu+\sigma$）的个体的数量占总体数量的 68.27%；标志值在以均值为中心，2 个标准差为半径的邻域内（即 $\mu-2\sigma \leqslant x \leqslant \mu+2\sigma$）的个体的数量占总体数量的 95.45%；标志值在以均值为中心，3 个标准差为半径的邻域内（即 $\mu-3\sigma \leqslant x \leqslant \mu+3\sigma$）的个体的数量占总体数量的 99.73%。

图 3-8 是总体均值为 5，标准差为 1 的标准正态分布密度图形。图 3-9 告诉我们，在正态分布情况下，特征值在 4 到 6 之间的个体数量占总体的比重约为 68.27%。特征值在 3 到 7 之间的个体数量占总体的比重约为 95.45%。

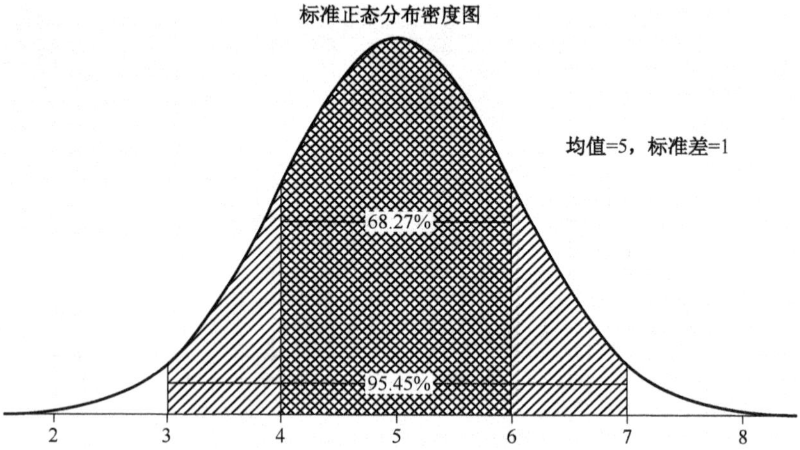

图 3-8　经验法则示意图

本章习题

3-1　一个变量包括 7 个观测值，它们分别是 2、3、9、2、5、8、2。

（1）根据给定的观测值，做该变量分布的点图；

（2）计算变量的均值、中位数和众数；

（3）在点图上，标示出代表变量分布中心位置的三个指标：均值、中位数和众数；

（4）根据均值和中位数的相对位置说明变量分布是对称的还是偏斜的[左偏（$\mu<M_e<M_o$）还是右偏（$M_o>M_e>\mu$）]。

3-2　一个变量包括了 8 个观测值：4、3、6、7、5、5、4、6。

（1）计算这个变量的均值 μ；

（2）说出这个变量的中位数和众数分别是多少？

（3）作这个变量分布的点图并说明这个变量是对称的还是偏斜的（左偏还是右偏）？

3-3　一个变量包括了 10 个观测值：5、6、12、8、4、10、11、7、8、7。

（1）计算这个变量的均值 μ；

（2）说出这个变量的中位数和众数分别是多少？

（3）作这个变量分布的点图并说明这个变量是对称的还是偏斜的（左偏还是右偏）？

3-4　一家消音器公司声称可以在 30 分钟之内更换好消音器，调查人员调查 30 个消音器的更换时间（分钟）录入 Excel 后的图示和用 Minitab 所做的点状图分别如图 3-9 和图 3-10 所示。试计算或回答下列问题：

	A	B	C	D	E	F	G	H	I	J
1	24	20	29	34	23	13	30	44	28	31
2	15	30	10	28	16	33	26	12	12	26
3	17	13	14	17	25	29	18	22	40	22

图 3-9　安装消音器的时间

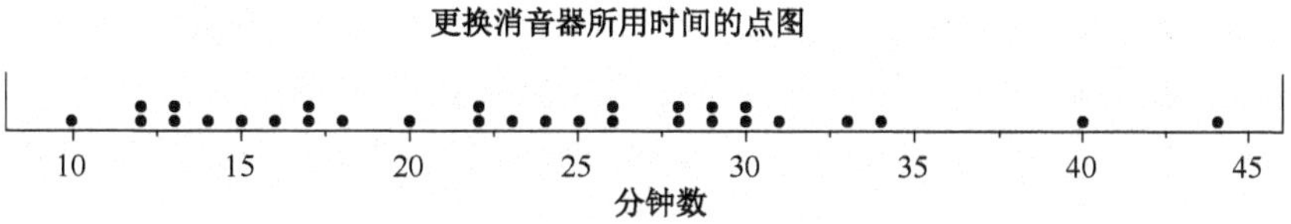

图 3-10　安装消音器时间的点状图

（1）更换消音器时间的中位数；

（2）更换消音器时间的众数；

（3）计算更换消音器时间的算术平均数、标准差；

（4）计算更换消音器时间的四分位数；

（5）写出用 Excel 计算算术平均数的公式或函数的格式；

（6）写出用 Excel 计算标准差使用的公式或函数的格式；

（7）写出用 Excel 计算极差使用的公式或函数的格式。

3-5　对 200 名职工日工资调查结果如表 3-24 所示，试计算职工工资的加权算术平均数和方差。

表 3-24　平均数和方差计算表

按日工资分组（元）	职工人数（人）					
50 以下	40					
50～70	75					
70～90	70					
90 以上	15					
合计	200					

3-6　为了解某种产品的重量，从中随机抽取 100 包进行称量，结果如表 3-25 所示。试计算这 100 包产品重量的算术平均数和标准差。

表 3-25　100 包产品重量的称量结果

每包重量（克）	包数
148～149	10
149～150	20
150～151	50
151～152	20
合计	100

3-7　调查某大专院校4287名学生（其中108名学生体重数据缺失），调查结果经整理后的统计表如表3-26所示。

表3-26　某大专院校学生体重情况统计表

N	缺失	均值	标准差	最小值	下四分位数	中位数	上四分位数	最大值
4179	108	59.856	8.930	36.000	53.700	59.400	65.000	119.000

根据上表作一幅体重的盒形图，并按要求回答下列问题：

（1）根据切比雪夫定理：说明体重在大于49.856公斤小于69.856公斤之间的人数不少于总人数的百分之多少？说明体重在大于47.856公斤小于71.856公斤之间的人数不少于总人数的百分之多少？

（2）根据经验法则：说明大约有多少学生的体重在大于50.926公斤小于68.786公斤之间？说明大约有多少学生的体重在大于41.996公斤小于77.716公斤之间？说明大约有多少学生的体重在大于33.066公斤小于86.646公斤之间？

第 4 章　概率的基本概念

学习要点

- 理解随机试验的结果——样本点、样本空间的概念；
- 理解随机事件的概念；
- 掌握计算随机试验样本点数量的乘法法则、排列和组合法则等；
- 理解随机事件发生概率的含义，掌握概率计算的古典法、经验法和主观法；
- 掌握随机事件之间的关系；

导读案例

赌本分配问题

“赌本分配问题”是由法国人梅勒侯爵（Chevalier de Mere，1607—1684 年）提出的。梅勒和他的一个朋友每人拿出 30 个金币做赌注，两人各自选取一个点数，谁选择的点数首先被掷出 3 次，谁就赢得全部赌注——60 个金币。当梅勒选择的点数“5”出现 2 次，而他的朋友选择的点数“3”出现一次的时候，梅勒有事必须离开，游戏不得不停止。他们该如何分配赌桌上的赌注——60 个金币呢？

梅勒的朋友认为，既然掷出他选择的点数的机会是梅勒的一半，那么他该拿到梅勒所得的一半，即他拿 20 个金币，梅勒拿 40 个金币。然而梅勒认为：再掷一次骰子，对他来说最糟糕的事是他将失去他的优势，游戏是平局，每人都得到相等的 30 个金币；但如果掷出的是“5”，他就赢了，并可拿走全部的 60 个金币。在下一次掷骰子之前，他实际上已经拥有了 30 个金币，他还有 50%的机会赢得另外 30 个金币，所以他应分得 45 个金币。

这一问题可抽象为：两个技术相当的赌手每人拿出相等的金钱作赌注，并规定：谁先赢到三点（每赢一场就赢得一点），谁就赢得了全部赌注。当两人都没有赢到三点而需要终止赌博时，事先规定怎样的赌注分配标准才公平（应考虑已经赢得的点数和最终获胜的可能性）？

【案例分析】

人们对概率问题的研究起源于赌博，赌博问题为我们研究不确定性现象提供了很好的模型。

《概率论与数理统计》是一门研究现实世界中随机现象（即不确定现象）及其规律性的应用数学学科，它为我们提供了一种研究和分析不确定现象的有效方法。概率论与数理统计已被广泛应用于工业、国防、国民经济、医疗卫生及工程技术等各个领域。

社会经济现象中包含大量的随机现象，经营管理者基本上不可能在掌握了完整准确的信息之后再做出决策。例如，企业是否应该在下一年度里投资购买更高级的自动化设备，扩大现有某种产品的生产，将产品的产量增加一倍？企业的经营目标一般是保证企业的持续经营、盈利和不断发展，但扩大投资、提高设备的自动化程度提高产量，不一定能增加企业的盈利能力，因为企业面对的市场有许多不确定因素，产品价格和销量是不确定的。

没有《概率论与数理统计》的基本知识，就无法有效分析、研究和把握社会经济领域内的随机现象，科学决策是不可能的。本章所要讲述的有关概率的概念是统计学中最基本、最重要的概念之一。

4.1 概率与事件

4.1.1 概率的概念

概率是统计中最基本、最重要的变量之一。概率是一个用来说明在一定条件下指定事件未来发生可能性大小的数值，其取值范围在 0 到 1 之间。

未来发生概率等于 1 的事件被称为必然事件，未来发生概率等于 0 的事件被称为不可能事件。发生概率在 0 到 1 之间的事件被称为随机事件。随机事件发生的概率越接近于 1，其未来发生的可能性越大，随机事件发生的概率越接近于 0，其未来发生的可能性越小。

4.1.2 事件的概念与分类

事件是与概率密切联系的概念。理解和计算事件的概率，首先需要理解事件的概念与分类。

1. 事件的概念

事件就是人们对自然现象观察或社会经济活动的某种结果。下列就是一些可能发生也可能不发生的事件。

（1）2031 年 4 月 8 日，新乡市为风和日丽的天气。

（2）2049 年之前，祖国将实现完全统一。

（3）甲同学统计期末考试成绩达到 90 分以上。

（4）某企业新开发的产品投放市场后，未来五年之内年均销售利润达 6000 万元以上。

（5）掷一枚骰子，得到的点数为偶数。

（6）从一个装有编号分别为“1”、“2”、“3”、“4”、“5”的五个球的箱子中随机地取出两个球的编号全为奇数。

2. 事件的分类

为了计算事件的概率，我们需要理解事件以下两种分类：

第一，根据事件能否在同样或基本相同的条件下重复，事件可分为可重复事件和一次性事件。

可重复事件是指在同样或基本相同的条件下，原则上可以无限次重复的事件。例如，“掷骰子”这个随机试验，原则上是可以在相同条件下多次重复，因此，这一随机试验的任何一种基本结果或结果的一种类型，如“掷出的点为奇数”也是可重复的。

统计在身边

随机试验

为便于分析研究社会经济现象中的不确定现象，统计学家将具有不确定后果的社会经济现象抽象为对抛掷骰子、转硬币的结果的观察。有时统计学家也会将不确定现象的研究抽象为按随机原则从一个放有若干数量球的箱子中抽取若干个球的结果的观察。

统计学上所说的随机试验与物理、化学等学科上的实验或工程领域的试验不同。随机试验是对随机现象可能出现的不同结果进行分类计数的统计研究过程。随机试验可能出现的每一种情况，称为随机试验的结果。统计学所讲的随机试验有以下三个特点：

①每次随机试验的可能结果不少于一个，但随机试验所有可能的结果在随机试验之前是确切知道的；

②在每次随机试验结束之前，随机试验将出现哪种是结果无法确定的，只有在每次随机试验结束之后，我们才会知道随机试验出现的结果是哪一种；

③随机试验可以在相同的条件下重复进行。

关于随机试验及事件的一些基本概念：

随机试验的基本事件：是仅能在一次随机试验中观察到的某种结果，是随机试验中可能产生的、最简单的、不可拆分的且发生机会相等的每一个结果。一个基本事件也常被称为一个样本点。

样本空间：由某一随机试验所有可能发生的互不相同的基本事件组成的集合。

事件：是由随机试验中具有某种共同特征的一些或全部基本事件组成的集合。

事件可以不包括任何基本事件，也可以仅包括一个基本事件。一个基本事件都没有包括的事件被称为不可能事件，包括了所有基本事件的事件被称为必然事件。

一次性事件是指无法在同样条件下重复的事件。例如，因为宏观经济环境和竞争对手的营销策略在不断地变化，某企业新开发的产品投放市场后，未来五年之内年均销售利润达 6000 万元以上是一次性事件。因为企业的经营环境和机遇无法重复。

可重复事件的概率有公认的法则来计算，而一次性事件的概率没有一个公认的计算法则，取决于人的主观看法，是主观的。

第二，根据事件是否可以拆分，事件可分为基本事件和事件。例如，掷一枚骰子，得到的点数为偶数，可以拆分为得到的点数为 2、4、6 这三个基本事件，换句话说，无论得到的点数是 2、4 或 6，都意味着得到的点数为偶数这一事件发生。因此，得到的点数为偶数这一事件就不是基本事件。

4.1.3 事件概率的表示方法

概率是对事件来说的，不同的事件有不同的概率。在统计学中，为了表述事件的概率，常用不同的大写外文字母来表示不同的事件。这些字母有英文字母 A、B、C……以及大写希腊 Ω 和 Φ 等。需要说明的是：大写希腊 Ω 和 Φ 有特殊的含义，用 Ω 表示必然事件，而用 Φ 表示不可能事件。

表示某一事件概率的方法是用英文单词"Probability（含义为可能性、几率、概率）"的第一个字母 P（通常须大写）以及代表这一事件的字母（表示事件的字母要用括号括起来）表示。例如：

如果用字母"A"表示事件——"掷一枚骰子，得到的点数为偶数"，则 $P(A)=0.5$ 就表示掷一枚骰子，得到的点数为偶数的概率为 0.5。

如果用字母"Φ"表示事件——"掷一枚骰子，得到的点数为 9"，则 $P(\Phi)=0$ 就表示掷一枚骰子，得到的点数为 9 的概率为 0，这表明事件 Φ 是不可能事件。

4.2 计算随机事件概率的基本方法

由于事件的性质不同，计算随机事件概率的方法也不相同。计算事件发生的概率首先需要根据随机事件的特点选择概率的计算方法。随机事件概率的基本计算方法大致可以分为三类：古典法、经验法和主观法。

4.2.1 计算随机事件概率的古典法

1. 古典法计算随机事件概率的基本公式

如果某一随机事件 A 是由某一随机试验的 n_A 个基本事件组成的事件，且这一随机试验共有 N 个互不相同的基本事件，则随机事件 A 发生的概率为：

$$P(A)=\frac{n_A}{N}$$

式中，N 为随机试验所有基本事件的数目，n_A 为随机事件 A 包括的基本事件的数目。

例 4-1 在一个装有 3 个黄球，6 个白球的箱子中，一次随机取出 2 个球。试计算：

（1）取出的两个球全是白色（W）的概率是多少？

（2）取出的两个球全是黄色（Y）的概率是多少？

（3）取出的两个球的颜色为一白、一黄（C）概率是多少？

解：每一个球被抽中的机会都是相等的，为了区分这 9 个球，将 3 个黄色的球分别编上号码：1、2、3，将 6 个白色的球分别编上 4～9 号。一次抽取两个球，所有可能的结果如表 4-1 所示。

表 4-1　从装有 9 个球的箱子中一次取出两个球的所有可能结果

结果编号	抽到的编号（不分先后顺序）	颜色	结果编号	抽到的编号（不分先后顺序）	颜色
1	1、2	黄	19	3、7	黄白
2	1、3	黄	20	3、8	黄白
3	1、4	黄白	21	3、9	黄白
4	1、5	黄白	22	4、5	白
5	1、6	黄白	23	4、6	白
6	1、7	黄白	24	4、7	白
7	1、8	黄白	25	4、8	白
8	1、9	黄白	26	4、9	白
9	2、3	黄	27	5、6	白
10	2、4	黄白	28	5、7	白
11	2、5	黄白	29	5、8	白
12	2、6	黄白	30	5、9	白
13	2、7	黄白	31	6、7	白
14	2、8	黄白	32	6、8	白
15	2、9	黄白	33	6、9	白
16	3、4	黄白	34	7、8	白
17	3、5	黄白	35	7、9	白
18	3、6	黄白	36	8、9	白

为采用古典法计算抽到两个球全为黄色、全为白色及为黄白两色的概率，对这 36 种可能结果根据颜色分类，具体结果如表 4-2 所示。

表 4-2　基本事件按两个球的颜色分类表

两个球的颜色（事件）	包括基本事件数量
白（W）	15
黄（Y）	3
黄白（C）	18
总计	36

因此，根据古典法可以计算：

（1）取出的两个球全是白色的概率 P（W）：

$$P(W)=\frac{15}{36}\approx 0.417$$

（2）取出的两个球全是黄色的概率 P（Y）：

$$P(Y)=\frac{3}{36}\approx 0.083$$

（3）取出的两个球一白、一黄概率 P（C）：

$$P(C)=\frac{18}{36}=0.5$$

2. 基本事件数量的计算方法

当随机试验包括大量基本事件时，应用古典法计算某种随机事件的概率，需要采用公式快速计算出随机试验所有可能的基本事件数量以及某种随机事件包括的基本事件的数量。计算基本事件的数量的方法主要有乘法法则、排列法则和组合法则三种，它们常被统称为基本事件的计数法则。

基本事件是指某种随机试验的某种不可拆分的结果，且每种结果发生概率都相等的事件。

对于从一定数量的球中一次取出若干个球作样本的摸球随机试验，需要明确规定是否允许重复和是否考虑先后顺序（如图 4-1 所示），这两个问题都会影响到基本事件的数量，进而影响到随机事件发生的概率。

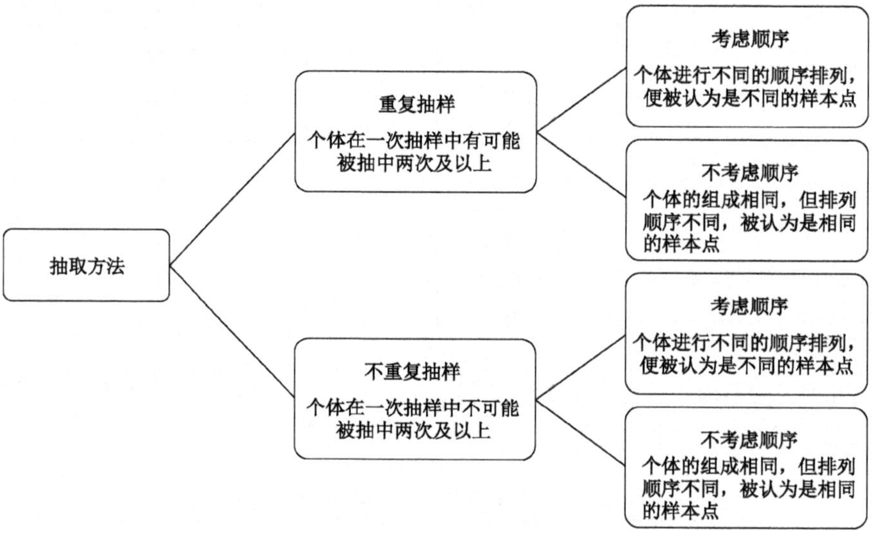

图 4-1　样本点数目的影响因素——抽取方法与顺序

例如：从装有编号分别为“1”、“2”、“3”、“4”、“5”的五个球的箱子中每次抽取两个球的随机试验，在不重复抽样且不考虑样本顺序条件下，其样本空间 Ω 是{‘1、2’，‘1、3’，‘1、4’，‘1、5’，‘2、3’，‘2、4’，‘2、5’，‘3、4’，‘3、5’，‘4、5’}，共有 10 个样本点。在重复抽样且考虑样本顺序条件下，样本空间 Ω 应该是{‘1、1’，‘1、2’，‘1、3’，‘1、4’，‘1、5’，‘2、1’，‘2、2’，‘2、3’，‘2、4’，‘2、5’，‘3、1’，‘3、2’，‘3、3’，‘3、4’，‘3、5’，‘4、1’，‘4、2’，‘4、3’，‘4、4’，‘4、5’，‘5、1’，‘5、2’，‘5、3’，‘5、4’，‘5、5’}，共有 25 个样本点。可见，对于摸球的随机试验，尽管试验的条件相同，但由于对结果差异性的规定不同，样本点和样本空间也是不同的。

动手做一做

4-1　一次抛掷两枚骰子的随机试验，有多少个基本事件？他们分别是什么？用字母 A 表示事件—两个骰子点数之和为 7，请列出事件 A 包括的所有基本事件？

4-2　从一个装有编号分别为“1”、“2”、“3”、“4”、“5”的五个球的箱子中随机地取出两个球作样本。根据抽样方法和顺序不同，分别说明下列四种情况下的样本点的数量？

（1）重复抽样且考虑抽取两个球的顺序差异；

（2）重复抽样但不考虑抽取两个球的顺序差异；

（3）不重复抽样但要考虑抽取两个球的顺序差异；

（4）不重复抽样且不考虑抽取两个球的顺序差异。

（1）乘法法则

如果一个随机试验由互不影响的两个部分组成，并且已知一部分有 n 种互不相同的结果，另一部分有 m 种互不相同的结果，那么这个随机试验一定包含 $n\times m$ 个基本事件。

例 4-2 一个蛋糕房可以根据购买者要求将蛋糕的外形制作成圆形、正方形、心形三种形状，每种形状都有 9 种色调各异的图案。请问这个蛋糕房可以制作多少种不同的蛋糕？

解： 因为蛋糕的形状和色调互不影响，显然，这个蛋糕房可以制作的蛋糕种类数为：

$$n\times m=3\times 9=27\text{（种）}$$

乘法法则可以推广到由互不影响的多个部分组成的随机试验，对于可以分解为 k 个部分的随机试验，若已知每个部分结果的数量，第 i 个部分的结果记作 n_i，且各个部分的结果互不影响，则整个随机试验包括的基本事件的个数 N 等于各部分结果数的乘积，即：

$$N=n_1\times n_2\times n_3\times\cdots\times n_k$$

例 4-3 某学校的五二班需要开设语文、数学、英语、美术和体育五门课程，学校现有 8 名语文教师、5 名数学老师、5 名英语老师、2 名美术老师和 3 名体育老师可供选择，试计算，五二班的任课老师安排有多少种互不相同的情况？

解： 因为各课程的教师安排互不影响，所以五二班的任课老师安排互不相同的情况有：

$$8\times 5\times 5\times 2\times 3=1200\text{（种）}$$

动手做一做

4-3 某蛋糕房烤制的大小、主体形状、层数、图案造型不同的蛋糕。蛋糕有 6 种大小不同的尺寸，有圆形、正方形和心形 3 种不同的形状，层数有单层、双层或三层 3 种，图案造型有 8 种，试用乘法法则计算该蛋糕房可以生产多少种不同的蛋糕。

4-4 机动车号牌是分别悬挂在机动车前、后的两块印有一组汉字、字母、数字的牌子。机动车号牌是公安机关根据法律规定，对所有机动车辆进行的统一编号，公安机关根据机动车号牌可以获取机动车辆登记的地区、购置时间和车辆的所有人等基本信息。机动车号牌的第一位是汉字，代表车辆所登记的省份的简称，如河南简称“豫”、北京简称“京”、重庆简称“渝”、上海简称“沪”、广西简称“桂”等；第二位是一个大写的英文字母，是所登记的地市一级代码：一般按照这样的规律，A 是省会，B 是该省的第二大城市，C 是该省的第三大城市等；然后是由数字和字母组成的五位数。如果某地的车辆超过 10 万辆时，就用 A、B、C 等英文字母代替，就从第一位开始用字母 A，后面用 0001 至 9999，用完后第一位改成 B 再跟 0001 至 9999，但为了避免字母 I 和数字 1 混淆，字母 O 和数字 0 混淆，车牌编号中都不含 I 和 O 这两个字母。试计算：按照这种规则，一个城市最多能容纳多少辆蓝色号牌的乘用车？

（2）排列法则

对于从包含 n 个个体的总体中随机选择 m 个个体的随机试验，根据是否考虑随机试验结果中个体出现的顺序的差异，基本事件数目的计算方法分为排列法则和组合法则。

如果个体的排列顺序不同，就是不同的基本事件，那么就应该选用排列法则计算基本事件的数量。例如，从 n 个个体中随机选择 m 个个体（$m<n$），采用排列法则计算随机试验基本事件数目的计算公式为：

$$P_n^m = n\times(n-1)\times(n-2)\times(n-3)\times\cdots\times(n-m+1)=\frac{n!}{(n-m)!}$$

式中，$n!$表示 n 的阶乘 $n!=1\times2\times3\times\ldots\ldots\times n$，即需要说明的是 0 的阶乘等于 1，而不是等于 0。

使用 Excel 计算排列数的函数基本格式为："=PERMUT(n,m)"，其中的："PERMUT"是英文单词"Permutation"的前 6 个字母。

例 4-4 从一个装有编号分别为"1"、"2"、"3"、"4"、"5"的五个球的箱子中随机地取出两个球，试计算：在不重复抽样但考虑抽取两个球的顺序差异条件下，抽出的两个球的编号有多少种互不相同的结果。

解：根据排列法则，抽出的两个球的编号互不相同的情况有

$$P_5^2=\frac{5!}{(5-2)!}=20(种)$$

这 20 种互不相同的结果如表 4-3 所示。

表 4-3 在不重复但考虑顺序情况下的可能结果

可能出现的情况编号	ω_1	ω_2	ω_3	ω_4	ω_5	ω_6	ω_7	ω_8	ω_9	ω_{10}
两个球的编号	1、2	1、3	1、4	1、5	2、1	2、3	2、4	2、5	3、1	3、2
可能出现的情况编号	ω_{11}	ω_{12}	ω_{13}	ω_{14}	ω_{15}	ω_{16}	ω_{17}	ω_{18}	ω_{19}	ω_{20}
两个球的编号	3、4	3、5	4、1	4、2	4、3	4、5	5、1	5、2	5、3	5、4

（3）组合法则

计算基本事件数目时，如果不考虑随机试验中个体出现的顺序差异，就必须采用组合法则计算基本事件的数量。

从包含 n 个个体的总体中随机选择 m 个个体的随机试验，采用组合法则计算随机试验基本事件的数目的公式为：

$$C_n^m=\frac{n\times(n-1)\times(n-2)\times(n-3)\times\cdots\times(n-m+1)}{m!}=\frac{n!}{(n-m)!\times m!}$$

使用 Excel 计算基本事件数量的基本格式为："=COMBIN(n,m)"，其中的"COMBIN"是英文单词"Combination"的前 6 个字母。

例 4-5 从一个由 86 人（其中女性有 28 人）组成的专家库中，随机抽取 7 人组成一个专家委员会，试计算：

① 抽出的 7 人全为女性（F）的概率；

② 抽出的 7 人全为男性（M）的概率；

③ 抽出的 7 人中，其中 4 人为女性（C）的概率。

解：列出本题中随机抽取 7 人的所有的可能是比较困难的。因此，应该采用组合公式

计算抽出的 7 人全为女性、全为男性和有 4 人为女性，这 3 种事件包括的基本事件数量 n_{F}、n_{M}、n_{C}。

$$n_{\mathrm{F}}=C_{28}^{7}=\frac{28!}{(28-7)!\times 7!}=1184040$$

$$n_{\mathrm{M}}=C_{58}^{7}=\frac{58!}{(58-7)!\times 7!}=300674088$$

$$n_{\mathrm{C}}=C_{28}^{4}\times C_{58}^{3}=\frac{28!}{(28-4)!\times 4!}\times\frac{58!}{(58-3)!\times 3!}=631776600$$

$$N=C_{86}^{7}=\frac{86!}{(86-7)!\times 7!}=5373200880$$

因此，

① 抽出的 7 人全为女性的概率 P（F）：

$$P(F)=\frac{n_{\mathrm{F}}}{N}=\frac{1184040}{5373200880}=0.0002204$$

② 抽出的 7 人全为男性的概率 P（M）：

$$P(M)=\frac{n_{\mathrm{M}}}{N}=\frac{300674088}{5373200880}=0.0559581$$

③ 抽出的 7 人中，有 4 人为女性的概率 P（C）：

$$P(C)=\frac{n_{\mathrm{C}}}{N}=\frac{631776600}{5373200880}=0.1175792$$

除此之外需要强调的是：应用古典法计算随机事件的概率是有条件的，它仅适用于已经掌握随机试验的所有可能结果，并且每一种结果（基本事件）发生的可能性都相等的情况。如果仅掌握了随机试验所有可能的结果，在每种结果发生的可能性并不相等的情况下，采用古典法计算随机事件的概率会发生严重的错误。

动手做一做

4-5　一次抛掷三枚骰子的随机试验，这三枚骰子的点数之和最小为 3，最大为 18，共有 16 种可能。请问：

（1）一次抛掷三枚骰子的随机试验共有多少种基本事件？三枚骰子的点数之和为 3 与 9 的概率是否都等于 1/16，即等于 0.0625？

（2）“三枚骰子的点数之和为 9”的事件用字母 B 表示，“得到三枚骰子的点数之和为 10”的事件用字母 C 表示，请列出事件 B 和事件 C 包括的所有基本事件。

（3）请用古典法计算 $P(B)$和 $P(C)$，并说明事件 B 发生的机会为什么小于事件 C 发生的机会？

4-6　甲、乙两个技术相当的排球队（设两队在每一局比赛中获胜的概率都等于 $\frac{1}{2}$）进行一场比赛，比赛采用五局三胜制，即谁先赢得三局，谁就赢得本次比赛。试分别计算：两个球队通过三局、四局、五局结束比赛的概率分别是多少？

4.2.2 计算随机事件概率的经验法

计算随机事件概率的经验法主要有两种：一是根据随机试验中随机事件发生的次数与试验次数之比计算，简称比率法；二是根据随机变量的概率分布规律查表计算，由于随机变量的概率分布大多都是以表格的形式来表示，因此，这种方法被称为查表法。

1. 比率法计算随机事件的概率

如果不能确切知道随机试验的所有可能结果或不能确认每种结果发生的机会相等，就不能采用古典法计算随机事件的概率。在这样的情况下，计算随机事件的概率需要通过调查，在掌握有关随机现象的大量统计数据的基础上用指定随机事件发生的频率作为该随机事件发生的概率。具体来说：

在相同条件下进行 n 次随机试验，随机事件 A 出现了 m 次，如果 $\frac{m}{n}$ 的比值随着 n 的增大而围绕某一常数 p 左右摆动，且摆动的幅度随着 n 的增大而逐渐减小，则称这个随着 n 的增大而逐渐趋向稳定的比值 p 为随机事件 A 发生的经验概率，记为：

$$P(A)=\frac{m}{n}$$

式中，n 是试验的次数；m 是随机事件 A 发生的次数。

例 4-6 据不完全统计，截至 2012 年底人类已经或正在进行的火星探测活动达 43 次，有超过 30 枚探测器到达过火星，其中成功环绕的有 8 次，成功着陆的有 8 次。采用经验法，计算人类发射火星探测器成功（事件 A）概率有多大？

解： 如果以到达过火星就算作成功，那么由于 n=43，m=30，所以：

$$P(A)=\frac{m}{n}=\frac{30}{43}=0.698$$

如果以成功环绕或成功着陆算作成功，那么由于 n=43，m=16，所以：

$$P(A)=\frac{m}{n}=\frac{16}{43}=0.372$$

可见，人类探测火星的成功率并不高，大约在 0.372 到 0.698 之间。

例 4-7 某企业根据每天的生产计划确定电量定额。据统计，6 月份 30 天中生产用电量超过规定定额的有 18 天。若该企业仍然沿用原有的管理和技术，每天生产用电量超过定额的概率是多少。

解： 该企业 6 月份 30 天的生产用电情况可以看作是对该企业用电情况进行的 30 次重复试验，由于生产用电量超过规定定额的有 18 天，所以 n=30，m=18。用字母 A 表示生产用电超过定额的事件。根据经验法计算，该企业生产用电量超过规定定额的概率为：

$$P(A)=\frac{m}{n}=\frac{18}{30}=0.6$$

2. 查表法确定随机事件的概率

在已知某一随机变量服从某种类型概率分布的情况下，可以根据其概率分布的参数（期望值和方差）计算随机变量值出现在某一范围之内的概率。这是统计推断中确定区间估计把握程度的基础。

根据切比雪夫定理：如果已知某一总体的均值和标准差，无论总体服从什么分布，从总体中任意取出一个个体，其数值在以均值为中心，k（k 大于 1）个标准差为半径的邻域内的概率不少于$1-\frac{1}{k^2}$。

根据经验法则：在已知总体服从正态分布的情况下，从总体中任意取出一个个体，个体变量值出现在以均值为中心，1 个标准差为半径的邻域内（即$\mu-\sigma \leqslant x \leqslant \mu+\sigma$）的概率大约为 68.27%；个体变量值出现在以均值为中心，2 个标准差为半径的邻域内（即$\mu-2\sigma \leqslant x \leqslant \mu+2\sigma$）的概率大约为 95.45%；个体变量值出现在以均值为中心，3 个标准差为半径的邻域内（即$\mu-3\sigma \leqslant x \leqslant \mu+3\sigma$）的概率大约为 99.73%。

关于随机变量概率分布的内容以及如何利用随机变量概率分布计算概率将在本书的第 5 章和第 6 章进行介绍。

4.2.3　随机事件的主观法概率

许多事件并不像掷骰子一样可以在相同条件下多次重复。例如，在经济管理活动中：某企业新上项目生产的产品在未来市场上的销路好的概率；为某个新客户提供信用而发生货款逾期回收或发生坏账的概率等。这些无法在相同或大致相同的条件下重复的事件属于一次性事件，一次性事件无法采用古典法或经验法计算其发生的概率。

一次性随机事件发生的概率主要根据研究人员掌握的已知信息和个人经验作出的主观判断和估计。如果认为随机事件发生的可能性较大，就给一个接近于 1 的值作为随机事件的概率；如果认为随机事件发生的可能性较小，就给一个接近于 0 的值作为随机事件的概率；如果认为随机事件可能发生也可能不发生，发生与不发生的可能性大致相等，就给一个接近于 0.5 的值作为随机事件的概率。例如，期末考试之后，A 同学宣称必定会及格，意味着 A 同学估计其考试及格的概率为 1。B 同学宣称十拿九稳会及格的，意味着 B 同学估计其考试及格的概率为 0.9。C 同学宣称必定会挂科，意味着 C 同学及格的概率为 0。

主观概率完全是根据本人的经验和掌握的信息，对事件未来发生的可能性做出主观判断与估计。10 位专家对同一个事件未来发生的概率值可能有 10 种不同的估计，我们也可以取其平均值作为事件发生的概率。

本章习题

4-1　一个投资者拥有 3 只股票，每只股票都可能有价格上涨、下跌和持平三种情况，假设股票价格变化是相互独立的，且上涨、下跌和持平的可能性完全相同，列出所有可能结果，并计算至少有两只股票上涨的概率。

4-2　一个物流公司的线路必须经过 A、B、C、D、E 这 5 个城市，若不考虑线路长短，根据到达城市的顺序不同，有多少种互不相同的线路供其选择。

4-3　把 6 张电影票分发给 10 个人，比较公平的办法是采用抽签的方法决定这 6 张电影票的归属。试问：

（1）第 1 个人与第 2 个人抽到电影票的概率是否相同？

（2）如果第 2 个人抽到电影票，此时第 1 个人抽到的概率是多少？

4-4　将 15 名新生随机地平均分配到三个班级中，这 15 名新生中有三名是优秀生，请计算下列事件的概率：

（1）每一个班级各分配到一名优秀生的概率；

（2）3 名优秀生分配到同一班级的概率。

4-5　某条河流在一水文观测站最高水位分布的直方图如图 4-2 所示，试根据观测站最高水位的分布，说明该水文观测点百年一遇洪水的设防标准是多少厘米。

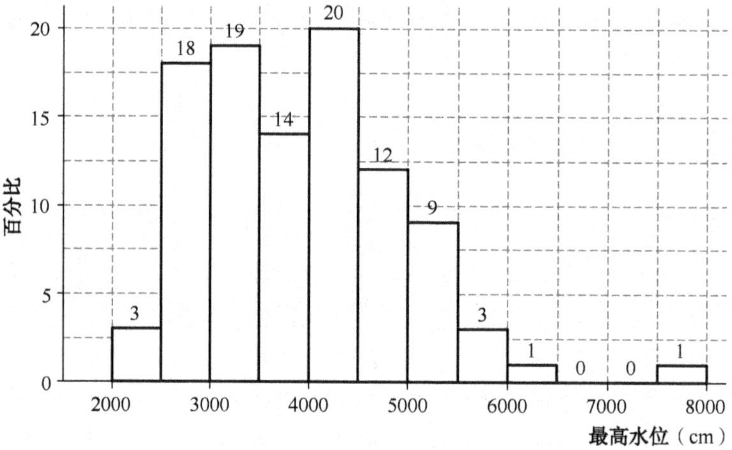

图 4-2　某河流在某一水文观测点最高水位分布直方图

4-6　一串钥匙上有 A、B、C、D 四把外观几乎完全相同的办公室房门钥匙，但只有一把能打开你办公室的房门。假设你随机地选一把试开房门，若不能打开，就再从剩余的 3 把中随机地选择一把试开，若还不能打开，就再从剩余的 2 把中随机地选择一把试开。

（1）列出所有基本事件并指出每一基本事件发生的概率（每一种可能发生的且互不相同的试开房门使用钥匙的顺序就是一种等可能的基本事件）。

（2）用 ξ（ξ=1、2、3、4）表示你打开房门总共试开的次数，分别列出你打开房门总共试开的次数为 1、2、3、4 所包括的基本事件。

（3）分别计算 $\xi=x$（x=1、2、3、4）发生的概率 $P(x)$，并将计算结果用表格表示出来。

（4）绘制随机变量 ξ 概率分布的条形图。

第 5 章　离散型变量的概率分布

学习要点

- 能够区分离散型变量和连续型变量，理解离散型变量的特点；
- 理解随机变量概率分布的含义与作用；
- 能够运用列表、图形和函数等方法表示离散型变量的概率分布；
- 掌握离散随机变量的两个主要特征——期望值和方差（标准差）的含义和基本计算方法；
- 掌握二项分布的特点、使用 Excel 和 Minitab 软件计算二项分布的概率、能够使用二项概率分布表查阅概率；
- 掌握泊松分布的特点、使用 Excel 和 Minitab 软件计算泊松分布的概率、能够使用泊松分布概率分布表查阅概率。

导读案例

呼叫中心的话务量预测及人员排班问题

一个典型的呼叫中心运营费用，只有 5%的成本是花在技术上，几乎全部运营费用的 95%以上用于支付工资、网络成本和日常开支；人员成本则是呼叫中心运营成本的关键；因此，对于任何呼叫中心管理人员来讲，合理的人员排班是实现高效率的呼叫中心运营管理，降低整体运营成本，保证客户服务质量和服务水平，提高呼叫中心生产力的重要一环。

呼叫中心保持良好服务水准的重要前提是建立科学合理的排班方案，呼叫中心管理人员根据不同周期话务量变化的规律及发展趋势，安排相应时段的座席数量，保证呼叫中心重要运营指标接通率、客户的满意度目标的实现。为了实现上述目标，管理人员必须对呼叫中心来话量的趋势进行系统地分析，同时根据呼叫中心的历史数据及相关影响因素（如促销）进行科学的预测。

话务量预测的意义：根据来话规律提早进行班次调整与人员配备，保障呼叫中心的接通率指标的实现；通过对历史来话规律的分析，对可预知的话量影响因素提前做出反应，以使呼叫中心提前制定出相应的解决方案；在呼叫中心话务量承接能力将要趋于饱和时，需要进一步完善、调整、优化当前运行系统，提前做好人员与设备扩容的准备，确保呼叫中心保持正常运转；依据来话规律及时了解市场与客户的需求，便于调整市场运作方向，提升客户满意度。

【案例分析】

呼叫中心单位时间的来话次数服从泊松分布，只要我们掌握了不同时段的来话次数规律，就可以安排适量的话务人员，即可以一定概率保证对客户的响应，又可以降低人员成本。

在统计学中，变量按变量值是否连续可分为连续型变量与离散型变量两种。在一定区间内可以任意取值的变量称为连续型变量，在两个数值之间可取无限个数值。例如，生产零件的规格尺寸，人体的身高、体重等为连续型变量，其数值只能用测量和对比的方法取得。反之，其数值只能用自然数或整数计量的变量为离散型变量。例如，企业个数、职工人数、设备台数等，只能用自然数进行计数，这种变量的数值一般为自然数。

5.1 连续型变量与离散型变量

随机变量是取值不确定的量。根据随机变量的取值能否一一列举，随机变量分为连续型随机变量与离散型随机变量两种。

统计学中，连续型随机变量与离散型随机变量的概率分布的表示方法是有差别的，为了说明随机变量的概率分布，区分连续型随机变量与离散型随机变量是必要的。

5.1.1 连续型随机变量

连续型变量是表示时间、距离（或长度、高度）、重量或质量、温度、湿度、压力等的变量和一些通过两个数值对比计算出来的比值等。

连续型随机变量是无法一一列举出其所有可能取值的，只能指出其可能出现的区间，连续型变量可以取一定区间内的任意数值，其取值可以是小数，甚至是无理数。

例如，乘客乘车等待时间 ξ 就是一个连续型随机变量。如果发车时间间隔为 10 分钟，则乘客等待的时间 ξ 的取值范围为[0,10]，某一位乘客的等待时间 ξ 的取值可能是 5.5 分钟，也可能是 5.8 分钟，乘客的等待时间 ξ 的取值在 5.5 与 5.8 分钟的中点 5.65 分钟是有意义的，也是有可能的。因此，连续性随机变量的取值是无法一一列举的。

动手做一做

5-1 一个班有 36 名同学，这些同学的年龄属于连续型变量还是离散型变量？

5-2 一般来说，正常使用的轮胎寿命是 4 到 5 年，过了 5 年即使胎纹的磨损很小也最好换掉，因为胎面的橡胶会因时间久远而发生老化，而许多细小的裂纹正是造成爆胎的诱因。长期的日晒雨淋会让橡胶表面出现成圈的小裂纹，这些裂纹表明此时轮胎的承载力和品质都已经开始下降了，为了降低爆胎风险最好提前更换。这时一条轮胎的寿命就终结了。

（1）汽车轮胎的使用寿命（使用里程数）是连续型变量还是离散型变量？

（2）轮胎的使用寿命（使用的年限）是一个连续型随机变量还是离散型变量？

5.1.2　离散型随机变量

离散型变量仅可以取有限个数值或虽然取值个数无限多，但其取值可以一一列举的随机变量。

一般来说，表示某种随机现象发生次数等用自然数计量的变量都属于离散型变量。

如果随机变量 ξ 所有可能的取值的个数是有限的，或者随机变量 ξ 所有可能取值的数量虽然是无限的，但可以将其所有可能取值排列成一个有规律的数列，则称 ξ 为离散型随机变量。例如，从一批产品中随机抽出 5 件产品进行检验，有缺陷的产品数不可能是小数，可能是 0 件，也可能是 1 或者是 2 件，…，4 件，最多有 5 件，只有 6 种可能。n 件产品中有缺陷的产品数可能是 0 件，也可能是 1 或者是 2 件，…，n-1 件，最多有 n 件。n 件产品中有缺陷的产品数量只有 n+1 种可能。等待乘车的乘客数量随机变量 ξ 是离散型随机变量。在某公交车站等待乘车的乘客数量可能是 0，1，2，…，n，必须是一个自然数，不可能为 5.5 人或 5.8 人。

如果用字母 ξ 表示 n 件产品中有缺陷的产品数量（随机变量 ξ 可能的取值个数）虽然可以很多，但不可能是小数，一定是一个有限的自然数。随机变量 ξ 所有可能的取值可以排列成诸如 0，1，2，…，n 的数列。

动手做一做

5-3　用随机变量 ξ 来表示一个家庭的儿童数，请说出随机变量 ξ 的所有可能取值和具体要求。

5-4　某一次参加考试的人数为 300 人，用随机变量 ξ 表示该次考试成绩及格的人数，请说出随机变量 ξ 取值的范围和具体要求或者直接说出随机变量 ξ 的所有可能取值。

5.2　离散型变量的概率分布的概念及特征值

概率分布是概率论中经常使用的重要、基本概念，是用来说明随机变量所有可能的取值及其发生的概率。

概率分布：反映随机变量 ξ 不同取值发生的概率或概率密度的数列、函数及其图形。

5.2.1 离散型变量概率分布的概念

表示离散型变量和连续型变量概率分布方法是不同的。若某一离散型随机变量 ξ 可能的取值个数为 n，它们的取值分别是 x_1，x_2，x_3，…，x_n，且 $x_1<x_2<x_3<\cdots<x_n$，那么，由随机变量 ξ 的取值为 x_1 的概率 $p_1(\xi=x_1)$、取值为 x_2 的概率 $p_2(\xi=x_2)$、取值为 x_3 的概率 $p_3(\xi=x_3)$、…、取值为 x_n 的概率 $p_n(\xi=x_n)$按随机变量取值顺序排列而成的数列 $p_1(\xi=x_1)$、$p_2(\xi=x_2)$、$p_3(\xi=x_3)$、…、$p_n(\xi=x_n)$称为随机变量 ξ 的概率分布。

离散型随机变量的概率分布就是离散型随机变量所有可能取值与其出现的概率的对应关系，这一对应关系可以用列表、函数或图形的方式表示出来。

若离散型随机变量 ξ 的全部可能取值分别用 x_i（i=1，2，…）表示，随机变量 ξ 取第 i 个值 x_i 的概率 $P\{\xi=x_i\}$，可以简记作 p_i，即 $P\{\xi=x_i\}=p_i$。离散型变量的概率分布也可以理解为离散型随机变量 ξ 的所有可能取值 x_1、x_2、x_3、…、x_n，与其发生的概率之间的对应关系。离散型变量的概率分布可以采用列表的形式表示，如表 5-1 所示。

表 5-1　离散型变量概率分布表的一般形式

离散型随机变量 ξ 的取值（按从小到大顺序排列）	x_1	x_2	x_3	…	x_n
离散型随机变量 ξ 取第 i 个值的概率	p_1	p_2	p_3	…	p_n

例 5-1　随机地从一个装有编号为 1、2、3、4、5 的五个球的箱子中抽取两个球。在每一个球都不能被重复抽取的情况下，取出两个球的编号之和的概率分布如表 5-2 所示。

表 5-2　随机抽取两个球（不重复）的编号之和的概率分布表

随机变量 ξ 可能的取值 x	3	4	5	6	7	8	9
$P(\xi=x)$	0.1	0.1	0.2	0.2	0.2	0.1	0.1

例 5-2　从两个黄球、三个白球中不重复随机取出两个球颜色的概率分布如表 5-3 所示。

表 5-3　从两个黄球、三个白球中随机取出两个球（不重复）颜色的概率分布表

随机变量 ξ 可能的取值 x	随机变量 ξ 取值含义	发生的概率 $P(\xi=x)$
1	两球的颜色为一黄一白	0.6
2	两球的颜色全为白色	0.3
3	两球的颜色全为黄色	0.1

离散型变量概率分布的基本形式与要求：

任何离散型随机变量的概率分布都必须同时满足以下两个条件：

第一，离散型随机变量的任何一个取值发生的概率都在 0 到 1 之间，即 $0\leqslant p_i\leqslant 1$；

第二，离散型随机变量所有可能取值的概率之和必为 1，即 $\sum_{i=1} p_i = 1$。

5.2.2 离散型随机变量的期望值和方差

随机变量的期望值和方差是反映随机变量概率分布的两个重要参数，离散型随机变量的期望值和方差在经营管理决策中也有重要的作用。

随机变量的期望值又常被称为随机变量的均值、数学期望或期望。在经营决策中，投资项目收益的期望值用来反映投资项目未来最可能收益。随机变量 ξ 的期望值等于随机变量每一个可能取值 x_i 与其发生概率 P（x_i）的乘积之和，记作 $E(\xi)$或 $E\xi$，计算公式为：

$$E(\xi)=\sum x_i P(x_i)$$

随机变量的方差是用来反映随机变量分布的变异程度。在经营决策中用来反映投资项目收益的不确定性，即投资项目的风险大小。随机变量的方差等于随机变量平方的期望值减去其期望值的平方。随机变量 ξ 的方差，记作 $D(\xi)$或$D\xi$，随机变量 ξ 的方差的计算公式如下：

$$D(\xi)=E(\xi^2)-E^2(\xi)=\sum x_i^2 P(x_i)-\left[\sum x_i P(x_i)\right]^2$$

计算过程由以下三个步骤构成：

第一步，计算随机变量 ξ 的期望值，即：

$$E(\xi)=\sum x_i P(x_i)$$

第二步，计算随机变量 ξ^2 的期望值。随机变量 ξ^2 的期望值等于随机变量 ξ 的每一个取值 x_i 的平方与 x_i 发生概率的乘积之和，即

$$E(\xi^2)=\sum x_i^2 P(x_i)$$

第三步，计算随机变量 ξ 的方差 $D(\xi)$。随机变量 ξ 的方差等于随机变量 ξ^2 的期望值 $E(\xi^2)$与随机变量 ξ 的期望值的平方的差。

例 5-3 某建筑公司正在考虑是否承接一项工程。采用现有设备和人员，根据工程实际情况，估计完成这项工程最少需要 6 个月的时间，多则可能需要 9 个月时间才能交工。同时，这项工程的完工时间直接影响到企业的净收益，具体情况如表 5-4 所示。

表 5-4 完成工程所需时间和获取净收益的概率分布表

完工时间长度	6 个月	7 个月	8 个月	9 个月
净收益（万元）	1200	700	0	-900
概率	0.3	0.4	0.2	0.1

试计算：

（1）该项工程完工时间的期望值；

（2）该项工程可以获取净收益的期望值；

（3）该项工程净收益的方差。

解：该建筑公司完成该项工程所需时间的期望值和完成该项工程可以获取净收益的期望值的主要计算过程如表 5-5 所示。

表 5-5　完成工程所需时间和获取净收益的期望值计算表

完工时间	净收益 x	概率 $P(x)$	完工时间×$P(x)$	$xP(x)$	x^2	$x^2P(x)$
①	②	③	④=①×③	⑤=②×③	⑥=②×②	⑦=⑥×③
6 个月	1200	0.3	1.8	360	1440000	432000
7 个月	700	0.4	2.8	280	490000	196000
8 个月	0	0.2	1.6	0	0	0
9 个月	-900	0.1	0.9	-90	810000	81000
合计	—	1	7.1	550	—	709000

（1）完成该项工程所需时间的期望值：

$$E(\xi)=\sum x_iP(x_i)=7.1(\text{万元})$$

（2）完成该项工程可以获取净收益的期望值：

$$E(\xi)=\sum x_iP(x_i)=550(\text{万元})$$

（3）完成该项工程收益的方差：

$$D(\xi)=\sum x_i^2P(x_i)-\left[\sum x_iP(x_i)\right]^2=709000-550^2=406500$$

动手做一做

5-5　在例 5-3 的问题中，如果企业增加投资 260 万元，采用新的技术和设备可以使该项目的完工时间和概率发生变化，具体情况如表 5-6 所示。试计算企业采用新的技术和设备承接这项工程的期望净收益和方差。

表 5-6　增加 260 万元投资的完工时间、收益和发生的概率

完工时间长度	6 个月	7 个月	8 个月
净收益（万元）	1200	700	0
概率	0.6	0.3	0.1

5-6　某汽车 4S 店在周末汽车销售量的概率分布表如表 5-7 所示。试计算该汽车 4S 店周末汽车销售量和毛利润的期望和方差。

表 5-7　某汽车 4S 店在周末汽车销售量的概率分布表

汽车销售量	0	1	2	3	4
毛利润	0	2000	4000	6000	8000
概率	0.18	0.39	0.25	0.16	0.02

5-7　某企业正在研究是否扩建某种产品的生产线，根据预测，这种产品未来市场需求销售情况有低、中、高三种情况，这三种情况发生的概率及维持现状的净收益和扩建后的净收益情况如表 5-8 所示。计算不同方案净收益的期望和方差。

表 5-8 未来市场需求情况发生的概率及扩建前、后的净收益

市场需求及发生的概率 / 方案	低	中	高
	0.2	0.5	0.3
不扩建	50	150	200
扩建	−50	200	600

5-8 某保险公司有关车辆损失险的保险责任事故赔付的概率分布如表 5-9 所示。

表 5-9 车辆损失险的保险责任事故赔付的概率分布表

赔付金额	0	400	1000	2000	4000	6000
概率	0.9	0.04	0.03	0.01	0.01	0.01

（1）计算使保险公司保本的保险费（保险赔付的期望值）

（2）保险公司为车辆损失险的定价为 260 元，对于投保客户来说，购买一份车辆损失保险单的数学期望值（从保险公司取得的期望赔付减去保险费）是多少？

（3）计算赔付金额的方差。

5.2.3 离散型变量的概率分布的两种形式

概率分布有两种表示形式：累积概率分布和非累积概率分布。

累积概率分布：说明随机变量 ξ 的值小于等于某一数值 x 的概率，是统计中常用的概率分布表示形式。累积概率分布经常用 $F(x)$ 表示。

$$F(x)=P(\xi \leqslant x)$$

显然，累积概率分布仅适用于表示取值有大小顺序之分的随机变量，包括定序尺度、定距尺度和定比尺度三种类型的随机变量。累积概率分布一般不适用于反映定类尺度随机变量发生的概率。例如，在例 5-1 中两个球编号之和的概率也可以用累积概率分布的形式表示，如表 5-10 中最后一行。

表 5-10 随机抽取两个球（不重复）的编号之和的累积概率分布表

随机变量 ξ 可能的取值 x	3	4	5	6	7	8	9
$P(\xi=x)$	0.1	0.1	0.2	0.2	0.2	0.1	0.1
$F(x)$ 即 $P(\xi\leqslant x)$	0.1	0.2	0.4	0.6	0.8	0.9	1

由表 5-10 最后一行可知：两个球的编号之和小于等于 5 的概率：

$$F(5)=0.4$$

小于等于 6 的概率：

$$F(6)=0.6$$

因此，两个球的编号之和恰好等于 6 的概率：

$$P(\xi=6)=F(6)-F(5)=0.6-0.4=0.2$$

累积概率分布为快速计算出随机变量取值在某一范围内的概率提供了便利。

根据表 5-10 最后一行，可以快速计算两个球的编号之和在 4 到 8 之间的概率：

$$P(4\leqslant \xi \leqslant 8)=F(8)-F(3)=0.9-0.1=0.8$$

虽然两个表中的数值有差异，但说明的问题的本质是相同的。

非累积概率分布：说明随机变量 ξ 恰好等于某一数值 x 的概率分布，也称为直接概率分布。非累积概率分布直接说明了随机变量 ξ 的取值恰好等于某一数值 x 的概率。

由于连续型变量的取值无法一一列举，且连续型变量恰好取某一个值的概率几乎为 0，因此，连续型变量的概率分布无法用这种表示方法。这种概率分布只适用于表示离散型变量的概率分布。

累积概率分布不仅可以用于离散型变量的概率分布，它也可以用于表示连续型变量的概率分布。例如，对于某产品的重量（随机变量 ξ）的概率分布，我们无法计算产品重量恰好等于某一数值的概率，但可以计算产品重量小于某一数值的概率。并且如果我们知道产品重量小于 a 的概率 $F(a)$，小于 b 的概率 $F(b)$，那么产品重量 ξ 在 $[a,b)$ 之间的概率为：

$$P(a\leqslant \xi < b)=F(b)-F(a)$$

累积概率分布可以起到简化概率计算的作用，因此，累积概率分布是统计中更常用的概率分布形式，在统计中有重要的地位。

5.3　二项分布

尽管抛掷一枚质地均匀的硬币，落地时正面朝上的概率为 0.5，但将一枚硬币投掷 10 次，正面朝上的次数可能为 0 次，1 次、2 次、3 次、4 次、5 次、6 次、7 次、8 次、9 次、10 次。如何反映 n 次随机试验中，某种事件出现不同次数的概率是值得研究的统计问题。二项分布就是某种特定事件 A 在每次试验中出现概率都相等情况下，n 次随机试验中，事件 A 发生 x（x 为在 0 到 n 之间的整数）次的概率分布。因此，二项分布也称为重复 n 次的贝努利试验。

对随机试验仅有两种结果或者虽然有多种结果，但当我们仅关心某种特定事件 A 是否发生时，这种试验的可能结果只有两个——事件 A 发生或事件 A 不发生，这种只有两个可能结果的试验称为贝努利试验。

在 n 次试验中，每次试验可能的结果有且仅有两种。尽管有的随机试验也可能有多种结果，当我们采用二项分布模式来研究随机现象时，我们仍然必须而且可以将其划分为两类事件——“成功”和“失败”。这里的“成功”和“失败”只是表示一次试验中两种互斥的结果。例如，掷一枚质地均匀的骰子，虽然可能出现的结果（点数）有 6 种，但我们可以人为地把它们划分为两种，如点数小于等于 2（成功）和点数大于 2（失败）两种。贝努利试验是指在同样条件下重复地进行的一种试验并且各次试验结果之间相互独立。二项分布是一种常见的离散型概率分布。

在 n 次试验中，每次试验结果——“成功”和“失败”的概率保持不变且是已知的，与其他试验结果无关，是互相独立的。

例如，从一批产品中，随机抽取产品测量其重量是否符合要求，每次检验 1 件，检验之后重新放回总体。显然，每次检验的结果只有两种：

一种是符合要求。我们可以称符合重量要求的结果为“失败”，这里“失败”只表示是两种可能结果中的一种，并不表示结果的好与坏；

另一种是不符合要求。如果称符合重量要求的结果为“失败”，那么不符合重量要求的结果为“成功”。

由于每次检验之后，产品还要放回总体，因此每次检验出现成功和失败的概率是不变的，与其他检验结果是互不影响的。再如，一个推销员，拜访客户之后的结果有两种，一种是客户决定购买所推销产品的情形，另一种是客户没有购买产品，包括打算以后购买或研究后再做决定等情形。

影响二项概率分布的参数只有 n 和 π。若随机变量 ξ 服从二项分布，试验次数为 n，“成功”的概率为 π，则可记作：

$$\xi \sim B(n,\pi)$$

5.3.1 二项分布的特点

二项分布与其他离散型变量的分布相比，有以下特点：

第一，试验的次数 n 是确定的；

第二，每次试验有且仅有两个结果——“成功”和“失败”；

第三，每次试验结果是相互独立的，“成功”的概率 π 保持不变；

第四，二项分布研究的是 n 次重复试验中，“成功”次数的概率分布。

只有同时符合上述四个条件的随机变量的分布，才可以称为二项分布。

5.3.2 二项分布概率的计算

若每次试验“成功”的概率为 π，则“失败”的概率为 $1-\pi$，n 次重复试验中，成功次数 x 的概率计算公式为：

$$P(x) = C_n^x \pi^x (1-\pi)^{n-x}$$

式中，x 的取值范围为 0 到 n 之间的整数。

式中，用到了从 n 个个体选 x 个个体的组合数：

$$C_n^x = \frac{n!}{x! \times (n-x)!}$$

在给定 n 和 π 的情况下，二项分布的概率也可以采用列表或图示的方式表示出来（图 5-1～图 5-3）。比如，给定 n=10，指定 π=0.5 时，其概率分布的条形图如图 5-1 所示。

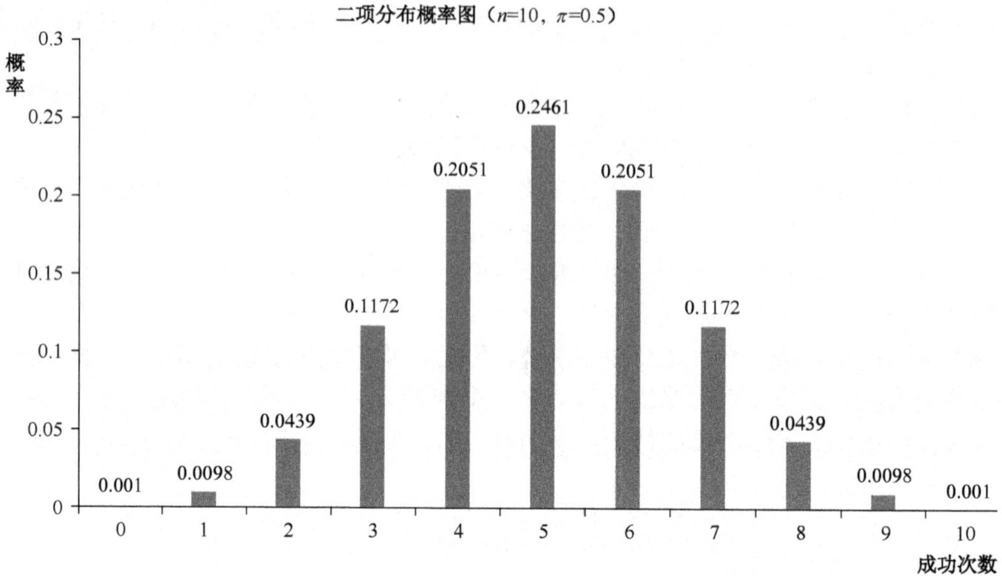

图 5-1 二项概率分布条形图

例 5-4 某次考试中，共有 10 道单项选择题，每道题有 A、B、C、D 四个选项，若随机选一个选项作答，正确的可能性 $\pi = 0.25$。若采用随机作答的方式回答这 10 道题，试计算：

（1）恰好选对 3 道题的概率；

（2）恰好选对 6 道题的概率；

（3）选对的题目数不低于 6 道的概率。

解：（1）恰好选对 3 道题的概率：

$$P(3) = C_{10}^{3} \times 0.25^{3}(1-0.25)^{10-3} = 0.250282$$

（2）恰好选对 6 道题的概率：

$$P(6) = C_{10}^{6} \times 0.25^{6}(1-0.25)^{10-6} = 0.016222$$

（3）选对的题目数不低于 6 道的概率为：

$$\begin{aligned}&P(6)+P(7)+P(8)+P(9)+P(10)\\&=0.0162+0.0031+0.0004+0.0000+0.0000\\&=0.0197\end{aligned}$$

选对的题目数不低于 6 道的概率也可以这样计算：

$$\begin{aligned}&1-[P(0)+P(1)+P(2)+P(3)+P(4)+P(5)]\\&=1-(0.0563+0.1877+0.2816+0.2503+0.1460+0.0584)\\&=1-0.9803\\&=0.0197\end{aligned}$$

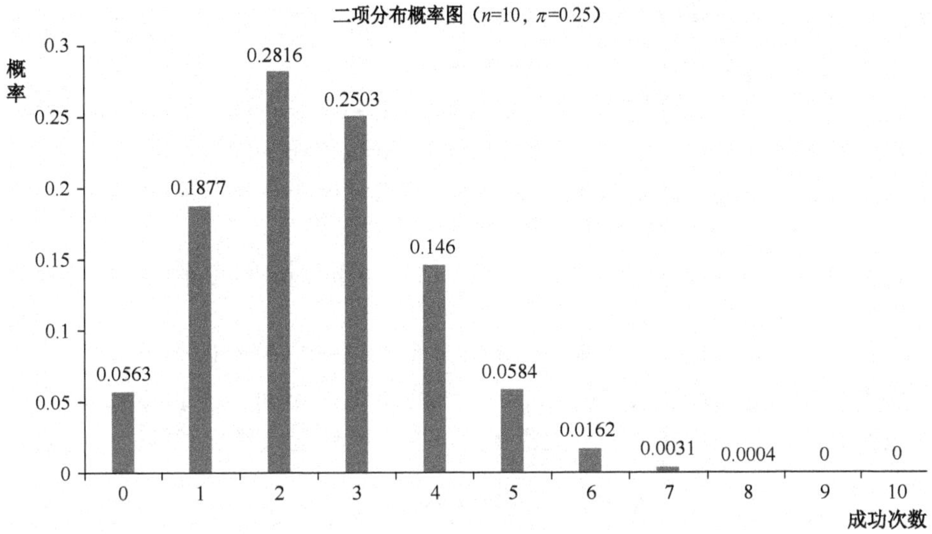

图 5-2 二项概率分布条形图

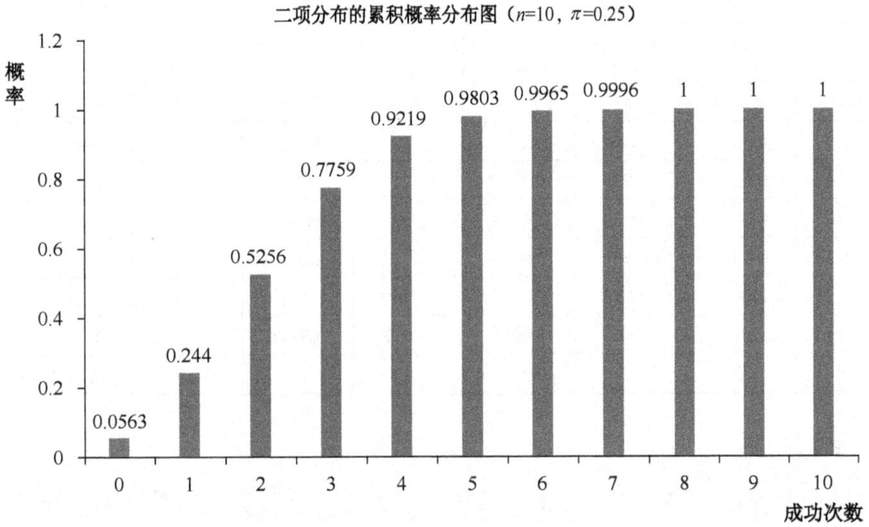

图 5-3 二项累积概率分布条形图

例5-5 保险公司预测在某个年龄段的投保人一年内死亡的概率是0.005，现在有10000人参加保险，问未来一年中死亡人数不超过60人的概率。

解：设ξ为未来一年中死亡的人数，显然$\xi \sim B(10000, 0.005)$，因此：

$$P\{\xi \leqslant 60\} = \sum_{k=0}^{60}[C_{10000}^{k} 0.005^k 0.995^{10000-k}] = 0.928343$$

如果手工计算上式，将需要花费较多的时间，可以直接使用 Excel 来计算，使用的函数格式为“=BINOMDIST（60，10000，0.005，TRUE）”，该函数的返回结果为0.928343162。

1. 二项分布概率表

二项分布概率表有两种，一种是随机变量出现不同次数的二项分布概率表，即表示 x

与 P（$\xi=x$）对应关系的表格，另一种是随机变量出现次数小于等于 x 的二项分布累计概率表，即表示 x 与 P（$\xi \leqslant x$）对应关系的表格。

表 5-11 是以 n=10，π 分别等于 0.1、0.2、0.3、0.4、0.5、0.6、0.7、0.8、0.9 时的二项概率分布表，结果保留 4 位小数。二项分布累计概率表如表 5-12 所示。

在 n 与 π 都相同时，二项分布概率与二项分布累计概率两者的关系为：

$$P(\xi = x) = P(\xi \leqslant x) - P(\xi \leqslant x-1)$$

例如，在 n 等于 10，π 等于 0.3 时，查二项分布累计概率表得，$P(\xi \leqslant 6)$=0.9894，$P(\xi \leqslant 5)$=0.9527，因此：

$$P(\xi = 6) = P(\xi \leqslant 6) - P(\xi \leqslant 5)=0.9894-0.9527=0.0367$$

这个结果与二项分布概率表中的 $P(\xi=6)$=0.0368 略有不同，这是因为表中所列的概率为保留四位小数的概率。若保留的小数位数足够多，两者应该是相同的。

表 5-11 二项分布概率表（n=10）

x	0.1	0.2	0.3	0.4	0.5	0.6	0.7	0.8	0.9
0	0.3487	0.1074	0.0282	0.006	0.001	0.0001	0	0	0
1	0.3874	0.2684	0.1211	0.0403	0.0098	0.0016	0.0001	0	0
2	0.1937	0.302	0.2335	0.1209	0.0439	0.0106	0.0014	0.0001	0
3	0.0574	0.2013	0.2668	0.215	0.1172	0.0425	0.009	0.0008	0
4	0.0112	0.0881	0.2001	0.2508	0.2051	0.1115	0.0368	0.0055	0.0001
5	0.0015	0.0264	0.1029	0.2007	0.2461	0.2007	0.1029	0.0264	0.0015
6	0.0001	0.0055	0.0368	0.1115	0.2051	0.2508	0.2001	0.0881	0.0112
7	0	0.0008	0.009	0.0425	0.1172	0.215	0.2668	0.2013	0.0574
8	0	0.0001	0.0014	0.0106	0.0439	0.1209	0.2335	0.302	0.1937
9	0	0	0.0001	0.0016	0.0098	0.0403	0.1211	0.2684	0.3874
10	0	0	0	0.0001	0.001	0.006	0.0282	0.1074	0.3487

动手做一做

5-9 若随机变量 ξ~B（10，0.3），查表 $P\{\xi=4\}$ 等于多少？若随机变量 ξ~B（10，0.7），查表 $P\{\xi=6\}$ 等于多少？两者是否相等？为什么？

表 5-12 二项分布累计概率表（n=10）

x	0.1	0.2	0.3	0.4	0.5	0.6	0.7	0.8	0.9
0	0.3487	0.1074	0.0282	0.006	0.001	0.0001	0	0	0
1	0.7361	0.3758	0.1493	0.0464	0.0107	0.0017	0.0001	0	0
2	0.9298	0.6778	0.3828	0.1673	0.0547	0.0123	0.0016	0.0001	0
3	0.9872	0.8791	0.6496	0.3823	0.1719	0.0548	0.0106	0.0009	0
4	0.9984	0.9672	0.8497	0.6331	0.377	0.1662	0.0473	0.0064	0.0001
5	0.9999	0.9936	0.9527	0.8338	0.623	0.3669	0.1503	0.0328	0.0016
6	1	0.9991	0.9894	0.9452	0.8281	0.6177	0.3504	0.1209	0.0128
7	1	0.9999	0.9984	0.9877	0.9453	0.8327	0.6172	0.3222	0.0702

续表

x	0.1	0.2	0.3	0.4	0.5	0.6	0.7	0.8	0.9
8	1	1	0.9999	0.9983	0.9893	0.9536	0.8507	0.6242	0.2639
9	1	1	1	0.9999	0.999	0.994	0.9718	0.8926	0.6513
10	1	1	1	1	1	1	1	1	1

2. 二项分布的均值和方差

在已知随机变量 ξ 服从二项分布情况下，随机变量 ξ 的期望值为：

$$E\xi=n\pi$$

随机变量 ξ 的方差为：

$$D\xi=n\pi（1-\pi）$$

现举例验证服从二项分布的随机变量 ξ 的期望值和方差的计算公式。

例 5-6　已知随机变量 $\xi\sim B$（6，0.3），计算随机变量 ξ 的期望值与方差。

解：计算随机变量 ξ 期望值和方差的主要过程如表 5-13 所示。

表 5-13　期望值和方差计算表

x	P(x)	xP(x)	x−Eξ	(x−Eξ)²	(x−Eξ)²P(x)
0	0.1176	0.0000	−1.8	3.24	0.38118276
1	0.3025	0.3025	−0.8	0.64	0.19361664
2	0.3241	0.6483	0.2	0.04	0.0129654
3	0.1852	0.5557	1.2	1.44	0.2667168
4	0.0595	0.2381	2.2	4.84	0.2881494
5	0.0102	0.0510	3.2	10.24	0.10450944
6	0.0007	0.0044	4.2	17.64	0.01285956
合计	1.0000	1.8	—	—	1.26

$$E\xi=\sum x_i P(x_i)=1.8$$

$$\sigma^2=\sum (x_i-\mu)^2 P(x_i)=1.26$$

采用二项分布期望值和方差的计算公式：

$$E\xi=n\pi=6\times 0.3=1.8$$

$$D\xi=n\pi(1-\pi)=6\times 0.3\times(1-0.3)=1.26$$

5.4　泊松分布

泊松分布是由法国数学家西莫恩·德尼·泊松（Siméon-Denis Poisson，1781—1840 年）在 1837 年提出的。他把这个分布看作二项分布 B（n，p）当 $np\to\lambda$ 时的极限，后来人们发现这个概率分布可用来刻画许多随机现象，是一种常见的离散概率分布。

泊松分布用来说明在相同大小的区间范围内某种事件发生次数的概率分布。这里所说的区间范围可以是空间区域，事物的数量，也可以是相同长度的时间等。

泊松分布有两个假定，一是指定事件在任意两个相等大小的区间内发生一次的概率相等；二是在不同区间范围内事件发生的概率是相互独立的，即在一个区间范围内指定事件发生或不发生不影响其他区间事件发生的次数。

当一个随机事件在单位时间（面积或体积）内稳定、随机且独立地出现时，那么这个事件在单位时间（面积或体积）内出现的次数或个数就近似地服从泊松分布。例如企业客服中心在一定时间内被呼叫的次数、一定时间内来到某公共汽车站的乘客数量、每个铸件上的疵点数等。泊松分布在管理科学、运筹学以及自然科学的某些问题研究中都占有重要的地位。

泊松分布的期望值和方差是相等的，用 λ 表示。泊松分布的参数只有一个，这个参数就是其期望值和方差 λ。

泊松分布的概率计算公式为：

$$P(x)=\frac{\lambda e^{-\lambda}}{x!}$$

式中，$P(x)$ 是指在相同大小区间范围内，指定事件出现的次数 $\xi=x$ 的概率，即 $P(x|\xi=x)$，x 为非负整数；

λ 是在范围大小相同的区间内，事件发生次数的期望值；

e 是常数，约等于 2.718281828459

当二项分布的 n 很大而 p 很小时，泊松分布可作为二项分布的近似，其中 λ 为 np。通常当 $n\geqslant 10$、$p\leqslant 0.1$ 时，就可以用泊松公式近似计算二项分布的概率。

随机变量 ξ 服从泊松分布（参数为 λ），使用 Excel 计算随机事件发生 x 次的概率使用的函数格式为：

$$P\{\xi=x\}=\text{POISSON}(x,\ \lambda,\ \text{False})$$

其中，λ 为泊松分布的期望值和方差；False 表示计算的是指定事件发生次数恰好等于 x 次的概率。

如果使用 Excel 计算随机事件发生小于等于 x 次的概率使用的函数格式为：

$$P\{\xi\leqslant x\}=\text{POISSON}(x,\ \lambda,\ \text{True})$$

例 5-7　一条新的自动生产线平均每天发生 1.5 次故障，假设故障是随机发生的，任何两段相等时间内故障发生的机会相等，并且某一段时间内是否发生故障与另一段事件是否发生故障无关。试计算一天内发生故障超过 4 次的概率。

解：根据假设可知故障发生次数显然服从泊松分布，由于平均每天发生的故障次数为 1.5 次，显然 λ=1.5。据此可以计算一天内发生故障次数少于等于 4 的概率为：

$$\begin{aligned}&P(0)+P(1)+P(2)+P(3)+P(4)\\&=\frac{1.5^0\times e^{-1.5}}{0!}+\frac{1.51\times e^{-1.5}}{1!}+\frac{1.5^2\times e^{-1.5}}{2!}+\frac{1.5^3\times e^{-1.5}}{3!}+\frac{1.54\times e^{-1.5}}{4!}\\&=0.2231+0.3347+0.2510+0.1255+0.0471\\&=0.9814\end{aligned}$$

因此，一天内发生故障超过 4 次的概率为：

1−0.9814=0.0186

如果采用 Excel 计算，其使用的正确格式应为“=1-POISSON.DIST(4,1.5,TRUE)”，其返回计算结果为 0.018575936。

本章习题

5-1 一种新药品专利有效期从申请之日起最长为 17 年，从中减去食品和药品管理局为检验和批准专利需要的时间即为药品专利的实际有效期，也就是说，一个公司用来分摊药品研发成本和赚取利润的时间长度。假设药品专利有效时间长度的概率分布 5-14 所示。试计算：

表 5-14 药品专利有效时间长度的概率分布

时间长度（年）	3	4	5	6	7	8	9	10	11	12	13
概率	0.03	0.05	0.07	0.1	0.14	0.2	0.18	0.12	0.07	0.03	0.01

（1）一种新药专利有效期的期望值；

（2）新药专利有效期的标准差；

（3）说明专利有效期在以期望值为中心，以 2 倍标准差为半径这一临域区间的概率。

5-2 一辆汽车行驶到目的地需要通过 3 个有红绿灯的路口，每个路口的信号灯出现什么信号相互独立，且红、绿灯显示时间相等，用 ξ 表示汽车首次遇到红灯前已通过的路口数，求 ξ 的概率分布律。

5-3 你相信有天堂吗？美国时代杂志进行的一次调查表明：81%的美国成年被调查者表示相信：“有天堂，在那里，人死之后可以和上帝在一起永生”。假若你自己在相同的时间对美国人进行一次调查，你随机打电话并询问被调查者同样的问题——你是否相信真的有天堂？（假设时代杂志调查的结果——81%就是真实的美国成年人中相信有天堂的比率。）

（1）用随机变量 ξ 表示在第一个表示不相信有天堂的被调查者之前你已经拨打电话的次数。计算并制作随机变量 ξ 的概率分布。

（2）当你随机打电话并邀请对方参与你的调查时，可能产生哪些问题，这些问题将对上述概率分布产生怎样的影响。

5-4 某交换台有 50 门分机，各分机是否呼叫外线互相独立，在单位时间内呼叫外线的概率都是 10%，问在单位时间内至少有 3 门分机需要外线的概率是多少？

5-5 一个生产窗框的企业根据长期的经验知道有 5%的产品因有一些小缺陷而需要修理。现从产品中随机选出 20 件产品，试计算下列问题的概率：

（1）没有需要修理的产品；

（2）至少有一件产品需要修理；

（3）超过两件产品需要修理。

5-6 某产品的推销员拜访客户后，客户决定购买其推销商品的概率为 0.1，推销员拜访 20 个客户，试计算下列问题：

（1）恰好有 3 个客户购买其产品的概率是多少？

（2）超过 4 个客户购买其产品的概率是多少？

（3）没有顾客购买其产品的概率？

5-7　一家运输公司根据经验知道，在 24 小时之内送达小件包裹的成本为 14.80 元，公司每件收取客户 15.5 元运费的同时向客户承诺若 24 小时内未按规定送达包裹，公司将全额退还客户的 15.5 元运费。假若公司送达时间超过 24 小时的包裹数占总数的 2%。试计算，公司每收寄一个包裹的期望收益是多少？

5-8　一个制造商的代理商正在考虑通过投保来弥补由于开展一种新产品的市场推广可能带来的损失。假如产品完全失败，代理商预计就要损失 80000 元，假如产品适度成功，就要损失 25000 元。保险精算师已经通过市场调查和其他获取的信息可以确定：产品营销失败或仅获得适度成功的可能性分别为 0.01 和 0.05。假定代理商将忽略其他可能的损失，请问保险公司应该收取多少保险费才可以保本？

5-9　你可以支付 D 元的保险费为一个价值 5 万元的钻石投保，假如投保钻石在给定年限内被盗的概率为 0.01，如果保险公司要在本单上赚取 1000 元，应该收取多少保险费？

5-10　公司的客服中心从星期一到星期五每天 8：00 到 18：00，每小时会收到 48 次电话呼叫。试计算下列概率：

（1）5 分钟时间接到 3 次电话的概率；

（2）5 分钟恰好接到 10 个电话的概率；

5-11　某小组有 10 台各为 7.5kW 的机床，如果每台机床的使用情况是相互独立的，且每台机床平均每小时开动 12min，则全部机床用电超过 48kW 的可能性有多大？

第 6 章　连续型变量的概率分布

学习要点

- 理解连续型变量分布的表示方法与离散型变量的表示方法的差异；
- 理解连续随机变量的密度函数曲线；
- 理解密度函数曲线下某一值的左侧面积与分布函数 $F(x)=P(\xi\leqslant x)$ 的等价关系；
- 理解正态分布的两个重要特征值——期望值和标准差。
- 理解和掌握正态分布的标准化。
- 理解和应用正态分布函数和逆分布函数。
- 理解 t 分布的特征，应用 t 分布函数或逆分布函数。

导入案例

多少家庭的电费会涨价

近日，国家发展改革委研究拟订了《关于居民生活用电实行阶梯电价的指导意见》（以下简称《征求意见稿》）。

《征求意见稿》指出，居民用电实行阶梯电价制度是指将现行单一形式的居民电价，改为按照电力消费量分段定价，居民用电越多，支付的电价水平呈阶梯状逐级递增的一种电价定价机制。

《征求意见稿》提出，居民阶梯电价将城乡居民每月用电量按照满足基本用电需求、正常合理用电需求和满足较高生活质量用电需求，划分三个档次，电价实行分档累进递增。第一档电量按满足居民基本用电需求确定，电价维持较低价格水平；第二档电量反映正常合理用电需求，电价逐步调整到弥补电力企业合理成本加合理收益的水平；第三档电量，体现较高生活质量用电需求，电价反映资源稀缺状况和环境损害成本。居民阶梯电价的电量分档标准，以省（区、市）为单位，按照覆盖一定居民用电户的比率确定。

《征求意见稿》就电量档次划分提供了两个选择方案。第一档电量分别按照覆盖 70%或 80%的居民家庭的月均用电量确定，电价分别为保持基本稳定和每度电提高 1 分钱；第二档电量分别按照覆盖 90%或 95%居民用户的电量设置，每度电提价不低于 5 分钱；第三档为超过第二档电量，每度电提价不低于 0.20 元。上述两个方案涉及的全国平均电量分档标准见附件。国家发展改革委将根据本次征求意见情况，在进一步修改完善方案后，印发指导各地。各地阶梯电价具体实施方案，由省（区、市）人民政府按照指导意见确定。

居民用电实行阶梯电价，既可以使居民电价能够逐步反映合理的供电成本，以促进资源节约和环境保护，又兼顾不同收入水平居民的承受能力，保障大多数居民用电价格基本稳定。为此，国家发展改革委在深入调研借鉴国内外经验，并广泛听取专家学者、部分人大代表和政协委员、消费者协会以及地方价格主管部门、电力企业意见的基础上，提出了《指导意见》，并向社会公开征求意见。

国家发展改革委欢迎社会各界踊跃通过信函、传真或网络等方式，对该《指导意见》提出意见和建议。公开征求意见的时间为2010年10月9日至2010年10月21日。

附件

居民生活阶梯电价全国平均电量分档标准表

项目	第一档				第二档				第三档	
	用户覆盖率			全国平均分档标准	用户覆盖率			全国平均分档标准	用户覆盖率	全国平均分档标准
	合计	城市	农村		合计	城市	农村			
	%	%	%	度/月	%	%	%	度/月	%	度/月
方案一	70	51	79	110	90	82	95	210	100	210以上
方案二	80	65	88	140	95	90	98	270	100	270以上

资料来源：http://www.ndrc.gov.cn/xwfb/t20101009_374286.htm

【案例分析】

为实现某种目标，我们在制定社会经济管理政策时，需要明确规定一些数量标准和界限，只有了解变量的分布规律，这些标准和界限才能保证管理目标的实现，才切实可行。

连续型变量的分布类型很多，本章主要介绍均匀分布、正态分布和 t 分布的分布规律。

6.1 均匀分布

均匀分布是经常遇到的一种分布，其主要特点是测量值在某一范围中各处出现的机会一样，即均匀一致。由于其密度在各处都是相等的，密度图像呈矩形，故又称为矩形分布或等概率分布。如果测量值 ξ 服从在 a 到 b 之间的均匀分布，则记作 $\xi \sim U[a,b]$，其中 a 为 ξ 出现的下界，b 为 ξ 出现的上界，其概率分布密度函数：

$$f(x)=\begin{cases}\dfrac{1}{b-a} & a \leqslant x \leqslant b \\ 0 & 其他\end{cases}$$

6.1.1 均匀分布的图示与特点

由于均匀分布在各处的密度都是相等的，因此均匀分布的密度图形在平面上呈矩形，水平方向上表示变量出现的范围，垂直方向上表示密度。

例 6-1　新乡市长途汽车站每隔 10 分钟就有一班发往郑州市的城际公交车，从新乡市乘汽车到郑州市的乘客在车站等待的时间长度 ξ 服从 U（0，10）的均匀分布。乘客等待时间在 0～10 分钟范围内的密度是 0.1，其余是 0。

统计上，用密度函数线与水平轴之间的面积来表示随机变量分布的概率，因此密度函数线与水平轴之间的面积等于 1，如图 6-1 所示。

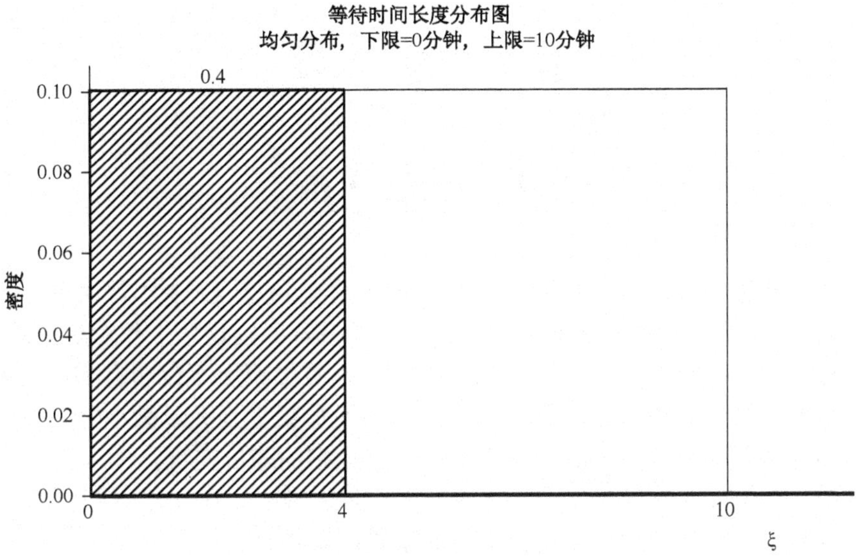

图 6-1　均匀分布密度函数的面积与概率

若 $F(x)$ 是连续随机变量 ξ 分布函数，则对任意实数 x，有 $P\{\xi = x\} = 0$，所以 $P\{a<x\leqslant b\}=P\{a\leqslant x<b\}=P\{a<x<b\}=P\{a\leqslant x\leqslant b\}$，即区间两端的开闭性不影响随机变量落入此区间的概率。

变量 ξ 出现在某一范围内的概率，可以用密度函数线下的面积表示，如等待时间小于等于 4 分钟的概率为：

$$F(4)=P\{\xi\leqslant 4\}=\frac{4-a}{b-a}=\frac{4-0}{10-0}=0.4$$

等待时间在 6 至 8 分钟的概率为：

$$F(8)-F(6)=P(\xi\leqslant 8)-P(\xi\leqslant 6)=\frac{8-0}{10-0}-\frac{6-0}{10-0}=0.2$$

6.1.2　均匀分布随机变量的期望值与标准差

服从均匀分布随机变量的期望值的计算公式为：

$$E\xi=\frac{a+b}{2}$$

服从均匀分布随机变量的方差的计算公式为：

$$D\xi = \frac{(b-a)^2}{12}$$

计算例 6-1 中，乘客在车站等待的时间长度 ξ～U（0，10）的期望值和方差。

解： 乘客等待时间的期望值 μ 为：

$$\mu = \frac{a+b}{2} = \frac{0+10}{2} = 5 \text{（分钟）}$$

乘客等待时间的方差为：

$$\sigma^2 = \frac{(b-a)^2}{12} = \frac{(10-0)^2}{12} \approx 8.33\text{（分钟）}$$

6.2 正态分布

正态分布的概念是由德国的数学家和天文学家 Moivre 于 1733 年首次提出的，但由于德国数学家 Gauss（高斯）率先将其应用于天文学研究，并因这项工作对后世的影响极大，正态分布同时有了“高斯分布”的名称。德国的 10 马克钞票上不仅印有高斯头像，还印有正态分布的密度曲线，如图 6-2 所示。一个随机变量如果受到大量微小的、独立的随机因素的影响，那么这个随机变量一般是一个服从正态分布的随机变量。

二项分布、泊松分布的极限分布是正态分布；而 χ^2 分布、t 分布又可通过正态分布导出，因此，正态分布在统计理论和实践中都有重要的地位。

图 6-2　曾经的德国 10 马克钞票上的高斯头像和正态分布概率密度曲线

正态分布因其概率分布密度曲线沿变量取值的大小，呈中间高、两边低的形状，很像从上往下垂直剖开一口钟的截面形状，因而也被称为钟形分布。正态分布因为是实际统计工作中最为常见一种连续型随机变量概率分布，而又被称为“常态分布”。

6.2.1　正态分布的概率密度曲线及其特点

反映正态分布的图形主要有概率分布密度图形和分布函数图形两种，数理统计学中与之相应的分别是表示正态分布的密度函数和分布函数。在此，我们重点介绍概率密度图形。

1. 正态分布的概率密度曲线的特征

统计中，常用 $\xi \sim N(\mu, \sigma)$ 的格式表示随机变量 ξ 服从正态分布，其中的字母 N 表示正态分布，是英文 Normal Distribution（正态分布）的第一个字母，后面括号内的两个数值是正态分布的两个参数期望值 μ 和标准差 σ。前面的数值是随机变量 ξ 的期望值，后面的数值是随机变量 ξ 的标准差。例如，“$\xi \sim N(78, 8)$”表示随机变量 ξ 服从期望值 μ 为 78、标准差 σ 为 8 的正态分布。需要特别强调的是，为了避免读者将标准差误解为方差，有的教材或资料表示正态分布时直接使用 $\xi \sim N(78, 8^2)$ 的形式表示，即随机变量 ξ 是服从期望值 μ 为 78、标准差 σ 为 8 的正态分布。在本书中，表示标准正态分布时，括号中逗号后面的数值是正态分布的标准差，而不是方差。

若随机变量 $\xi \sim N(\mu, \sigma)$，随机变量 ξ 在点 x 处的概率密度值与 x 的关系为：

$$f(x) = \frac{1}{\sigma\sqrt{2\pi}} e^{\frac{(x-\mu)^2}{2\sigma^2}}, \quad -\infty < x < \infty$$

服从正态分布的随机变量 ξ 在不同水平 x 上的概率密度 $f(x)$ 用一条曲线表示。这条反映正态分布的概率密度曲线具有以下三个特征：

第一，正态分布的概率密度函数曲线呈中间高、两边低的钟形状态，左右对称图形；

第二，正态分布的概率密度函数曲线的对称轴位置，即中心位置由随机变量 ξ 的期望值 μ 决定，而形状（分布的分散程度）由随机变量 ξ 的标准差 σ 决定；

第三，正态分布的概率密度函数曲线在期望值左右两侧无限延伸且逐渐下降，但与横轴永远不相交。

2. 决定正态分布的概率密度曲线位置和形状的两个参数

随机变量的数学期望值 μ 决定了正态分布概率密度曲线的中心位置，或者说是对称轴的位置，如图 6-3 所示。

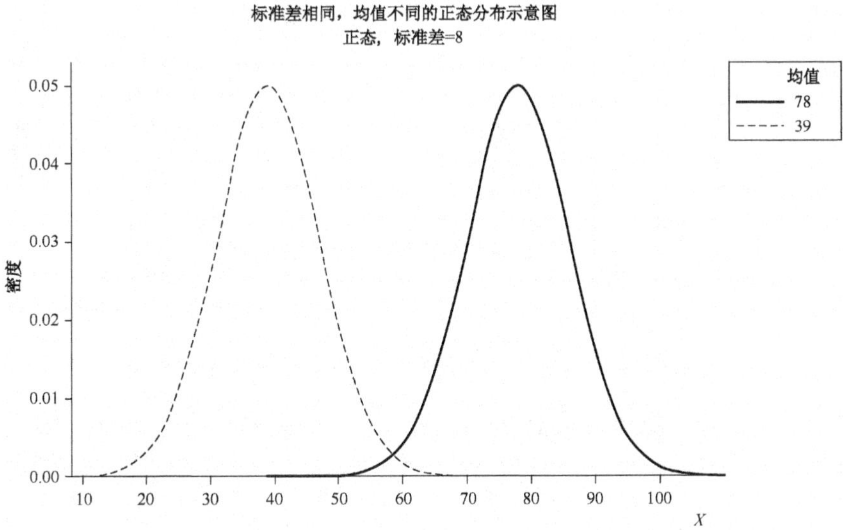

图 6-3 两个标准差相同但期望值不同的正态分布概率密度曲线

随机变量的标准差 σ 决定了正态分布概率密度曲线的形状。标准差越大，概率密度曲线下方的开口越大，概率密度曲线的形状越扁平；标准差越小，概率密度函数图形下方的开口越小，概率密度曲线越挺拔，概率密度曲线的顶点（在对称轴上）越高，如图 6-4 所示。

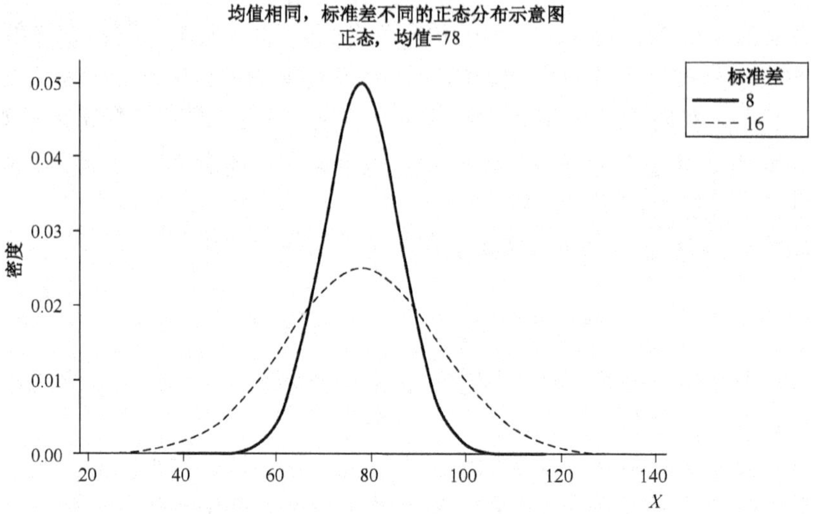

图 6-4　两个期望值相同但标准差不同的正态分布的概率密度曲线

因此呈正态分布的随机变量 ξ 的概率密度函数图形因随机变量 ξ 的期望值或标准差的不同而不同，如图 6-5 所示。

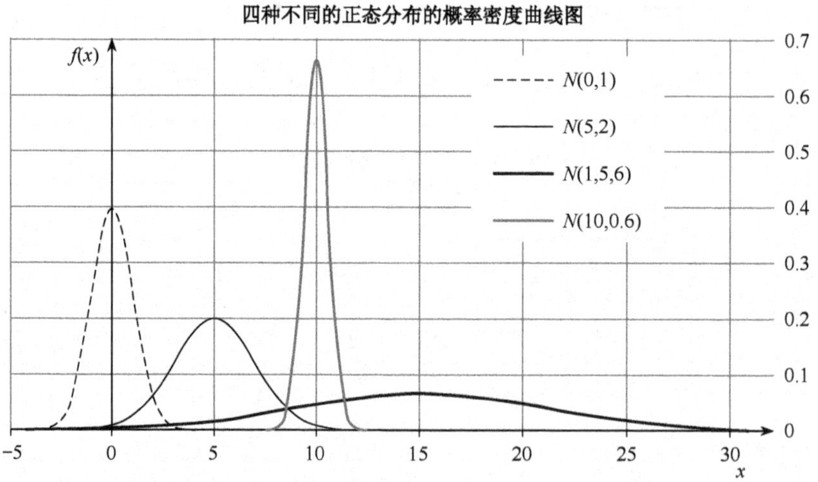

图 6-5　四种均值和标准差不同的正态分布概率密度曲线

需要说明的是：连续随机变量恰好等于某一数值的概率几乎等于 0，因此概率密度只能表示随机变量在不同取值上概率分布的稠密程度，但它并不等于随机变量某一值发生的概率。

概率密度等于某一组的次数比重与本组的组距之比。因此，在直方图中，若以横轴表示个体变量值的大小，纵轴表示每一组的概率密度，那么，直方图的每一个矩形的宽度就是每一组的组距，而高度就是每一组的概率密度，每一组的矩形的面积表示每一组个体的数量占总体的比重，各组矩形面积的和为 1。

在连续型随机变量概率密度函数的曲线上，与 x 轴上某一点相应在 y 轴上的取值，并不能表示随机变量 ξ 取值为 x 的概率，即 $y \neq P(\xi=x)$，但过这一点与 y 轴平行的垂直的左侧、x 轴以及随机变量 ξ 的概率密度函数的曲线三者所围成的图形的面积表示的是随机变量 ξ 的取值小于或小于等于 x 的概率，即 $P(\xi<x)=P(\xi \leqslant x)$。例如，均值为 78、标准差为 8 的正态分布条件下，随机变量小于 82 的概率为 0.6915，如图 6-6 所示。

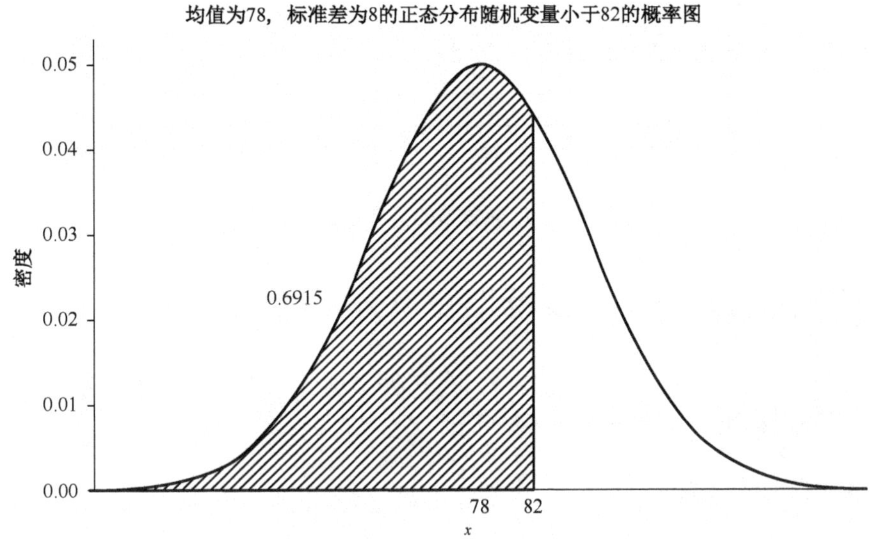

图 6-6 均值为 78、标准差为 8 的正态分布随机变量小于 82 的概率图

3. 正态分布的分布函数图形及其特征

分布函数也称为“累积分布函数”。面对实际的统计问题，经常需要说明随机变量 ξ 取值不超过任一给定数值 x 的概率，即 $P(\xi \leqslant x)$。这个概率与数值 x 呈一定的函数关系。例如，在桥梁和堤坝设计时，需要掌握每年河流水位小于 x 厘米的概率，这个函数就是河流最高水位 ξ 的分布函数。

以 x 为自变量，以随机变量 ξ 小于等于 x 的概率为因变量的函数 $F(x)=P(\xi \leqslant x)$，称为随机变量 ξ 的“概率分布函数”，简称为“分布函数”。

分布函数与密度函数的关系为：

$$F(b)=\int_{-\infty}^{b} f(x)\mathrm{d}x$$

所有随机变量的分布函数都具有如下两个特征：

第一，分布函数的值域为[0,1]，即分布函数的最小值为 0，最大值为 1；

第二，分布函数一定为增函数，即分布函数 $F(x)$ 的值随自变量 x 的增大而增大。

图 6-7 表示的是均值为 78、标准差为 8 的正态分布的随机变量 ξ 的分布函数图形，由图 6-7 可以看出，其取值在 0 到 1 之间，并且随着 x 的增大，$F(x)$ 逐渐增大。$F(82)=0.6915$，表示随机变量 ξ 小于等于 82 的概率为 0.6915。

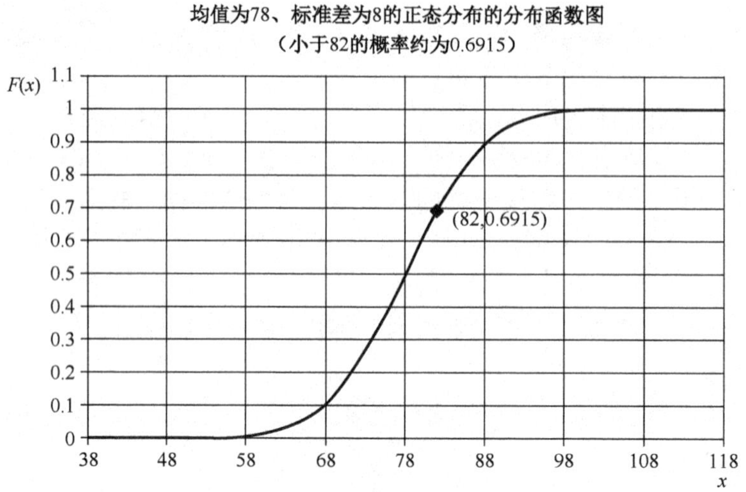

图 6-7　正态分布的分布函数图形

6.2.2　标准正态分布函数及标准正态分布概率表

标准正态分布是一种特殊的正态分布，是指期望值 μ 为 0、标准差 σ 为 1 的正态分布，通常用 Z 表示服从标准正态分布的变量，记作 $Z \sim N(0,1)$。

1. 标准正态分布函数

标准正态分布函数是反映标准正态分布条件下，随机变量 Z 的值小于给定值 x 的概率，即：

$$F（x）=P（Z \leqslant x）$$

在计算机还未广泛普及的时代，拥有标准正态分布的概率分布表对于计算确定其他正态分布（期望值不等于 0 或标准差不等于 1 的正态分布）的概率分布是十分必要的。但随着计算机和统计软件的普及，确定正态分布的概率已经非常方便和快速。

2. 标准正态分布概率表

标准正态分布概率表是用来表示标准正态分布情况下，随机变量 Z 小于 x（变量）的概率的表格。虽然标准正态分布随机变量 Z 的取值可以在负无穷到正无穷之间，但由于标准正态分布关于期望值 0 呈对称分布，因此表格中 x 的值是从 0 开始的，在标准正态概率分布表中，x 的值一般为两位小数，并且以 0.01 的步长逐渐递增排列，而与 x 值相应的概率 F（x）通常保留四位小数。

x 的值可以分为百分位以上的部分和百分位部分这两个部分，例如，x=1.26 可以分为 1.2 和 0.06，且 1.26=1.2（百分位以上的部分）+0.06（百分位部分）。在正态概率分布表中，x 值的百分位以上部分列在概率分布表的左侧横行标题位置，而 x 值的百分位部分则列在概率分布表上侧纵栏标题或列标题的位置。正态分布概率分布表左侧 1.2 所在的横行与上侧 0.06 所在的列相交的位置的值 0.8962，如表 6-1 所示。就是 F（1.26）=P（$\xi \leqslant$1.26）=0.8962。

也就是说，标准正态分布条件下，随机变量 ξ 小于 1.26 的概率为 0.8962，如图 6-8 所示。

表 6-1　标准正态分布概率表（部分）

x	0.00	0.01	0.02	0.03	0.04	0.05	0.06	0.07	0.08	0.09
0.0	0.5000	0.5040	0.5080	0.5120	0.5160	0.5199	0.5239	0.5279	0.5319	0.5359
0.1	0.5398	0.5438	0.5478	0.5517	0.5557	0.5596	0.5636	0.5675	0.5714	0.5753
0.2	0.5793	0.5832	0.5871	0.5910	0.5948	0.5987	0.6026	0.6064	0.6103	0.6141
0.3	0.6179	0.6217	0.6255	0.6293	0.6331	0.6368	0.6406	0.6443	0.6480	0.6517
0.4	0.6554	0.6591	0.6628	0.6664	0.6700	0.6736	0.6772	0.6808	0.6844	0.6879
0.5	0.6915	0.6950	0.6985	0.7019	0.7054	0.7088	0.7123	0.7157	0.7190	0.7224
0.6	0.7257	0.7291	0.7324	0.7357	0.7389	0.7422	0.7454	0.7486	0.7517	0.7549
0.7	0.7580	0.7611	0.7642	0.7673	0.7704	0.7734	0.7764	0.7794	0.7823	0.7852
0.8	0.7881	0.7910	0.7939	0.7967	0.7995	0.8023	0.8051	0.8078	0.8106	0.8133
0.9	0.8159	0.8186	0.8212	0.8238	0.8264	0.8289	0.8315	0.8340	0.8365	0.8389
1.0	0.8413	0.8438	0.8461	0.8485	0.8508	0.8531	0.8554	0.8577	0.8599	0.8621
1.1	0.8643	0.8665	0.8686	0.8708	0.8729	0.8749	0.8770	0.8790	0.8810	0.8830
1.2	0.8849	0.8869	0.8888	0.8907	0.8925	0.8944	0.8962	0.8980	0.8997	0.9015
1.3	0.9032	0.9049	0.9066	0.9082	0.9099	0.9115	0.9131	0.9147	0.9162	0.9177

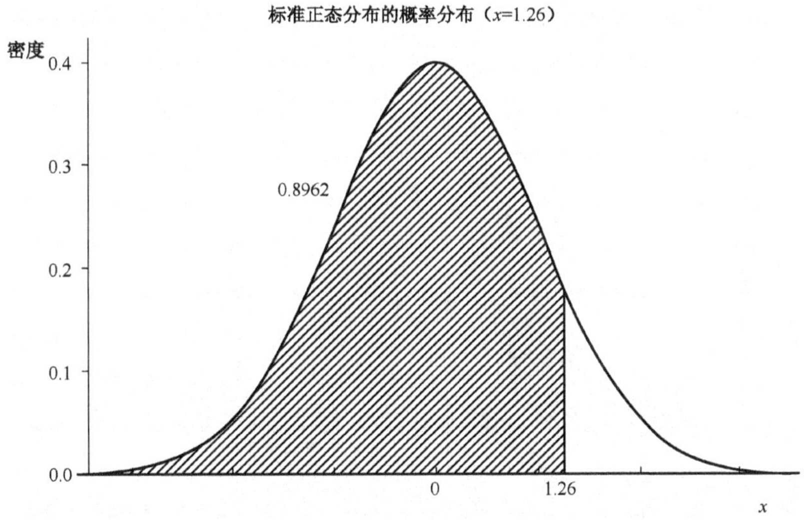

图 6-8　服从标准正态分布的随机变量小于 1.26 的概率示意图

由于标准正态分布是关于其均值 0 对称的，因此在标准正态分布概率表中没有必要列出随机变量小于某一负数的概率，若要查阅随机变量 Z 小于 0 的某一个值 $-x$（$x>0$）的概率，就需要采用 $F(x)=1-F(-x)$ 来计算。

例 6-2　查表并计算服从标准正态分布的随机变量小于-1.26 的概率。

解：由于 $F(1.26)=0.8962$，那么随机变量大于 1.26 的概率为 $1-0.8962=0.1038$，如图 6-9 所示。由正态分布的对称性可知，随机变量小于-1.26 的概率与大于 1.26 的概率相等，如图 6-10 所示。即：

$$F(-1.26)=1-F(1.26)=1-0.8962=0.1038$$

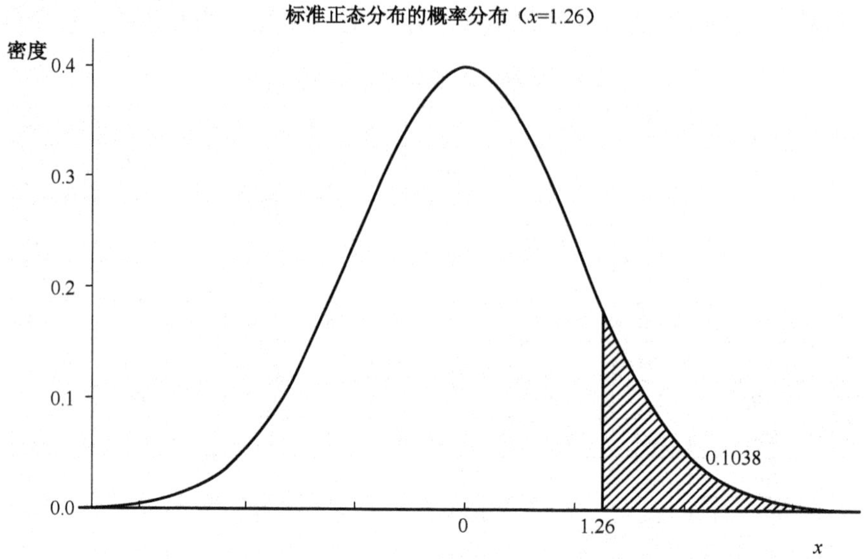

图 6-9　服从标准正态分布的随机变量大于 1.26 的概率示意图

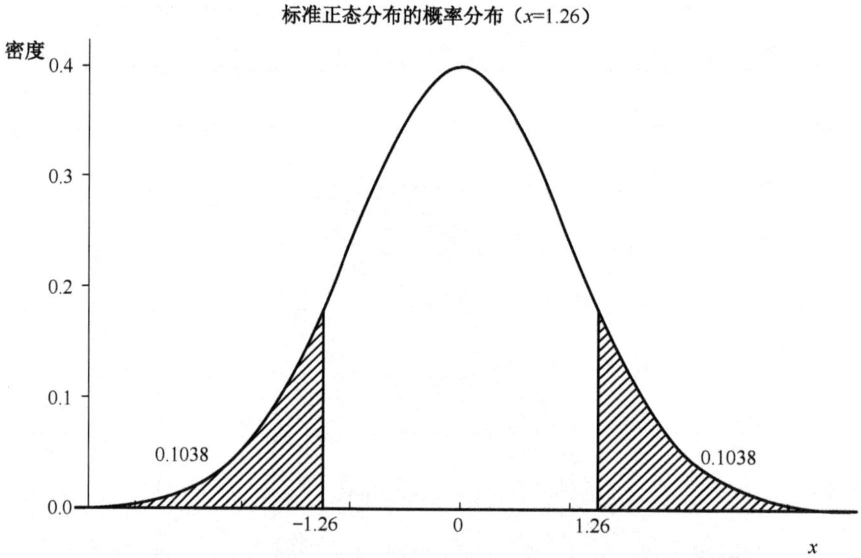

图 6-10　服从标准正态分布的随机变量小于−1.26 或大于 1.26 的概率示意图

可见，若 $x>0$，计算服从标准正态分布的随机变量小于某一负数（$-x$）的概率，需要经过换算。这种换算关系可以表示为：

$$F(-x)=1-F(x)$$

动手做一做

6-1　查阅标准正态概率分布表，说明服从标准正态分布的随机变量小于下列数值的概率。

$x=-1.26$；$x=0.9$；$x=1.26$；$x=1.6$；$x=1.83$；$x=3.58$

6-2　计算正态分布曲线下，介于下列两值之间图形的面积。

（−1.6,1.6）;（−2.8,2.8）;（−1.8,1.8）;（−1.8,2.8）;（−1.6,1.8）

6-3 查标准正态概率分布表，使标准正态分布密度曲线、x 轴以及过 z_0 的 x 轴的垂线三者围成垂线左侧的图形的面积满足下列条件的 z_0 的值。

（1）面积为 0.9505;

（2）面积为 0.0294。

6-4 计算标准正态分布条件下，z 值出现在下列区间的概率：

（−1.43，1.68）;（0.6，1.76）;（−1.52，0.6）;（2.86，∞）;（−∞，−1.38）

（−∞，2.33）;（−∞，1.96）;（1.8，∞）;（−2，2）

6-5 查阅标准正态概率分布表，指出满足下列条件的 z_0 的值。

$P(-z_0<z<z_0)=0.9545$

$P(-z_0<z<z_0)=0.9385$

$P(-z_0<z<z_0)=0.9031$

$P(-z_0<z<z_0)=0.8812$

$P(-z_0<z<z_0)=0.9973$

6-6 根据标准正态概率分布表，使标准正态分布密度曲线、x 轴以及过 z_0 的 x 轴的垂线三者围成垂线右侧的图形的面积满足下列条件的 z_0 的值。

（1）右侧面积为 0.0582;

（2）右侧面积为 0.7517。

6.2.3 正态分布的标准化

服从正态分布的随机变量 ξ 小于某一指定值 x 的概率不能像二项分布、泊松分布那样可直接使用公式计算。由于总体的均值和标准差不同，正态分布具有无限多样性，因此，我们也无法给出所有正态分布的概率表。但不同均值、方差的随机变量 $X\sim N(\mu,\sigma)$ 经过标准化变换，都可以转换为均值为 $\mu=0$ 、$\sigma=1$ 的标准正态分布，即 Z～N（0，1）。通过标准正态分布概率表，我们可以得到服从正态分布的随机变量小于某一数值的概率。

正态分布的标准化公式为：

$$Z=\frac{X-\mu}{\sigma}$$

随机变量 ξ 小于 X 的概率等于标准正态分布情况下随机变量小于与 X 相应的 Z 的概率。

例 6-3 已知随机变量 ξ 服从正态分布，且已知其期望值为 78、标准差为 8，即 ξ～N（78，8），试根据标准正态分布概率表计算确定随机变量 ξ 小于 82 且大于 72 的概率。

解：为根据标准正态分布概率表计算随机变量 ξ～N（78，8）小于 82 且大于 72 的概率，需先计算与 82 和 72 相应的 Z 值，因为随机变量的期望值 μ=78、标准差 σ=8。因此，与 82 相应的 Z_1 值为：

$$Z_1=\frac{82-78}{8}=0.5$$

查表可知，服从标准正态分布的随机变量小于 0.5 的概率为 0.6915，因此，随机变量 ξ～N（78，8）小于 82 的概率也为 0.6915。

与 72 相应的 Z_2 值为

$$Z_2 = \frac{72-78}{8} = -0.75$$

由于随机变量小于某一数值的概率与大于这一数值的概率之和为 1，且标准正态分布的密度曲线是关于均值 0 呈轴对称图形。我们查标准正态分布概率表可得：随机变量小于 0.75 的概率为 0.7734，如图 6-11 所示。显然，大于 0.75 的概率为 1−0.7734=0.2266。由标准正态分布关于均值 0 呈轴对称图形可知，随机变量 $\xi \sim N$（78，8）小于−0.75 的概率与大于 0.75 的概率相等，也为 0.2266。

因此，可以计算随机变量 ξ 小于 82 且大于 72 的概率为：

$$F(72<\xi<82)=F(0.5)-F(-0.75)=0.6915-0.2266=0.4649$$

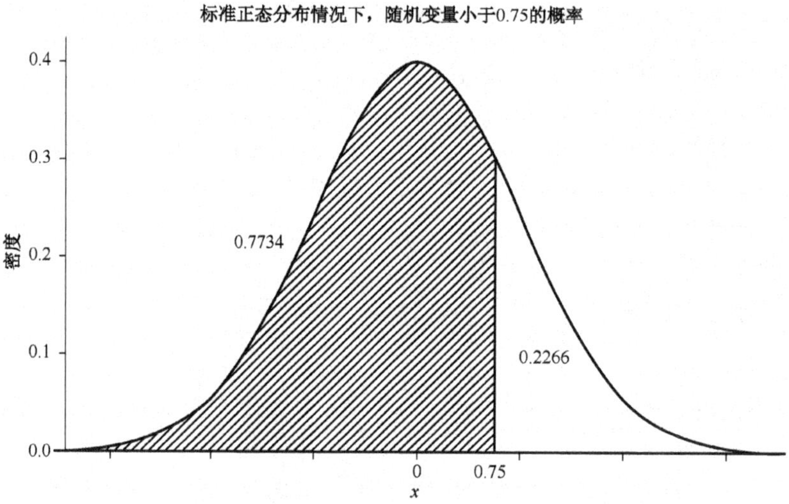

图 6-11　标准正态分布下随机变量小于 0.75 的概率为 0.2266

动手做一做

6-7. 随机变量 $\xi \sim N$（10,2），分别计算随机变量出现在下列范围内的概率值。

$\xi<9$；$\xi<10$；$\xi>12$；$\xi>8$；$7<\xi<13$

6-8　随机变量 $\xi \sim N$（8.6,0.32），计算随机变量 ξ 满足下列条件的概率值。

$\xi<8$；$\xi<10$；$\xi>12$；$\xi>9$；$7<\xi<9$

6-9　一个随机变量 ξ 服从正态分布，已知其标准差为 4，但期望值未知，若已知随机变量 ξ 小于 12 的概率为 0.9554，试计算随机变量 ξ 的期望值是多少？

6-10　一个随机变量 ξ 服从正态分布，但其期望值和标准差未知，已知随机变量 ξ 小于 5 的概率为 0.7257，已知随机变量 ξ 大于 18 的概率为 0.0047。试计算随机变量 ξ 的期望值和标准差分别是多少？

6.2.4　Excel 中用来说明正态分布的累积分布函数与逆分布函数

除了使用标准正态分布概率表计算确定标准正态分布随机变量 ξ 小于 x（变量）的概

率外，在计算机广泛普及的今天，掌握使用计算机确定正态概率分布的方法是十分必要的。

1. 累积分布函数

累积分布函数是已知随机变量 ξ 服从某种分布（比如已知随机变量 ξ 服从正态分布）情况下，随机变量 ξ 小于某一任意给定值 x 的概率 $P\{x|\xi<x\}$。其中：任意给定值 x 为自变量，概率 $P\{x|\xi<x\}$ 为因变量。

在随机变量 ξ 服从正态分布情况下，使用 Excel 软件计算随机变量小于某一指定值的概率的命令格式为：

=NORMDIST(x,mean,standard_dev,cumulative)

其中，"NORMDIST" 可分为两部分，"NORM" 是英文单词 "NORMAL" 的前 4 个字母，表示正态分布，"DIST" 是英文单词 "DISTRIBUTION" 的前 4 个字母，表示的是函数的类型，它指明了函数要返回的是累积分布函数或概率密度；x 是与函数所求概率相对应的指定值，是函数的自变量；mean 指的是随机变量 ξ 的期望值；standard_dev 指的是随机变量 ξ 的标准差；cumulative 指的是函数形式的逻辑值，只能选择 TRUE 或 FALSE。如果 cumulative 的值为 TRUE，则函数给出的值为随机变量 ξ 小于指定数值 x 的概率；如果 cumulative 的值为 FALSE，则函数给出的值为随机变量 ξ 在点 x 处的概率密度。

例如，在 Excel 的某一单元格中输入"=NORMDIST(2,0,1,TRUE)"，其返回值为 0.97725（Excel 中最多可以精确到小数点后 15 位，在此仅保留 5 位小数），表示服从正态分布的随机变量 ξ（期望值为 0，标准差为 1）小于 2 的概率大约为 0.97725。

对于服从标准正态分布的随机变量 ξ 情况下，可以直接使用较简单的格式 "=NORMSDIST(x)"，这里只有一个自变量 x，无须其他参数。需要说明的是此函数与通用函数相比，中间多了个字母 S，表示标准正态分布，不能省略。

2. 逆分布函数

逆分布函数是已知随机变量 ξ 服从某种分布（比如已知随机变量 ξ 服从正态分布）情况下，表示某一任意给定概率 p 与 x 对应关系，使得随机变量 ξ 小于 x 的概率为 p 的函数。其中，任意给定概率 p 为自变量，其定义域为[0,1]，而 x 为因变量。

在随机变量 ξ 服从正态分布情况下，使用 Excel 软件计算随机变量小于哪一数值的概率为 p 的命令格式为：

=NORMINV(probability,mean,standard_dev)

其中的 "INV" 表示的是函数的类型，它指明了函数要返回的是与指定概率相对应的数值，使得随机变量小于这一数值的概率为指定值；probability 是与函数所求数值相对应的指定的概率，是函数的自变量；其余的部分与累计分布函数中的符号一致。

例如，在 Excel 的某一单元格中输入 "=NORMINV(0.9,58,12)"，其返回值为 73.38（在此仅保留 2 位小数），表示服从正态分布的随机变量 ξ（期望值为 58，标准差为 12）在 90% 以下的临界值大约为 73.38，即如果需要确定一个数值，使得总体（其均值为 58，标准差为 12）中 90%的个体的特征值都小于这一数值，那么，这一数值大约为 73.38。

对于标准正态分布，可以直接使用“=NORMSINV(probability)”计算标准正态分布情况下，指定概率的临界值。例如，在 Excel 的某一单元格中输入“=NORMSINV(0.9)”，其返回值为 1.2816（结果仅保留 4 位小数）。

6.2.5 Z_{α}、$Z_{1-\alpha}$、$Z_{\alpha/2}$、$Z_{1-\alpha/2}$ 的含义

在今后的统计学习中,常常会遇到 Z_{α}、$Z_{1-\alpha}$、$Z_{\alpha/2}$、$Z_{1-\alpha/2}$ 等形式的符号。了解这些符号的含义是十分必要的。

Z_{α}、$Z_{1-\alpha}$、$Z_{\alpha/2}$、$Z_{1-\alpha/2}$ 符合中 Z 有两个含义，一是表示标准正态分布，二是表示一个变量；符号中的下标是根据给定的 α 计算的值，这个值是一个大于 0 小于 1 的值，表示的是概率或比重，其中的 α 通常是一个在 0 到 0.4 之间的值。

这些符号的一般含义是：标准正态分布的逆函数，即根据下标值所指定的概率，求得一个数值 Z，使得服从标准正态分布的随机变量小于这个数值 Z 的概率等于下标值所指定的概率。

具体来说，当 α=0.10，各个符号的具体含义是：

符号 Z_{α} 通常用来表示一个区间的下限，$Z_{0.10}$ 表示已知标准正态分布随机变量小于 Z 的概率为 0.1，Z 值是多少？用 Excel 函数计算就是“=NORMSINV(0.1)”，其返回值为−1.2816（结果仅保留 4 位小数），即 $Z_{0.1}$=−1.2816。

符号 $Z_{1-\alpha}$ 通常用来表示一个区间的上限，当 α=0.10 时，$Z_{1-0.10}=Z_{0.9}$ 表示已知标准正态分布随机变量小于 Z 的概率为 0.9，Z 值是多少？用 Excel 函数计算就是：“=NORMSINV(0.9)”，其返回值为 1.2816（结果仅保留 4 位小数），即 $Z_{1-0.1}$=$Z_{0.9}$=1.2816。

符号 $Z_{\alpha/2}$ 通常用来表示一个关于 0 对称的区间的下限，$Z_{0.10/2}=Z_{0.05}$ 表示已知标准正态分布随机变量小于 Z 的概率为 0.05，Z 值是多少？用 Excel 函数计算就是“=NORMSINV(0.05)”，其返回值为−1.6449（结果仅保留 4 位小数），即 $Z_{0.10/2}$=$Z_{0.05}$=−1.6449。

符号 $Z_{1-\frac{\alpha}{2}}$ 通常用来表示一个关于 0 对称的区间的上限，$Z_{1-0.10/2}=Z_{0.95}$ 表示已知标准正态分布随机变量小于 Z 的概率为 0.95，Z 值是多少？用 Excel 函数计算就是“=NORMSINV(0.95)”，其返回值为 1.6449（结果仅保留 4 位小数），即 $Z_{1-0.10/2}$=$Z_{0.95}$=1.6449。

6.3 t 分布

t 分布是关于 0 对称的一族分布，区别不同 t 分布的是 t 分布的参数——自由度（大于等于 1 的一个自然数），通常用 df（是 degree of freedom 的缩写）表示。

自由度不同的 t 分布的密度函数及密度函数曲线各不相同，自由度越小，t 分布的密度曲线就越平坦，当自由度等于 60 时，t 分布的密度曲线与标准正态分布密度曲线就比较接近了，如图 6-12 所示。

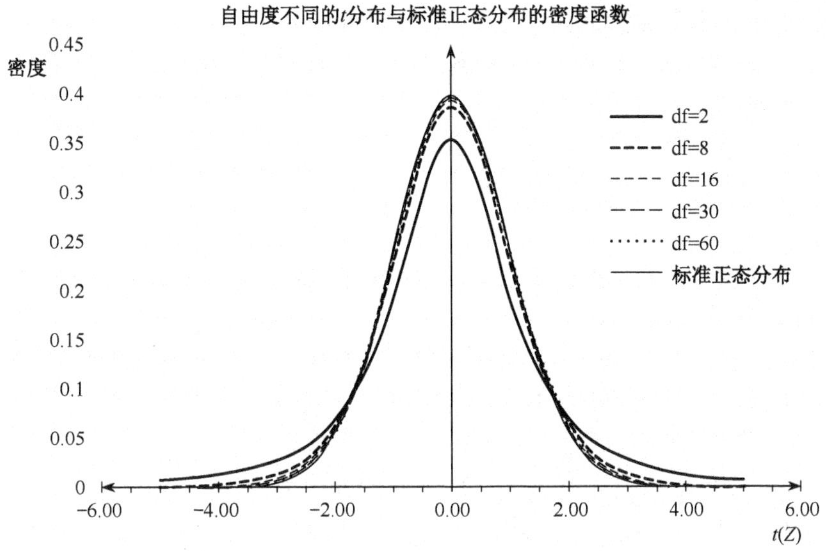

图 6-12　*t* 分布与正态分布的密度函数曲线

在此介绍关于 *t* 分布的两种函数，即累积分布函数与逆分布函数。

6.3.1　*t* 分布的累积分布函数

在 Excel 中 TDIST 函数用来说明服从 *t* 分布的随机变量或其绝对值大于 *x* 的概率 α。TDIST 函数的格式为"=TDIST(x,deg_freedom,tails)"。其中，*x* 表示的是给定的值，其取值范围为大于等于 0 的实数；deg_freedom 表示的是自由度；这里要重点介绍一下其中的"tails"，它有两层含义，第一，tails 的英文含义是"尾巴"，表示 TDIST 函数计算结果是尾部的概率，即随机变量或随机变量的绝对值大于不是小于某一数值的概率；第二，选择确定尾部的数量。tails 的取值只有两个，当 tails 的值取 1（单侧尾部）时，函数计算的是服从 *t* 分布的随机变量大于 *x* 的概率 α；当 tails 的值取 2（单侧尾部）时，函数计算的是服从 *t* 分布的随机变量的绝对值大于 *x* 的概率 α。

根据给定的值 *x*，计算服从 *t* 分布的随机变量小于这一数值 *x* 的概率的函数就是 *t* 分布的累积分布函数。

例 6-4　使用 Excel 计算服从自由度 df=10 的 *t* 分布的随机变量小于 1.6 的概率。

解：在 Excel 的某一单元格中输入"=TDIST(1.6,10,1)"，其返回的计算结果为 0.0703。这表示服从自由度 df=10 的 *t* 分布的随机变量小于 1.6 的概率为 0.0703。

由于 *t* 分布是关于 0 的对称分布，因此小于 1.6 的概率为 1−0.0703=0.9297。

也可以在 Excel 的某一单元格中直接输入"=1−TDIST(1.6,10,1)"，其返回的计算结果为 0.9297。

例 6-5　使用 Excel 计算服从自由度 df=16 的 *t* 分布的随机变量大于−2.3 且小于 2.3 的概率。

解：在 Excel 的某一单元格中输入"=TDIST(2.3,16,2)"，其返回的计算结果为 0.0352。这表示服从自由度 df=16 的 *t* 分布的随机变量小于−2.3 或大于 2.3 的概率为 0.0352。因此，随机变量大于-2.3 且小于 2.3 的概率为 1-0.0352=0.9648。

也可以在 Excel 的某一单元格中直接输入“=1-TDIST(2.3,16,2)”，其返回的计算结果也为 0.9648。

6.3.2 *t* 分布的逆分布函数

根据给定的 α 值，求未知的值 x（$x>0$），使得随机变量 t 小于-x 或大于 x 的概率为 α 的函数就是 t 分布的逆分布函数。

在 Excel 中 t 分布的逆分布函数的格式为“=TINV(probability,deg_freedom)”，其中，probability 指的是 α；deg_freedom 指的是自由度。函数的功能是根据给定的 α 值求未知的值 x，使得服从 t 分布的随机变量小于-x 或大于 x 的概率为 α。

例 6-6 求 x，使得服从自由度为 12 的 t 分布的随机变量小于-x 或大于 x 的概率为 0.08。

解：在 Excel 中的任意一个单元格中输入“=TINV(0.08,12)”，其返回的计算结果为 1.9123，这就是要求的 x。其含义是从自由度为 12 的 t 分布的随机变量小于-1.9123 或大于 1.9123 的概率为 0.08。

在统计中，常用 $t_{1-0.08/2}(12)=1.9123$ 表示服从自由度为 12 的 t 分布的随机变量小于-1.9123 或大于 1.9123 的概率为 0.08。习惯上 $t_{1-0.08/2}(12)$ 被称为自由度为 12 的 t 分布双尾概率为 0.08 的上侧临界值为 1.9123。

例 6-7 求 x，使得服从自由度为 12 的 t 分布的随机变量大于 x 的概率为 0.08。

解：在 Excel 中的任意一个单元格中输入“=TINV(0.08*2,12)”，其返回的计算结果为 1.4979，这就是要求的 x。其含义是从自由度为 12 的 t 分布的随机变量大于 1.4979 的概率为 0.08。

动手做一做

6-11 使用 Excel 计算服从 t 分布，自由度为 18 的随机变量在-2 到 2 的概率。

6-12 使用 Excel 计算服从 t 分布，自由度为 18 的随机变量大于 2 的概率。

6-13 使用 Excel 计算服从 t 分布，自由度为 18 的随机变量小于-2 的概率。

6-14 使用 Excel 计算服从 t 分布，自由度为 8 的随机变量小于 1.68 的概率。

6-15 使用 Excel 计算服从 t 分布，自由度为 8 的随机变量大于 1.68 的概率。

6-16 使用 Excel 分别计算 $t_{1-0.05/2}(18)$、$t_{1-0.01/2}(30)$、$t_{1-0.1/2}(20)$ 的值。

6-17 使用 Excel 计算 x 值，使得服从 t 分布，自由度为 8 的随机变量小于 1.68 的概率为 0.05。

6-18 使用 Excel 计算 x 值，使得服从 t 分布，自由度为 8 的随机变量大于 1.68 的概率为 0.05。

本章习题

6-1 请查阅服从标准正态分布的随机变量分别小于 1、1.96、2、2.58、3 的概率，即 $F(1)$ 、$F(1.96)$ 、 $F(2)$ 、 $F(2.58)$ 、 $F(3)$ 分别是多少？

6-2 请查表并计算服从标准正态分布的随机变量大于 1.28 小于 2.69 的概率。

6-3 已知随机变量服从均值为 800、方差为 1600 的正态分布，试问：

（1）随机变量小于 740 的概率为多少？

（2）随机变量大于 826 的概率为多少？

（3）随机变量在 758 到 838 的概率为多少？

6-4 某电视机生产企业需要确定电视机的免费保修期，保修期的长度既要对消费者有吸引力，又要降低企业的维修成本（企业希望在保修期内需要维修的产品不超过 6%），企业应该规定产品的保修期为多少个月？已知一个新的产品的平均无故障工作时间是 58.68 个月，标准差为 6.16 个月。

6-5 为调动职工的生产积极性，某企业的管理者决定设立超产奖金。根据过去的经验，每周的产量服从正态分布，均值为 4000 吨，标准差为 60 吨。管理者希望不超过 8%的周需要发放奖金，试计算管理者需要规定每周的产量超过多少才能领取超产奖金？

第 7 章　抽样方法与抽样分布

学习要点

- 理解抽样调查的目的和优势；
- 理解样本、样本容量和样本单位等基本概念；
- 理解简单随机抽样、机械抽样、分层抽样、整群抽样这四种抽样组织形式的抽样过程和优点；
- 理解重复抽样与不重复抽样两种抽样方法；
- 掌握样本均值、样本成数、样本标准差、样本成数方差的计算方法；
- 理解抽样分布和抽样分布的参数。

导读案例

《文学摘要》为什么会犯错

《文学摘要》杂志为预测 1936 年美国总统竞选结果，虽然采用罕见的、耗资巨大的大样本进行调查，但还是因其严重的错误预测——共和党候选人阿尔夫•兰登（Alfred Landon）将以 59%对 41%击败民主党候选人富兰克林•罗斯福（Franklin Roosevelt）而破产。我们不禁要问：《文学摘要》为什么会犯错？错在什么地方？

在抽样调查中，样本的代表性至关重要。《文学摘要》错就错在其选择的样本产生了系统性的偏差，没有代表性。1929—1933 年的世界经济危机，使美国经济遭到沉重打击，“罗斯福新政”动用行政手段干预市场经济，损害了部分富人的利益，但广大的美国人民却从中得到了好处。1936 年美国选举的实际结果是富兰克林•罗斯福赢得了 61%的选票，《文学摘要》的预测与实际结果的反差是因为他们按电话号簿和汽车登记名单中的地址寄送调查明信片进行抽样调查，但在实际上 20 世纪 30 年代拥有私人电话和开汽车的富人并不能代表全部的美国选民。

【案例分析】

抽样调查是抽样推断和假设检验的基础，保证样本的代表性，防止系统性偏差的最好方法是保证样本的随机性。

抽样调查是总体参数估计和假设检验的基础。抽样调查是对随机样本的调查，因此，如何按随机原则从总体中抽取样本，保证样本的代表性是抽样调查首先要解决的问题。由于对抽样调查误差的要求不同和抽样调查的费用问题，抽样调查首先需要决定抽样的组织形式、抽样方法和样本容量。构成一个样本的总体单位数称为样本容量，一般用字母 n 表示。

7.1 抽样调查的组织形式与抽样方法

为满足推断总体参数或检验关于总体参数的假设是否成立的需要，抽样调查首先需要考虑如何有计划、有步骤地从总体中抽选出一定数量的总体单位，如何提高样本的代表性、如何节约抽样调查的费用与时间、如何保证总体内的每一个个体有均等的机会被抽中，这些问题都是实施抽样调查必须考虑的问题。

7.1.1 抽样调查的组织形式

抽样组织形式和方法是抽样调查必须首先考虑的问题。在总体和样本容量不变的情况下，采用不同的抽样组织形式和抽样方法，可能的样本数量、样本指标与总体指标的平均误差都不相同。抽样组织形式与抽样方法是两个不同的概念。

抽样的组织过程称为抽样组织形式。它是指在抽取样本时，为了达到减少抽样平均误差或简化抽样工作、降低抽样调查的费用的目的，在按随机原则从总体中抽取样本单位之前，是否要做一些分组（分类）、排序等工作。

1. 简单随机抽样

简单随机抽样是指从总体的 N 个单位中直接按随机原则抽取 n 个单位作为样本，使得每一个个体、每一个容量为 n 的样本都有相同的机会（概率）被抽中。简单随机抽样又被称为纯随机抽样。简单随机抽样是最基本的抽样组织形式。

随机原则是抽样调查必须遵守的重要原则，随机抽样不是随便抽样，也不是随意抽样，它是保证抽样推断结果正确的基础。看似简单的简单随机抽样实际上并不简单，问题的关键在于如何落实和保证随机原则，保证总体中的每一个个体都有相同的机会被抽中。

为落实随机原则，简单随机抽样首先要掌握或编制所有总体单位的名单，所有总体单位的名单称为抽样框。编制抽样框为每一个总体单位有相同的机会被抽中提供了条件。实际工作中为保证随机原则，经常采用的是抽签法和随机数字表法。

抽签法的步骤如下：

一是编号。给每一个总体单位按 1、2、3、4、…、N 编号，关键是确定总体单位与编号的一一对应关系。

二是制签。在准备好纸质的标签上打印或书写 1、2、3、4、…、N，在未对总体单位编号的情况下，也可以直接书写或打印总体单位的名称。有多少单位，制多少标签，各个标签除号码外应无明显差异。

三是抽签与调查。将制好的签混合均匀后，按随机原则从中抽取标签，调查每一个抽中标签对应的单位。

随机数字法的步骤如下：

一是编号。给每一个总体单位按 1、2、3、4、…、N 编号，确定总体单位与编号的一一对应关系。

二是通过计算机或随机数表获取随机数字，调查每一个随机数字对应的总体单位。随机数字表又称为乱数表，我们可以根据需要按一定顺序读取固定位数的数字作为随机抽中的调查单位的编号。

2. 分层抽样

分层抽样又称为类型抽样，在抽样之前，为缩小抽样误差，提高样本的代表性，先将总体按一定标准（通常是对变量值大小有影响的标志）划分为若干层（类），然后从总体的每一分层（类）中都抽取一定数量的单位组成样本的抽样组织方式。分层（类）时要遵循“层（类）内同质、层（类）间差异”的原则，使层（类）内各单位之间的差异尽可能小，而使层与层（或类与类）之间的差异尽可能大。

特点：先对总体分类，再按随机原则在每一类中都抽取一定数量的样本单位，缩小了每一分层中样本单位的代表性误差，提高了样本的代表性，进而可以提高抽样估计的可靠性或精确度。

样本容量在各层内的分配方法：

（1）等数分配分层抽样。

$$n_1 = n_2 = \cdots = n_m = \frac{n}{m} \quad （m\ 为分层数）$$

（2）等比例分层抽样。

$$\frac{n_1}{N_1} = \frac{n_2}{N_2} = \cdots = \frac{n_m}{N_m} = \frac{n}{N} \quad （m\ 为分层数）$$

（3）不等比例分层抽样。

在差异大即方差大的层（类）多抽调查单位，在差异小的层（类）少抽调查单位，这样，可以提高样本的代表性，缩小抽样误差，降低调查费用。

3. 系统抽样

系统抽样又被称为等距抽样或机械抽样。系统抽样也是指先将总体各单位按某种顺序排列（可按有关标志排序，也可按无关标志排序），并按随机原则确定一个随机起点，然后，每隔一定的间隔抽取一个单位，直至抽取 n 个单位形成一个样本的抽样方式。

系统抽样具有简便易行的优点，同时，在总体按有关标志排序（排序的标志与调查变量值大小有关）情况下，抽样误差通常要小于简单随机抽样，在总体按无关标志排序情况下，其误差基本等同于简单随机抽样。

例如，当 $k=N/n=10$ 时，即每 10 个总体单位抽取一个样本单位时。5、15、25、35、45……

是采用半距起点抽样时抽中的单位，9、12、29、32、49……是采用对称抽样时抽中的样本单位，如图 7-1 所示。

总体单位 1—10 号	1	2	3	4	5	6	7	8	9	10
总体单位 11—20 号	11	12	13	14	15	16	17	18	19	20
总体单位 21—30 号	21	22	23	24	25	26	27	28	29	30
总体单位 31—40 号	31	32	33	34	35	36	37	38	39	40
总体单位 41—50 号	41	42	43	44	45	46	47	48	49	50
总体单位…1—…0 号	……	……	……	……	……	……	……	……	……	……

图 7-1　系统抽样示意图

4. 整群抽样

整群抽样也称为集团抽样或分群随机抽样。有些总体有自然的群落，例如，对学生进行的抽样调查，学生有班级、学校或系别，每一个班级、学校或系别都是一个学生群体。再如，对产品的质量调查，产品在生产时，连续生产的若干件产品或包装在一起的一箱或一大包产品，是由许多产品组成的群落。整群抽样是根据总体单位分布的群聚特点，直接以总体的自然群落作为抽样单位，按随机原则，从中抽取一部分群落并对抽中的群落中包含的所有单位进行观察的抽样调查组织方式。

整群抽样简化了抽样工作，提高了抽样工作的效率。

7.1.2　抽样的方法

抽样方法是指在完成一个样本的抽样时，同一个总体单位是否有机会被抽中两次或两次以上。抽样方法分为重复抽样和不重复抽样。

重复抽样又称“放回抽样”、“回置抽样”。重复抽样是每次从总体中抽取一个样本单位经检验之后又重新放回总体，参加下次抽样的抽样方法。这种抽样的特点是每次从总体中抽取样本单位时面对的总体单位数是不变的。

不重复抽样也称为“无放回抽样”、“不回置抽样”。不重复抽样是从总体中按随机抽取一个样本单位，记录该单位有关信息后，不再放回总体中参加下一个样本单位的抽选的抽样方法，或者是抽样调查时，先完成从总体中抽取 n 个总体单位做样本，然后再调查 n 个样本单位的信息的抽样调查方法。可见，不重复抽样时，总体单位数在抽选过程中是在逐渐减少，各单位被抽中的可能性逐渐增大，而且任何一个单位都没有被重复抽中的可能。

7.2　样本指标

样本指标又称为统计量，是根据抽样调查结果计算的统计指标。由于从一个总体中可以抽取许多不同的样本，每次抽样调查得到的样本是不确定的。因此，样本指标是一个随机变量。

当抽取的样本确定后，样本指标是已知的值。根据研究个体特征不同，样本指标分为两类：一是样本的均值与方差，另一类是样本的成数和成数方差。

7.2.1 样本均值与样本方差

1. 样本均值

样本均值就是根据样本单位的特征值计算的样本算术平均数，其计算方法与总体平均数的计算方法是相同的。在推断统计中，为了与总体算术平均数 μ 相区别，样本平均数通常用 $\bar{x}$ 表示。未分组情况下，样本平均数的计算公式为：

$$\bar{x}=\frac{\sum x}{n}$$

式中，n 是样本单位数，或称为样本容量。

2. 样本方差与标准差

样本方差和标准差分别用 s^2 和 s 表示。为防止估计总体方差和标准差时产生系统性偏差，样本的方差和标准差计算公式的分母为 $n-1$，而不是 n。

样本方差的计算公式为：

$$s^2=\frac{\sum(x-\bar{x})^2}{n-1}$$

样本标准差的计算公式为：

$$s=\sqrt{\frac{\sum(x-\bar{x})^2}{n-1}}$$

在计算样本标准差时，采用 $n-1$ 作分母可以避免用样本标准差估计总体标准差产生系统性偏差。

7.2.2 样本成数与成数方差

1. 样本成数

样本成数就是样本中具有某种特征的个体数量与样本容量之比。样本成数一般用字母 p 表示。样本成数的计算公式为：

$$p=\frac{n_1}{n}$$

式中，n_1 是指样本中，具有某种属性的个体的数量。

2. 样本成数的方差

样本成数的方差，就是服从两点分布（取值只能为 0 或 1 的随机变量）的随机变量的方差。样本成数的方差可用字母 v 表示，其计算公式为：

$$v^2=p\times(1-p)$$

由于成数的取值在 0 到 1 之间，成数的方差有最大值，其最大值为 0.25。

如果将样本总体看作是由两类不同属性的样本单位组成的总体，那么，样本成数的方差就反映了样本总体的纯净程度。如果某一类属性的个体在总体中占绝大多数，有绝对的优势，总体的纯净度就高，浑浊度就低。反之，如果两个个体势均力敌，那么，总体的纯净度就低，浑浊度就高。

样本统计量及相应总体参数的种类及计算公式如表 7-1 所示。

表 7-1　样本统计量及相应总体参数的种类及计算公式一览表

	样本		总体	
	集中趋势	变异程度	集中趋势	变异程度
变量	均值：$\bar{x}=\frac{\sum x}{n}$	方差：$s^2=\frac{\sum(x-\bar{x})^2}{n-1}$	均值：$\mu=\frac{\sum X}{N}$	方差：$\sigma^2=\frac{\sum(X-\mu)^2}{n}$
属性特征	成数：$p=\frac{n_1}{n}$	成数方差：$v^2=p(1-p)$	成数：$\pi=\frac{N_1}{N}$	成数方差：$V=\pi(1-\pi)$

7.3　抽样分布与抽样误差

7.3.1　抽样分布的概念及影响抽样分布的因素

在抽样组织形式、抽样方法和样本容量都固定不变情况下，按照随机原则抽取样本的均值或成数是一个随机变量。抽样分布就是随机变量——样本均值或成数的概率分布。影响抽样分布的因素是：总体的分布状况、抽样的组织形式、抽样的方法以及样本容量等。

我们将样本容量小于 30 的样本称为小样本，样本容量大于等于 30 的称为大样本。数理统计学已经证明：已知总体的均值为 μ，标准差为 σ，无论总体服从什么分布，采用简单抽样组织形式和重复抽样方法，在大样本情况下，样本均值 $\bar{x}\sim N\left(\mu,\frac{\sigma}{\sqrt{n}}\right)$；采用不重复抽样方法，样本均值 $\bar{x}\sim N\left(\mu,\sqrt{\frac{\sigma^2}{n}\left(\frac{N-n}{N-1}\right)}\right)$。

当 np 和 $n(1-p)$都大于 5 时，采用重复抽样方法选取样本时，样本成数 $p\sim N\left(\pi,\sqrt{\frac{\pi(1-\pi)}{n}}\right)$；采用不重复抽样方法选取样本时，样本成数 $p\sim N\left(\pi,\sqrt{\frac{\pi(1-\pi)}{n}\left(\frac{N-n}{N-1}\right)}\right)$。

7.3.2 反映抽样分布的集中趋势和离散程度的实例

反映抽样分布集中趋势和离散程度的统计指标主要有两个：一是所有可能的样本指标值的均值（期望值）；二是所有可能的样本指标值的标准差。所有可能的样本指标值的均值（期望值）反映了抽样分布的中心位置，而所有可能的样本指标值的标准差反映了抽样分布的离散程度。

例 7-1 有编号分别为“1、2、3、4、5、6、7”的 7 名同学期末统计考试成绩如表 7-2 所示。如果将这 7 个同学作为研究的总体，从中随机不重复地选出 4 个同学作样本，根据抽取的样本来推断这 7 个同学的平均成绩和及格率。试计算并回答下列问题：

表 7-2 7 名同学的统计考试成绩一览表

编 号	成 绩	是 否 及 格
1	92	及格
2	46	不及格
3	88	及格
4	43	不及格
5	53	不及格
6	84	及格
7	98	及格

（1）在不考虑抽到同学先后顺序情况下，采用不重复抽样最多可以抽出多少个互不相同的样本？每个样本分别包括哪些同学，观察并回答每个同学在这些样本中被抽到的机会是否相等？每个样本被抽中的机会是多少？

（2）计算每个样本的均值和方差；

（3）计算并说明所有样本的样本均值的平均数与总体均值是否相同；

（4）计算并说明所有样本的样本方差的平均数与总体方差是否相同；

（5）计算所有样本的样本均值的标准差和总体的标准差，比较所有样本的样本均值的标准差与总体的标准差是否相同；

（6）在同一坐标轴上做所有样本的样本均值和 7 名学生的成绩的点状分布图，比较说明样本均值的分布与总体的分布有何差异；

（7）计算每个样本的样本成数（及格率）及成数方差分别是多少？

（8）计算并说明所有样本成数的平均值与总体成数是否相同；

（9）计算并说明所有样本的成数方差的平均数和总体的成数方差是否相同；

（10）做样本成数的点状分布图。

解：（1）在采用重复抽样，且不考虑抽到同学的先后顺序情况下，最多可以抽到 $C_7^4=35$ 个互不相同的样本，这 35 个样本的编号见表 7-3 的第一栏，每个样本包括的同学的编号见表 7-3 的第二栏。

从 35 个样本的构成可以看出：编号为 1 的同学在第 1 到第 20 号样本中都被抽中，共被抽中 20 次；编号为 2 的同学在第 1 号到第 10 号以及第 21 到 30 号的样本中都被抽中，也被抽中 20 次；…，编号为 7 的同学在编号为 4、7、9、10、13、15、16、18～20、23、

25、26、28～30、32～35 这 20 个样本中被抽中，共被抽中 20 次。可见，每个同学被抽中的机会都是相等的。

在这 35 个样本中，每个样本被抽中的机会都是相等的，抽中的概率应该为 1/35。

表 7-3 所有可能的样本基本情况及样本指标一览表

编号	样本构成	特征值（成绩）	平均成绩	样本方差	成数（及格率）	成数方差
1	1、2、3、4	92、46、88、43	67.25	694.25	0.5	0.25
2	1、2、3、5	92、46、88、53	69.75	557.583	0.5	0.25
3	1、2、3、6	92、46、88、84	77.5	451.667	0.75	0.1875
4	1、2、3、7	92、46、88、98	81	561.333	0.75	0.1875
5	1、2、4、5	92、46、43、53	58.5	516.333	0.25	0.1875
6	1、2、4、6	92、46、43、84	66.25	642.917	0.5	0.25
7	1、2、4、7	92、46、43、98	69.75	857.583	0.5	0.25
8	1、2、5、6	92、46、53、84	68.75	512.917	0.5	0.25
9	1、2、5、7	92、46、53、98	72.25	704.25	0.5	0.25
10	1、2、6、7	92、46、84、98	80	546.667	0.75	0.1875
11	1、3、4、5	92、88、43、53	69	607.333	0.5	0.25
12	1、3、4、6	92、88、43、84	76.75	516.917	0.75	0.1875
13	1、3、4、7	92、88、43、98	80.25	633.583	0.75	0.1875
14	1、3、5、6	92、88、53、84	79.25	316.917	0.75	0.1875
15	1、3、5、7	92、88、53、98	82.75	410.25	0.75	0.1875
16	1、3、6、7	92、88、84、98	90.5	35.667	1	0
17	1、4、5、6	92、43、53、84	68	560.667	0.5	0.25
18	1、4、5、7	92、43、53、98	71.5	759	0.5	0.25
19	1、4、6、7	92、43、84、98	79.25	616.917	0.75	0.1875
20	1、5、6、7	92、53、84、98	81.75	400.25	0.75	0.1875
21	2、3、4、5	46、88、43、53	57.5	431	0.25	0.1875
22	2、3、4、6	46、88、43、84	65.25	578.25	0.5	0.25
23	2、3、4、7	46、88、43、98	68.75	802.25	0.5	0.25
24	2、3、5、6	46、88、53、84	67.75	454.917	0.5	0.25
25	2、3、5、7	46、88、53、98	71.25	655.583	0.5	0.25
26	2、3、6、7	46、88、84、98	79	518.667	0.75	0.1875
27	2、4、5、6	46、43、53、84	56.5	353.667	0.25	0.1875
28	2、4、5、7	46、43、53、98	60	659.333	0.25	0.1875
29	2、4、6、7	46、43、84、98	67.75	754.917	0.5	0.25
30	2、5、6、7	46、53、84、98	70.25	614.917	0.5	0.25
31	3、4、5、6	88、43、53、84	67	500.667	0.5	0.25
32	3、4、5、7	88、43、53、98	70.5	708.333	0.5	0.25
33	3、4、6、7	88、43、84、98	78.25	586.917	0.75	0.1875
34	3、5、6、7	88、53、84、98	80.75	376.917	0.75	0.1875
35	4、5、6、7	43、53、84、98	69.5	665.667	0.5	0.25
合计	—	—	2520	19565	20	7.5

（2）因为有 35 个样本，因此，样本均值也有 35 个，每个样本的样本均值见表 7-3 的第四栏，每个样本的样本方差见表 7-3 的第五栏。每个样本的样本均值和样本方差应根据样本总体内所有样本单位的特征值（每个样本总体内样本单位的特征值见表 7-3 的第三栏）来计算。我们以表 7-3 中编号为 7 的样本为例介绍样本均值和样本方差的计算过程。在编号为 7 的样本中，被抽中的四名同学就是样本总体的四个样本单位，这四个样本单位的特征值分别为 92、46、43、98。因此，其样本均值为：

$$\bar{x}_7 = \frac{\sum x}{n} = \frac{92+46+43+98}{4} = 69.75$$

其样本方差为：

$$s^2{}_7 = \frac{\sum (x-\bar{x})^2}{n-1} = \frac{(92\text{-}69.75)^2 + (46\text{-}69.75)^2 + (43\text{-}69.75)^2 + (98\text{-}69.75)^2}{4-1} = 857.583$$

（3）样本均值的平均数应根据所有 35 个样本的样本均值来计算，样本均值的平均数为：

$$\bar{\bar{x}} = \frac{\sum_{i=1}^{M} \bar{x}_i}{M} = \frac{67.25+69.75+77.5+81+\cdots+78.25+80.75+69.5}{35} = \frac{2520}{35} = 72$$

式中，M 是指可能抽取的样本数目，此例中，M=35。

总体均值应根据总体单位的特征值来计算，总体包括的 7 名同学的成绩就是总体单位的特征值。根据这 7 名同学的平均成绩计算总体的均值为：

$$\mu = \frac{\sum_{i=1}^{N} X_i}{N} = \frac{92+46+88+43+53+84+98}{7} = 72$$

可见，样本均值的平均数与总体均值是相同的。

（4）样本方差的平均数应根据 35 个样本的样本方差来计算，样本方差的平均数为：

$$\overline{s^2} = \frac{\sum_{i=1}^{M} s^2{}_i}{M} = \frac{694.25+557.583+451.667+\cdots+586.917+376.917+665.667}{35} = \frac{19565}{35} = 559$$

总体的方差应该根据总体单位的特征值计算，根据 7 名同学成绩计算总体的方差为：

$$\sigma^2 = \frac{\sum X^2}{N} - \mu^2 = \frac{92^2+46^2+88^2+43^2+53^2+84^2+98^2}{7} - 72^2 = 479.1429$$

从计算结果来看，两者是有一定的差异。

数学可以证明，在不重复抽样条件下，样本方差的平均数与总体的方差的关系为：

$$\overline{s^2} = \frac{N}{N-1}\sigma^2$$

在重复抽样条件下，样本方差的平均数等于总体的方差。即：

$$\overline{s^2} = \sigma^2$$

（5）样本均值的标准差应根据 35 个样本的样本均值来计算，其计算过程为：

$$\sigma_{\bar{x}}=\sqrt{\frac{\sum_{i=1}^{M}\left(\bar{x}_i-\bar{\bar{x}}\right)^2}{M}}$$

$$=\sqrt{\frac{(67.25\text{-}72)^2+(69.75\text{-}72)^2+(77.5\text{-}72)^2+\cdots+(80.75\text{-}72)^2+(69.5\text{-}72)^2}{35}}$$

$$=7.739$$

总体的标准差等于总体方差的算术平方根，由于总体的方差$\sigma^2=479.1429$，所以总体的标准差为：

$$\sigma=\sqrt{\sigma^2}=\sqrt{479.1429}=21.889$$

可见，样本均值的标准差比总体的标准差小得多。

（6）35 个样本的样本均值与 7 名学生成绩的点状分布图，如图 7-2 所示。

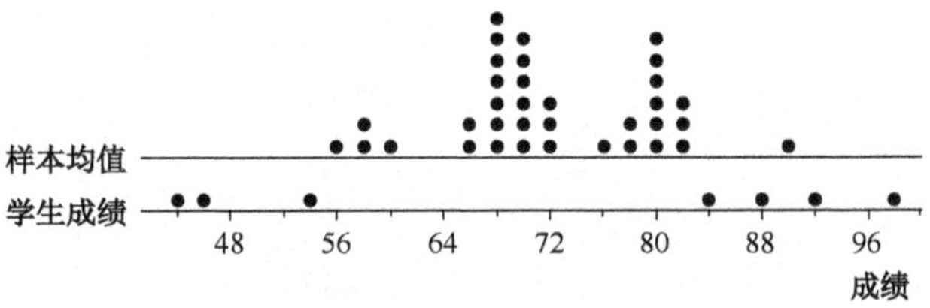

图 7-2　35 个样本的样本均值与 7 名学生成绩的点状分布图

由图 7-2 可以看出，样本均值的最小值约为 56 分，明显高于三个成绩较低同学的分数，而样本均值的最大值约为 92 分，明显低于成绩较高的两名同学，并且大多数样本的样本均值集中于 65 分到 83 之间。因此，可以说样本均值的分布范围比 7 名学生成绩分布范围要小得多。

（7）因为从总体中可以抽取 35 个不同的样本，所以就有 35 个样本成数，每个样本的样本成数（及格率）见表 7-3 的第六栏，样本成数方差见表 7-3 的第七栏。我们以编号为 1 的样本说明样本成数和成数方差的计算过程。在编号为 1 的样本中的四个同学的成绩分别是 92、46、88、43，其中有两人的成绩及格，即 n=4，n_1=2，所以对于编号为 1 的样本，其成数为：

$$p_1=\frac{n_1}{n}=\frac{2}{4}=0.5$$（p_1的下标 1 表示的是编号为 1 的样本）

样本成数的成数方差为：

$$v^2{}_1=p_1\times(1-p_1)=0.5\times(1-0.5)=0.25$$（下标 1 表示的是编号为 1 的样本）

（8）所有样本成数的平均值应根据 35 个样本的成数计算，样本成数的平均值为：

$$\bar{p}=\frac{\sum_{i=1}^{M}p_i}{M}=\frac{0.5+0.5+0.75+0.75+\cdots0.75+0.75+0.5}{35}=\frac{20}{35}=0.57143$$

总体的成数应根据总体单位的特征值来计算，在 7 名同学中，及格的有 4 名。因此，N=7，N_1=4。总体的成数为：

$$P=\frac{N_1}{N}=\frac{4}{7}=0.57143$$

根据计算结果可以看出：所有样本成数的平均值与总体成数是完全相同的。

(9)所有样本的成数方差的平均数应根据35个样本的样本成数方差计算，所有样本的、成数方差的平均数为：

$$\overline{v^2}=\frac{\sum_{i=1}^{M}v^2{}_i}{M}=\frac{0.25+0.25+0.1875+\cdots+0.1875+0.1875+0.25}{35}=\frac{7.5}{35}=0.21429$$

总体的成数方差为：

$$P(1-P)=\frac{4}{7}\left(1-\frac{4}{7}\right)=0.2449$$

可见：所有样本的成数方差的平均数与总体的成数方差也有一定的差异。

（10）样本成数的点状分布图，如图7-3所示。

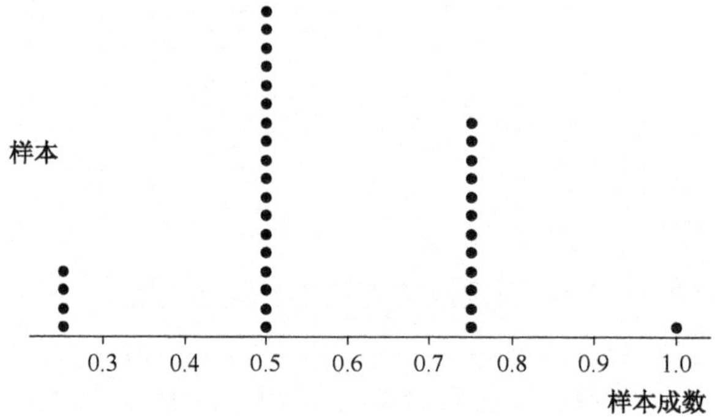

图7-3　样本成数的点状分布图

通过例7-1，我们应该看到：

第一，抽样调查中，必须区分三个不同的总体，它们分别是：一是从中抽取样本单位的统计总体——它是统计研究的对象；二是从总体中抽取的样本总体；三是由所有可能的每一个样本的样本均值构成的总体。这三个总体都有均值和方差、标准差以及成数、成数方差等指标。

第二，所有样本的样本均值的平均数，又称为样本均值的期望值，用来反映所有可能从总体中抽取的样本的样本均值分布的中心位置，它等于统计总体的均值。所有样本的样本成数的平均数，又称为样本成数的期望值，用来反映所有可能从总体中抽取的样本的样本成数分布的中心位置，它等于总体的成数。

数学可以严谨地证明对于不同的总体，在采用简单随机抽样条件下，所有样本的样本均值的平均数等于总体的均值，所有样本的样本成数的平均数等于总体的成数，即：

$$\bar{\bar{x}}=\frac{\sum_{i=1}^{M}\bar{x}_i}{M}=\frac{\sum X}{N}=\mu$$

$$\overline{p} = \frac{\sum_{i=1}^{M} p_i}{M} = \frac{N_1}{N} = \pi$$

式中，M 是指所有可能的样本数目，π 是指总体的成数。

也就是说，总体的均值就是随机变量——样本均值分布的中心位置，总体的成数就是随机变量——样本成数分布的中心位置。

第三，所有样本的样本均值的标准差（方差），又称为样本均值抽样分布的标准差，反映了样本均值的离散程度。所有样本的样本均值的标准差远小于总体的标准差。所有样本的样本成数的标准差（方差），又称为样本成数抽样分布的标准差，反映了样本成数的离散程度。所有样本的样本成数的标准差远小于总体成数的标准差。

7.3.3　抽样误差与抽样平均误差

1. 抽样误差的概念

在说明抽样误差之前先介绍一下统计中的误差。统计工作中，尽管采取各种管理和技术措施，努力防止产生差错，但误差是无法避免的。统计误差是指在统计工作所取得的各项数值与其反映的实际情况之间发生的偏差。统计误差产生有多方面的原因。

登记误差又被称为调查误差或工作误差，是指在调查过程中，由于各种主观或客观的原因而引起的误差。例如，在调查过程中使用的测量、计量工具不合格、测量、计量方法不正确或者由于调查方案不科学，收集的信息不明晰、信息分类不合理、不科学而使得被调查者无法提供准确的信息以及在信息登记、录入、分类整理和计算上发生的差错等都会引起统计误差。这种登记误差不论是在抽样调查还是在其他形式的调查中都有可能产生。

在统计推断中，不仅有登记性误差也有代表性误差，代表性误差包括系统性误差和偶然性误差。代表性误差是指在抽样调查中，随机抽取的样本与总体情况有较大的差异，不足以代表总体的状况而产生的误差。代表性误差按产生原因可以分为两类：

一是由于违反了抽样调查的随机原则而造成的系统性误差。例如，调查者为了某种目的而有意识地选择较好或较差的单位做样本。通过严格的管理和控制，这种误差是可以避免的。例如，检验评价产品质量不能选用企业送来的产品做样本，在市场上购买时，购买的时间、地点要保密，购买的样品要严格保管。

二是指虽然在选取样本单位时遵循了随机原则，但仍然抽到了与总体情况有较大差异的样本而产生的随机性误差。随机性误差在抽样推断中是不可避免的，是偶然的代表性误差。

抽样误差是指由于按随机性原则抽选样本单位，而使样本统计量（样本均值或样本成数）与被估计的总体参数（总体均值或总体成数)之间的差异，一般用绝对数表示。具体来说：

均值的抽样误差：　　$|\overline{x} - \mu|$

成数的抽样误差：　　$|p - \pi|$

抽样误差不包括登记误差和系统性误差，是抽样调查所固有的、不可避免的误差。抽样误差主要包括样本均值与总体均值之间的离差、样本成数与总体成数之间的离差等。

抽样误差虽然无法避免，但可以通过完善抽样调查的组织形式和抽样方法、增加样本容量等措施，按一定的概率保证程度将误差控制在设定水平之内。因此抽样误差也可以称为可控制的误差。

2. 抽样平均误差

在推断统计中，研究和计算某一次的抽样误差是不可能的，也是没有意义的。由于总体的参数是未知的，因此每个样本的抽样误差是无法计算的。同时，由于抽样推断中，每次按照随机原则抽取的样本都是独立的，任意两次抽样的误差是无关的，因此研究某一次的抽样误差也是没有意义的。研究在一定样本容量下，按一定的抽样组织形式和方法随机抽样所抽取样本产生误差的一般水平对于抽样推断是十分必要的。

抽样平均误差是在样本容量不变的情况下，采用一定的抽样组织和抽样方法，从一个总体中可以抽取的所有样本的样本统计量与总体相应参数之间误差的一般水平。抽样平均误差的大小等于在一定样本容量、抽样组织形式和抽样方法不变情况下所有可能抽取的样本的样本平均数或样本成数的标准差。简单地说，抽样平均误差就是在抽样组织形式和抽样方法、样本容量一定的情况下，所有可能抽到的样本的样本均值或样本成数的标准差。因此，对于样本均值的抽样平均误差，用符号 $\sigma_{\bar{x}}$ 表示，对于样本成数的抽样平均误差，用符号 σ_p 表示。

抽样平均误差反映了所有样本的样本平均数或样本成数分布的离散程度，也反映了样本统计量与相应总体参数的差异程度，即样本平均数与总体平均数的差异程度、样本成数与总体成数的差异程度，也从整体上反映了用样本统计量推断总体相应参数的精确程度。

3. 抽样平均误差的估计方法

抽样平均误差就是作为随机变量的样本均值或样本成数的标准差，其计算不可能采用例 7-1 那样的方法：先找出所有的样本，然后计算所有的样本均值或样本成数，最后计算出样本均值或样本成数的标准差。对于作为随机变量的样本均值的标准差的计算方法可以用下式反映出来。

$$\sigma_{\bar{x}} = \sqrt{\frac{\sum_{i=1}^{M}\left(\bar{x}_i - \bar{\bar{x}}\right)^2}{M}}$$

式中，M 是指一定样本容量和抽样方法下的样本数量，由于式中 $\bar{\bar{x}} = \frac{\sum_{i=1}^{M}\bar{x}_i}{M} = \mu$，将 $\bar{\bar{x}} = \mu$ 代入上式，可得：

$$\sigma_{\bar{x}} = \sqrt{\frac{\sum_{i=1}^{M}\left(\bar{x}_i - \mu\right)^2}{M}}$$

对于作为随机变量的样本成数的标准差的计算方法与随机变量的样本均值的标准差的计算方法是一样的。这就是例 7-1 所使用的方法，这种方法不仅告诉我们作为变量的样本均值的标准差为什么可以称为抽样平均误差，也告诉我们计算和简化抽样平均误差计算的理论出发点，依此出发点，数学家经过必要的推导得到了计算抽样平均误差（即抽样分布的标准差）的简便公式。

（1）采用简单随机抽样组织形式和重复抽样方法，抽样平均误差的估计。

在采用简单随机抽样组织形式和重复抽样方法情况下，样本均值和样本成数的抽样平均误差的计算公式分别为：

作为随机变量的样本均值的标准差（样本均值的抽样平均误差）的计算公式：

$$\sigma_{\bar{x}}=\frac{\sigma}{\sqrt{n}}$$

作为随机变量的样本成数的标准差（样本成数的抽样平均误差）的计算公式：

$$\sigma_p=\sqrt{\frac{\pi(1-\pi)}{n}}$$

运用公式计算抽样平均误差需要总体的标准差 σ 或总体成数 π，而在推断统计中，总体的标准差 σ 或总体成数 π 是未知的。因此，在实际运用上述公式时，总体的标准差 σ 或总体成数 π 有两种解决办法。一是总体的标准差 σ 可以用样本的标准差 s 来估计，总体成数 π 可以用样本的成数 p 来估计。二是根据过去记录和经验。对于总体标准差可以用过去曾经调查得到的总体的标准差 σ 中最大的那个标准差作为总体标准差的估计值；对于总体成数不是用最大的 p 值来估计 π，而是用过去调查资料中使 $p(1-p)$ 最大的 p 值来估计总体成数 π。

例 7-2 某企业从一批产品中采用简单随机抽出 25 件产品称量其重量，这 25 件产品的平均重量为 103 克，标准差为 2 克，试计算产品重量的抽样平均误差。

解： $\sigma_{\bar{x}}=\frac{\sigma}{\sqrt{n}}=\frac{2}{\sqrt{25}}=0.4(\text{克})$

例 7-3 某调查咨询公司受托调查一条广告的效果，该公司随机选取 2000 名被调查者进行调查，有 538 名被调查者表示对这条广告有印象，有 279 名调查者认为广告富有创意。试计算：

① 看到这条广告的人数比重的抽样平均误差；

② 认为广告有创意的人数比重的抽样平均误差；

解： ① 因为调查的 2000 人中有 538 人对广告有印象，因此，$p=\frac{n_1}{n}=\frac{538}{2000}=0.269$，

所以看到这条广告的人数比重的抽样平均误差为：

$$\sigma_p=\sqrt{\frac{p(1-p)}{n}}=\sqrt{\frac{0.269\times(1-0.269)}{2000}}=0.009916$$

② 因为 538 人中有 279 名调查者认为广告富有创意，因此，$p=\frac{n_1}{n}=\frac{279}{538}=0.519$，所以认为广告有创意的人数比重的抽样平均误差为：

$$\sigma_p=\sqrt{\frac{p(1-p)}{n}}=\sqrt{\frac{0.519\times(1-0.519)}{538}}=0.021541$$

（2）采用简单随机抽样组织形式和不重复抽样方法，抽样平均误差的估计。

在简单随机抽样组织形式下，采用不重复抽样方法从有限总体中抽样情况下，样本均值和样本成数的抽样平均误差的计算公式分别为：

作为随机变量的样本均值的标准差（样本均值的抽样平均误差）的计算公式：

$$\sigma_{\bar{x}}=\frac{\sigma}{\sqrt{n}}\sqrt{\frac{N-n}{N-1}}$$

作为随机变量的样本成数的标准差（样本成数的抽样平均误差）的计算公式：

$$\sigma_p=\sqrt{\frac{\pi(1-\pi)}{n}\left(\frac{N-n}{N-1}\right)}$$

可以看出，不重复抽样条件下抽样平均误差的计算公式与重复抽样条件下的计算公式相比，都分别乘以有限总体修正系数$\sqrt{\frac{N-n}{N-1}}$。

由于样本容量n总是大于等于1的，所以，$N-n\leqslant N-1$，有限修正系数$\sqrt{\frac{N-n}{N-1}}$总是小于等于1，因此不重复抽样的抽样平均误差总是小于重复抽样的抽样平均误差。

当总体单位数N较大时，$\sqrt{\frac{N-n}{N-1}}\approx\sqrt{\frac{N-n}{N}}=\sqrt{1-\frac{n}{N}}$，此时，$\sigma_{\bar{x}}=\frac{\sigma}{\sqrt{n}}\sqrt{1-\frac{n}{N}}$，$\sigma_p=\sqrt{\frac{\pi(1-\pi)}{n}\left(1-\frac{n}{N}\right)}$。其中$\frac{n}{N}$常被称为抽样比。

当$\frac{n}{N}\leqslant 0.05$时，有限总体修正系数$\sqrt{\frac{N-n}{N-1}}$约等于1。因此，当对有限总体，抽取的样本容量不超过总体单位数5%时，可以不乘以修正系数$\sqrt{\frac{N-n}{N-1}}$，而直接使用重复抽样的公式计算抽样平均误差。

例 7-4 某企业在拟出口的5000件电子产品中，随机抽取36件检验其平均使用寿命，检测发现这36件产品的平均使用寿命为6000小时，样本标准差为300小时，36件产品中有两件不合格，试计算样本均值和样本成数的抽样平均误差。

解：样本均值的抽样平均误差为：

$$\sigma_{\bar{x}}=\frac{\sigma}{\sqrt{n}}\sqrt{1-\frac{n}{N}}=\frac{300}{\sqrt{36}}\sqrt{1-\frac{36}{5000}}=49.81967(\text{小时})$$

由于不合格率$p=\frac{n_1}{n}=\frac{2}{36}$=0.056，因此样本成数的抽样平均误差为：

$$\sigma_p=\sqrt{\frac{\pi(1-\pi)}{n}\left(1-\frac{n}{N}\right)}=\sqrt{\frac{0.056\times(1-0.056)}{36}\left(1-\frac{36}{5000}\right)}=0.038182$$

例 7-5 按不重复随机抽样方法从一批进口产品中抽选49件产品进行检验，检测产品数量占这批产品总量的1/20，检测发现不合格的产品有4件。试计算关于不合格率的抽样平均误差。

解：由于 49 件产品中，有 4 件不合格，所以：

$$p=\frac{n_1}{n}=\frac{4}{49}=0.082$$

因此，不合格率的抽样平均误差为：

$$\sigma_p=\sqrt{\frac{0.082\times(1-0.082)}{49}\left(1-\frac{1}{20}\right)}=0.0382$$

（3）影响抽样平均误差大小的因素。

影响抽样平均误差大小的因素是多方面的，可分为可控的因素和不可控的因素。

可控的影响因素是指在抽样时，我们可以改变和改进，抽样组织形式与方法等抽样调查方案，进而可以缩小抽样平均误差的因素，这些因素主要有以下三个：

第一，样本容量的大小。样本容量是指一个样本应包括的样本单位数量（n）。在其他条件相同的情况下，样本容量 n 越大，抽样平均误差就越小，反之，抽样平均误差就越大。

第二，抽样方法。抽样方法包括重复抽样和不重复抽样两种。在其他条件相同情况下，重复抽样比不重复抽样的抽样平均误差要大些。

第三，抽样调查的组织形式。抽样调查的组织形式包括简单随机抽样、分层抽样、系统抽样和整群抽样。分层抽样和按有关标志大小排序下的系统抽样组织形式的抽样平均误差较小，无关标志排队的系统抽样的抽样平均误差与简单随机抽样的抽样平均误差理论上应该是相等的。

不可控的因素主要是抽样时，无法采取措施减少抽样平均误差的因素，这个因素主要是总体内各个单位标志值的差异程度。在其他情况都相同条件下，总体的方差越大，抽样平均误差就越大，总体的方差越小，抽样平均误差就越小。

本章习题

7-1　分别说明简单随机抽样、机械抽样、分层抽样、整群抽样这四种抽样组织形式的实际工作过程，并说明它们分别各有哪些优点？

7-2　从包含 6 个个体（编号分别为 A、B、C、D、E、F）的总体中采用简单随机抽样组织形式从中抽取样本容量为 2 的样本。若规定不考虑个体出现顺序差异，例如，由第一次抽到个体 A、第二次抽到个体 B 组成的样本 AB 与先抽到 B 再抽到 A 组成的样本 BA 是两个相同的样本。请回答下列 3 个问题：

（1）按照重复抽样方法最多可以抽取多少个互不相同的样本？请说出这些互不相同的样本分别是什么？

（2）按照不重复抽样方法最多可以抽取多少个互不相同的样本？请说出这些互不相同的样本分别是什么？

（3）结合上面两个问题说明什么是重复抽样？什么是不重复抽样？

7-3　从包含 6 个个体（编号分别为 A、B、C、D、E、F）的总体中采用简单随机抽样组织形式从中抽取样本容量为 2 的样本。若规定个体出现顺序不同就是互不相同的样本。例如，由第一次抽到个体 A、第二次抽到个体 B 组成的样本 AB 与先抽到 B 再抽到 A 组成的样本 BA 是两个互不相同的样本。请回答下列 3 个问题：

（1）按照重复抽样方法最多可以抽取多少个互不相同的样本？请说出这些互不相同的样本分别是什么？

（2）按照不重复抽样方法最多可以抽取多少个互不相同的样本？请说出这些互不相同的样本分别是什么？

（3）结合上面的两个问题，举例说明什么是重复抽样？什么是不重复抽样？

7-4 从由六个个体 A、B、C、D、E、F 组成的总体中随机选取两个个体做样本，这六个总体单位的特征的值分别为 8、6、6、2、8、10。试计算并按要求回答下列问题：

（1）采用重复抽样方法，在考虑抽到先后顺序情况下最多可以抽出多少个互不相同的样本？每个样本具体包括哪些个体，观察并回答每个个体在所有可能出现的样本中被抽到的机会是否相等？每个个体被抽中的机会是多少？每个样本被抽中的概率是多少？

（2）计算每个样本的均值和方差；

（3）计算并说明所有样本的样本均值的平均数与总体均值是否相同；

（4）计算并说明所有样本的样本方差的平均数与总体方差是否相同；

（5）计算所有样本的样本均值的标准差和总体的标准差，说明所有样本的样本均值的标准差与总体的标准差是否相同；

（6）在同一坐标轴上做所有样本的样本均值和 6 个总体单位特征值的点状分布图，比较说明样本均值的分布与总体的分布有何差异。

7-5 某单位招收 400 名新职工，经过对生产业务和安全生产知识的培训后，为检查培训的效果，直接从中随机抽取 40 名职工进行考核，这 40 名职工的考核成绩如下。

68、89、88、84、86、87、75、73、72、68、75、80、99、58、81、90、79、76、95、76、71、60、91、65、76、72、76、85、89、92、64、57、83、81、78、77、72、61、70、87。

请计算：

（1）若采用重复抽样方法抽样，平均考核成绩的抽样平均误差是多少？；

（2）若采用不重复抽样方法抽样，平均考核成绩的抽样平均误差是多少？

7-6 采用简单随机抽样从某高校的学生中抽取 36 名学生，发现视力存在某种缺陷的学生有 18 人，试计算样本成数的抽样平均误差是多少？

7-7 从一批产品中随机抽取 30 件检验其质量，发现合格的只有 25 件。计算样本成数的抽样平均误差。

7-8 某学校 2009 届毕业生的身高测试结果如表 7-5 所示。

表 7-5 毕业生分性别的身高测试结果

性别	*N*	均值	标准差	最小值	下四分位数	中位数	上四分位数	最大值
男	2971	172.68	5.47	156.00	169.00	173.00	176.00	192.00
女	1209	160.19	4.94	145.00	156.00	160.00	164.00	178.00

（1）根据资料，若抽样调查学生的平均身高，为提高抽样的代表性，选择哪一种抽样组织形式可以缩小抽样平均误差？

（2）若将这 4180 名学生看做是全国在校大学生身高的样本，这是什么抽样组织形式？

（3）根据这个样本来估计全国 2009 届毕业生的身高，抽样平均误差是多少？

（4）根据这个样本来估计全国 2009 届毕业生中女毕业生的比重，可能存在什么问题？抽样平均误差是多少？

第 8 章　区间估计与假设检验

学习要点

- 理解与区间估计相关的置信区间、置信水平等基本概念；
- 理解抽样分布是区间估计的基础；
- 在采用简单随机抽样组织形式和重复抽样条件下，根据抽样分布和设定的置信水平估计总体参数的置信区间；
- 在采用简单随机抽样组织形式和重复抽样条件下，根据抽样分布和设定的误差水平，估计总体参数在根据误差水平设定的置信区间内的概率；
- 计算在简单随机抽样组织形式下，满足总体参数估计精确度和把握程度要求所要求的最少样本容量；
- 了解假设检验的基本原理和步骤，假设检验的类型及原假设的特点，不同类型假设检验的决策标准。

导读案例

蛇年春晚收视率结果出炉：央视下跌，江苏卫视夺魁

春节期间央视与地方卫视的“春晚收视率成绩单”近日公布，央视春晚在央视一套的收视率较之 2012 年有较大下滑，江苏卫视则成为地方卫视春晚的收视王者。

央视春晚收视率跌 6 个点。据央视索福瑞 CSM45 快速监测数据显示，2013 年央视一套春晚的收视率为 11.362%，在与地方卫视春晚的角逐中，依然以绝对优势占据霸主地位。

但抛开与地方卫视的竞争，央视自身进行横向比较的话，数据就不那么好看了。央视春晚 2011 年收视率为 18.344%，2012 年收视率为 17.37%，和 2012 年相比，2013 年春晚在央视一套的收视率下降了近 6 个点，和 2011 年比差距更大。尽管这三年的数据，在调查的城市数量上有微小差别，但对最终数据的比较并不构成较大的影响。分析人士认为，央视春晚的收视率下跌，其中一方面原因在于不少观众已经接受并习惯通过网络收看春晚。

据索福瑞 CSM45 调查数据显示，江苏卫视春晚的收视率为 3.982%，成为卫视春晚收视的冠军。辽宁卫视的春晚收视率为 2.848%，排在第二；湖南卫视的小年夜晚会以 2.801%的收视率排在第三，有乌叔、林志玲助阵的东方卫视春晚，收视也非常不俗，以

1.96%的收视率排在第四。

央视春晚官微发新数据。2月17日，央视春晚官方微博公布了一组官方数据，除夕当天全国达7.5亿观众收看了《2013央视春节联欢晚会》，共有194家频道（央视4个频道、卫视22家、地面频道168个）参与播出（其中各卫视及地面频道的并机直播均为自主行为），并机总收视份额高达70.88%，比去年提升1.01个百分点。总收视率达31.17%，与去年基本持平。

资料来源：http://culture.people.com.cn/n/2013/0218/c22219-20513244.html

【案例分析】

抽样推断只调查一少部分个体就可以达到了解总体的目的，具有高效率、低成本的优势，是重要的统计分析方法。由于我国电视观众数量巨大，了解电视节目的收视率只能采用抽样推断的方式。案例中的数据是收视率的点估计值。与区间估计相比，点估计具有明确易懂的特点，但无法给出估计的可靠程度。本章主要介绍总体均值或总体成数的区间估计方法与假设检验问题。

数理统计学已经证明：无论总体服从什么分布，已知总体的均值为μ，标准差为σ，采用简单抽样组织形式，只要样本容量n大于30，采用重复抽样方法选取样本时，样本均值

$$\bar{x} \sim N\left(\mu, \frac{\sigma}{\sqrt{n}}\right)$$

采用不重复抽样方法选取样本时，样本均值

$$\bar{x} \sim N\left(\mu, \sqrt{\frac{\sigma^2}{n}\left(\frac{N-n}{N-1}\right)}\right)$$

当np和n（$1-p$）都大于5时，采用重复抽样方法选取样本时，样本成数

$$p \sim N\left(\pi, \sqrt{\frac{\pi(1-\pi)}{n}}\right)$$

采用不重复抽样方法选取样本时，样本成数

$$p \sim N\left(\pi, \sqrt{\frac{\pi(1-\pi)}{n}\left(\frac{N-n}{N-1}\right)}\right)$$

8.1 点估计与区间估计

抽样调查要解决的问题是如何从总体中随机抽取样本，如何计算样本指标以及作为样本指标的随机变量的分布参数。

样本指标是根据随机样本调查结果计算出来的反映样本总体某一方面数量特征的统计指标。抽样调查中得到的样本指标主要包括样本均值及方差、样本成数及成数方差。

总体指标的含义和计算方法是确定的，总体的范围也是确定的，各个总体单位的特征是一定的，所以，总体指标是一个确定的值。总体指标又称为总体参数。在推断统计中，

总体参数是未知的。

对总体未知参数估计的结果有两种形式：一种是点估计；另一种是区间估计。

8.1.1 点估计

点估计，也称为定值估计。点估计就是直接用抽到的随机样本指标的已知数值作为相应未知总体参数的估计值。统计上，对用来作为总体参数点估计值的样本指标有三个要求：无偏性、有效性和一致性。这三个要求是评判统计量是否优良的标准。

（1）无偏性。虽然每个可能样本的抽样指标不一定等于未知的总体指标，但要求抽样指标的平均数应充分接近总体指标，这就是说，用样本指标来估计总体指标，平均说来是没有偏误的。

（2）有效性。虽然每个可能的样本的样本指标和未知的总体指标会有离差，但要求作为随机变量的样本指标的标准差较小。

（3）一致性。虽然随机抽选的样本的样本指标和未知总体指标存在一定误差，但要求样本指标随着样本容量的增大，样本指标与总体指标的差异程度逐渐缩小，也就是说，随着样本的单位数n的无限增大，抽样指标和未知的总体指标之间的绝对离差为任意小。

本书中样本指标的计算方法已经考虑优良估计的标准。例如，样本的方差的计算公式并没有直接像计算总体方差公式那样用样本容量做分母，而是用 n-1 做分母，这样就可以保证点估计值的有效性。总体指标的点估计值与样本指标值的对应关系如表 8-1 所示。

表 8-1 总体指标的点估计值与样本指标值的对应关系一览表

		已知的样本指标	未知总体参数的点估计值
变量总体	均值	$\bar{x}=\frac{\sum x}{n}$	$\mu=\bar{x}$
	标准差	$s=\sqrt{\frac{\sum(x-\bar{x})^2}{n-1}}$	$\sigma=s$（重复抽样时） $\sigma=\sqrt{\frac{N-1}{N}s^2}$（不重复抽样时）
属性总体	成数	$p=\frac{n_1}{n}$	$\pi=p$
	标准差	$\sqrt{p(1-p)}$	$\sqrt{\pi(1-\pi)}=\sqrt{p(1-p)}$

点估计具有方法简单，结果明确，便于操作的优点，但点估计不能说明估计结果的准确性，也无法说明估计结果的可靠性。统计上对总体参数的估计更常用的是区间估计，区间估计给出了总体参数可能出现的范围及总体参数出现在指定范围内的概率。

8.1.2 区间估计

点估计值是构成总体参数区间估计的基础，根据估计的总体参数不同，区间估计分为总体均值的区间估计与比例的区间估计。

简单地说，区间估计就是以一定的概率保证程度估计总体参数出现的区间范围。区间估计是根据样本统计量及其抽样分布，估计总体均值和成数出现在以均值（成数）为中心，以允许误差为半径的邻域之内的概率大小的估计形式。总体均值和总体成数的估计上限为 $\bar{x}+E_x$ 或 $\bar{p}+E_p$，估计下限为 $\bar{x}-E_x$ 或 $\bar{p}-E_p$。区间 $[\bar{x}-E_x, \bar{x}+E_x]$ 称为置信区间。区间估计的可靠程度即置信度，一般用 1-α 表示。区间估计就是根据样本指标确定置信区间和置信度。

1. 区间估计的基本概念——区间估计允许的极限误差和估计的可靠程度

在样本容量、抽样方法等其他情况都相同的情况下，估计区间的大小与估计的可靠程度高低是有密切联系的。缩小估计区间，会使估计的结果看起来更精确，但这会降低估计的概率保证程度 1-α，提高估计的概率保证程度 1-α，必然会使允许的误差 E 增大。概率保证程度就是估计的可靠程度。因此，区间估计时，既要估计总体参数所处的区间，又要给出总体参数处于给定区间内的概率，两者缺一不可。在区间估计中，缺少估计区间或者估计的概率保证程度 1-α 的估计是不完整的估计，是没有任何意义的。

允许的极限误差就是数据使用者能够容忍的最大误差，或者说是以一定把握程度估计总体参数所处区间时，不得不接受的最大误差。允许极限误差通常用大写字母 E 表示。

区间估计的概率保证程度即置信度（1-α）也称为估计的可靠程度，是用来说明在给定的上、下限范围之内包含总体参数值的可能性大小的概率。其中的 α 反映的是总体参数出现在估计区间之外的概率。

区间估计的概率保证程度可以事先规定，也可以根据允许的极限误差或估计区间来计算。

区间估计有两种问题：一是根据设定的概率保证程度计算总体参数可能出现的区间；二是根据设定的极限误差计算总体参数出现在以点估计值为中心，以设定的极限误差为半径的邻域内的概率，即估计的可靠程度。

2. 根据设定的把握程度计算总体参数可能出现的区间

样本均值区间估计的基础是样本均值的抽样分布。根据中心极限定理，当样本容量 n 大于等于 30 时，无论总体服从什么分布，样本均值都服从以总体均值 μ 为中心，以 $\frac{\sigma}{\sqrt{n}}$（对有限总体采用不重复抽样时，抽样分布的标准差为 $\frac{\sigma}{\sqrt{n}}\sqrt{\frac{N-n}{N-1}}$）为标准差的正态分布，即：$\bar{x}\sim N\left(\mu,\frac{\sigma}{\sqrt{n}}\right)$。

当 np 和 n（1-p）都大于 5 时，采用重复抽样方法选取样本时，样本成数

$$p\sim N\left(\pi,\sqrt{\frac{\pi(1-\pi)}{n}}\right)$$

采用不重复抽样方法选取样本时，样本成数

$$p\sim N\left(\pi,\sqrt{\frac{\pi(1-\pi)}{n}\left(\frac{N-n}{N-1}\right)}\right)$$

根据设定的把握程度计算总体参数可能出现的区间的步骤是：先计算抽样平均误差，即作为随机变量的样本均值或样本成数的标准差，然后根据显著性水平 α 的值查表获取正态分布或 t 分布的双尾临界值，再计算允许误差 E，最后计算区间估计的上、下限。

例 8-1 某企业为了对一批电子元件的平均使用寿命进行估计，从中随机抽取 100 只，测得这 100 只产品组成的样本的平均寿命 $\bar{x}=1000$ 小时，根据以往经验，总体的标准差 $\sigma=50$ 小时。试分别以 95%和 99%的概率保证程度估计这批产品平均寿命的区间。

解：产品寿命的抽样平均误差为：$\sigma_{\bar{x}}=\dfrac{\sigma}{\sqrt{n}}=\dfrac{50}{\sqrt{100}}=5(\text{小时})$

在已知总体方差的情况下，采用重复抽样方法，总体均值出现在以 $\bar{x}-Z_{1-\alpha/2}\dfrac{\sigma}{\sqrt{n}}$ 为下限，以 $\bar{x}-Z_{1-\alpha/2}\dfrac{\sigma}{\sqrt{n}}$ 为上限区间范围内的概率为 $1-\alpha$。其中 $Z_{1-\alpha/2}$ 是标准正态分布概率表中的一个值，表示标准正态分布总体中小于 $Z_{1-\alpha/2}$ 的概率为 $1-\dfrac{\alpha}{2}$。

由于要求以 95%的概率保证程度估计，即 $1-\alpha=0.95$，$\alpha=0.05$，查表可得 $Z_{1-0.05/2}=1.96$。如图 8-1 所示。

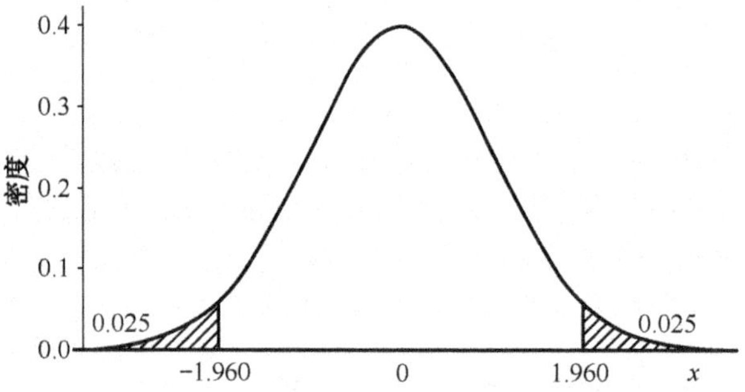

图 8-1 标准正态分布的双尾临界值示意图（α=0.05）

因此，允许的极限误差 E 为：

$$E=Z_{1-\alpha/2}\sigma_{\bar{x}}=1.96\times5=9.8\ (\text{小时})$$

据此计算，以 95%的概率保证程度估计，全部产品的平均寿命的上、下限分别为：

$$\bar{x}+E=1000+9.8=1009.8\ (\text{小时})$$

$$\bar{x}-E=1000-9.8=990.2\ (\text{小时})$$

因此可以说，以 95%的概率保证程度估计该批产品的平均耐用时间在 990.2~1009.8 小时之间。

如果以 99%的概率保证程度估计，则 $Z_{1-0.01/2}=2.576$，允许误差 E 为：

$$E=Z_{1-\alpha/2}\sigma_{\bar{x}}=2.576\times5=12.88\ (\text{小时})$$

以 99%的概率保证程度估计，全部产品的平均寿命的上、下限分别为：

$$\bar{x}+E=1000+12.88=1012.88\ (\text{小时})$$

$$\bar{x}-E=1000-12.88=987.12\ (\text{小时})$$

因此可以说，以 99%的概率保证程度估计该批产品的平均耐用时间在 987.12~1012.88 小时之间。

可见，对同一个问题的估计，由于估计的把握程度要求不同，即使掌握的数据相同，估计的范围也有差异。

本例题使用 Excel 以 95%的把握程度估计平均耐用时间：

下限“=NORMINV((1−0.95)/2,1000,50/SQRT(100))”，返回结果为 990.2001801；

上限“=NORMINV((1+0.95)/2,1000,50/SQRT(100))”，返回结果为 1009.79982。

以 99%的把握程度估计平均耐用时间：

下限“=NORMINV((1−0.99)/2,1000,50/SQRT(100))”，返回结果为 987.1208535；

上限“=NORMINV((1+0.99)/2,1000,50/SQRT(100))”，返回结果为 1012.879147。

例 8-2 某企业为了判断生产的产品使用寿命是否合格，从中随机抽取 100 只进行检测，发现产品的合格率为 94%。试以 95%的概率保证程度估计这批产品的合格率的区间。

解：样本成数方差为：$p(1-p)=94\%\times(1\text{-}94\%)=0.0564$

$$\sigma_p=\sqrt{\frac{p(1-p)}{n}}=\sqrt{\frac{0.0564}{100}}=2.38\%$$

由于 np=94，n（1−p）=6，所以，$p\sim N\left(\pi,\sqrt{\dfrac{\pi(1-\pi)}{n}}\right)$；

由于要求以 95%的概率保证程度估计，即 1−α=0.95，α=0.05，查表可得 $Z_{1-0.05/2}=1.96$。

允许的误差为：

$$E=Z_{1-\alpha/2}\sigma_p=1.96\times2.38\%=4.66\%$$

以 95%的概率保证程度估计该批产品的合格率的上、下限分别为：

$$p+E=94\%+4.66\%=98.66\%$$

$$p-E=94\%-4.66\%=89.34\%$$

因此，以 95%的概率保证程度估计这批产品的合格率在 89.34%~98.66%之间。

本例题使用 Excel 以 95%的概率保证程度估计该批产品的合格率的格式为：

下限“=NORMINV((1−0.95)/2,0.94,SQRT(0.94*（1−0.94）/100))”，返回结果为 0.893453434；

上限“=NORMINV((1+0.95)/2, 0.94,SQRT(0.94*（1−0.94）/100))”，返回结果为 0.986546566。

例 8-3 某企业从一批产品中随机抽取 30 件产品测量其长度，具体数据如表 8-2 所示。试分别以 90%、95%、99%的把握程度估计这批产品平均长度的置信区间。

表 8-2 30 件产品长度

（单位：mm）

430.03	430.03	430.08	430.08	430.06	429.92	430.00	429.99	430.05	430.02
430.01	430.05	429.94	429.97	430.02	429.97	430.04	430.00	429.94	430.01
430.03	429.93	430.01	430.07	430.09	429.91	430.00	430.00	429.99	429.97

解：首先需要计算样本的均值和样本的标准差。

样本均值为：

$$\bar{x}=\frac{\sum x}{n}=\frac{12900.21}{30}\approx 430.007(\text{mm})$$

样本标准差为：

$$s=\sqrt{\frac{\sum(x-\bar{x})^2}{n-1}}=\sqrt{\frac{0.06783}{29}}\approx 0.0484$$

在总体标准差未知情况下，可用样本标准差 s 代替公式中的总体标准差。总体均值出现在以 $\bar{x}-t_{1-\alpha/2}\frac{s}{\sqrt{n}}$ 为下限、以 $\bar{x}+t_{1-\alpha/2}\frac{s}{\sqrt{n}}$ 为上限区间范围内的概率为 $1-\alpha$ 。其中是根据 α 确定的临界值，使得服从 t 分布的随机变量出现在[$t_{\alpha/2}$, $t_{1-\alpha/2}$]的概率为 1−α。$t_{1+\alpha/2}$ 是 t 分布双尾右侧临界值（正数），如图 8-2 所示。

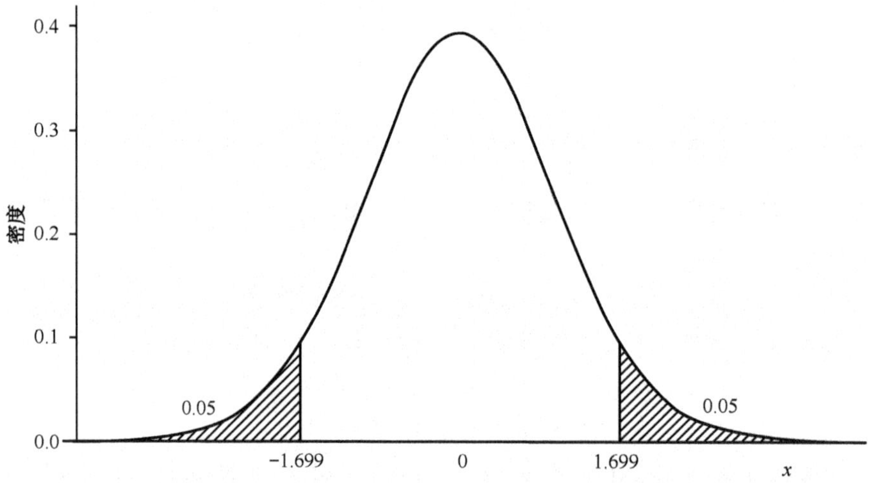

图 8-2　t 分布（df=29）α=0.1 的双尾临界值示意图

以 90%的把握程度估计时，$\alpha=10\%$，在 Excel（2010 版）中使用函数“=TINV.2T（0.1，29）”可得自由度为 29，α 等于 0.1 的双尾 t 分布临界值 $t_{1-0.1/2}(29)=1.699$，t 分布的双尾临界值也可以查表获得。因此：

以 90%的把握程度估计的极限误差为：

$$E=t_{1-\alpha/2}\frac{s}{\sqrt{n}}=1.699\times\frac{0.0484}{\sqrt{30}}\approx 0.015$$

以 90%的把握程度估计，零件平均长度的下限为：

$$\bar{x}-E=430.007-0.015=429.992$$

以 90%的把握程度估计，零件平均长度的上限为：

$$\bar{x}+E=430.007+0.015=430.022$$

同样地，以 95%和 99%的把握程度估计时，显著性水平 α 分别为 0.05 和 0.01，查表或使用 Excel 可得相应的 t 分布的临界值分别为 $t_{1-0.05/2}(29)=2.045$ 、 $t_{1-0.01/2}(29)=2.756$ 。其允许误差、估计的上下限如表 8-3 所示

表 8-3 不同把握程度的估计区间对照表

估计的把握程度	90%（1−α=90%）	95%（1−α=95%）	99%（1−α=99%）
$t_{1-\alpha/2}(29)$	1.699	2.045	2.756
估计允许误差	0.015	0.0181	0.0244
估计上限	430.022	430.0251	430.0314
估计下限	429.992	429.9889	429.9826
估计区间长度	0.03	0.0362	0.0488

可见，对同一个问题的估计范围是有差异的，估计的把握程度（1−α）越大，估计的区间长度（范围）也越大。

本例使用 Minitab 进行区间估计的步骤。将 30 件产品的数据录入到 Minitab 一个工作表的 C1 列，并将 C1 列命名为“长度”。然后，单击“统计”下拉菜单，在弹出的菜单中选择“基本统计量”→“图形化汇总”选项，如图 8-3 所示。

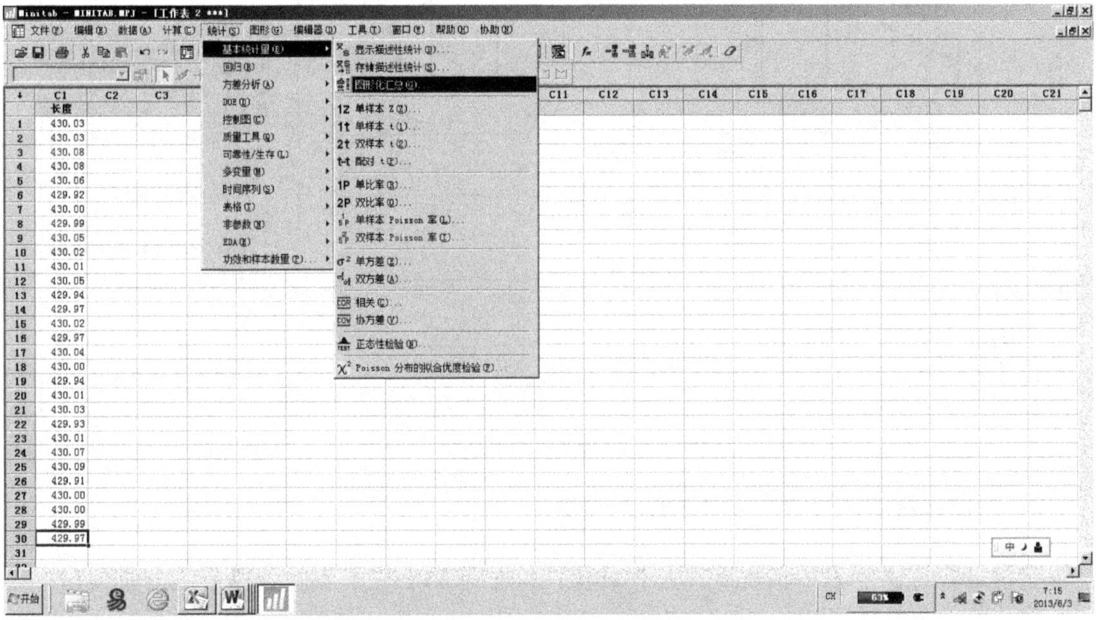

图 8-3 将数据录入到 Minitab 并选择“图形化汇总”菜单

在“图形化汇总”对话框中选择分析变量“长度”，输入置信水平“0.90”，如图 8-4 所示，单击“确定”按钮，计算机输出的结果如图 8-5 所示。

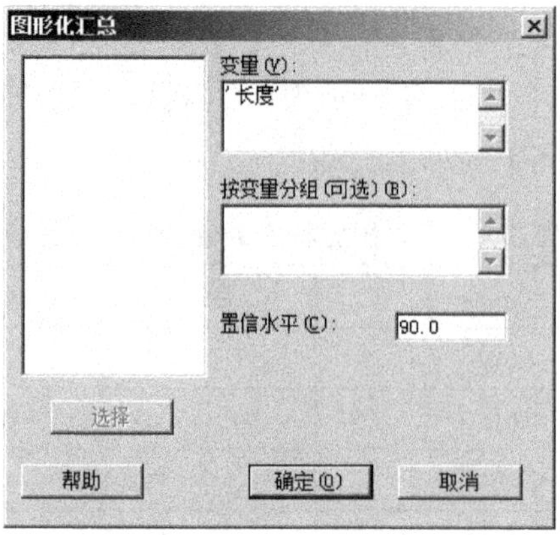

图 8-4 “图形化汇总”对话框

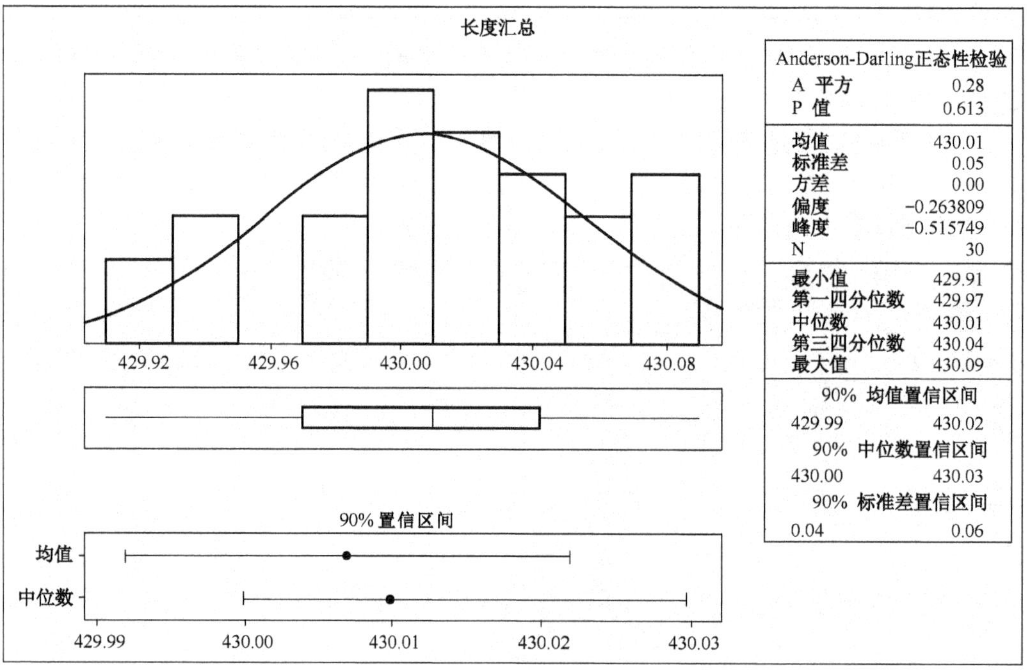

图 8-5 Minitab 输出的结果

3. 根据设定的误差计算估计的把握程度

在设定允许误差 E 的情况下，总体均值区间估计的上、下限的计算公式分别为：

总体均值估计的下限： $\bar{x}-E$

总体均值估计的上限： $\bar{x}+E$

估计区间 $(\bar{x}-E,\bar{x}+E)$ 之内包含总体均值，即 $\bar{x}-E<\mu<\bar{x}+E$ 。这意味着：$\mu-E<\bar{x}<\mu+E$ 。

因此，估计区间 $(\bar{x}-E,\bar{x}+E)$ 之内包含总体均值的概率 $P(\bar{x}-E<\mu<\bar{x}+E)$ 也就是样本平均数 $\bar{x}$ 出现在 $\mu-E<\bar{x}<\mu+E$ 之内的概率 $P(\mu-E<\bar{x}<\mu+E)$ 。

同样的道理，总体成数估计区间 $(p-E,p+E)$ 之内包含总体成数的概率

$P(p-E<\mu<p+E)$ 与 p 出现在 $\mu-E<p<\mu+E$ 之内的概率 $P(\pi-E<p<\pi+E)$ 相等。

$P(\mu-E<\overline{x}<\mu+E)$ 和 $P(\pi-E<p<\pi+E)$ 可以分别根据样本均值的抽样分布和样本成数的抽样分布规律确定。

需要说明的是：连续型变量恰好取某一个值的概率为 0。样本平均数或样本成数是一个连续型变量。样本平均数恰好等于 $\mu-E$ 或者 $\mu+E$ 的概率为 0，样本成数恰好等于 $p-E$ 或者 $p+E$ 的概率也为 0。因此：

$$P(\mu-E<\overline{x}<\mu+E)=P(\mu-E\leqslant\overline{x}\leqslant\mu+E)$$

$$P(\pi-E<p<\pi+E)=P(\pi-E\leqslant p\leqslant\pi+E)$$

例 8-4 某企业为了检验一批电子元件是否符合质量要求，从中随机抽取 100 只，测得这 100 只产品的平均寿命 $\overline{x}=1000$ 小时，根据以往经验，总体的标准差 $\sigma=50$ 小时，产品的合格率为 94%。计算并回答下列问题：

（1）以最大允许误差范围 $E_{\overline{x}}=10$ 小时，估计这批产品平均耐用时间的区间及其概率保证程度。

（2）以最大误差不超过 2.45%，估计该批产品合格率的区间及其概率保证程度。

解：（1）由于这批产品样本的平均耐用时间 $\overline{x}=1000$ 小时，最大允许误差范围 $E_{\overline{x}}=10$ 小时，所以产品平均耐用时间的上、下限可以用公式 $\overline{x}\pm E_{\overline{x}}$ 计算，因此：

上限： $\overline{x}+E_{\overline{x}}=1000+10=1010$ 小时

下限： $\overline{x}-E_{\overline{x}}=1000-10=990$ 小时

由于总体的标准差 $\sigma=50$ 小时，样本容量 $n=100$，样本均值抽样分布的标准差为：

$$\sigma_{\overline{x}}=\frac{\sigma}{\sqrt{n}}=\frac{50}{\sqrt{100}}=5(\text{小时})$$

根据正态分布的理论，样本均值小于等于 1010 小时的样本比重为：

$$P(\overline{x}\leqslant 1010)=P(z\leqslant\frac{1010-1000}{5})=P(z\leqslant 2)=0.9772$$

样本均值小于等于 990 小时的样本比重为：

$$P(\overline{x}\leqslant 990)=P(z\leqslant\frac{990-1000}{5})=P(z\leqslant -2)=0.0228$$

因此，在所有可能样本中，均值大于 990 小时且小于等于 1010 小时的样本比重为：

$$P(\overline{x}\leqslant 1010)-P(\overline{x}\leqslant 990)=0.9772-0.0228=0.9544$$

所以，我们有理由相信，这批产品的平均耐用时间在 990～1010 小时之间的概率有 95.44%。

（2）由于样本的合格率为 $p=94\%$，最大允许误差 $E_p=2.45\%$，这批产品合格率的上、下限分别为：

$$p+E_p=94\%+2.45\%=96.45\%$$

$$p-E_p=94\%-2.45\%=91.55\%$$

合格率抽样分布的标准差为：

$$\sigma_p=\sqrt{\frac{p(1-p)}{n}}=\sqrt{\frac{94\%\times(1-94\%)}{100}}=2.37\%$$

所有样本中，合格率小于 96.45%的样本比重为：

$$P(z\leqslant\frac{96.45\%-94\%}{2.37\%})=P(z\leqslant1.03)=0.84849$$

所有样本中，合格率小于 91.55%的样本比重为：

$$P(z\leqslant\frac{91.55\%-94\%}{2.37\%})=P(z\leqslant-1.03)=0.15151$$

$$\begin{aligned}&P(\frac{91.55\%-94\%}{2.37\%}\leqslant z\leqslant\frac{96.45\%-94\%}{2.37\%})\\&=P(-1.03\leqslant z\leqslant1.03)\\&=P(z\leqslant1.03)-P(z\leqslant-1.03)\\&=0.84849-0.15151\\&=0.69698\end{aligned}$$

因此，这批产品的合格率在 91.55%～96.45%之间的概率保证程度为 69.698%。

8.2 简单随机抽样条件下必要样本容量的计算

在实际抽样调查中，确定一个合适的样本容量是必须的。因为样本容量过多，必然会造成人力、财力、物力的增加及不必要的浪费，而样本容量过少，又会导致抽样误差的增大，达不到抽样所要求的准确程度。必要的样本容量是在保证统计推断误差不超过规定的范围条件下最少的样本容量。

影响必要样本容量的因素主要有统计估计允许的最大误差、要求的最低把握程度、总体内各单位的变异程度、抽样方法、抽样组织形式等。

如果统计估计能够容忍的最大误差越小，在其他条件相同的情况下，需要抽取的样本容量的越大。要求最低把握程度越高需要抽取的样本容量也越大。总体内各单位的变异程度越大，需要的样本容量也越大，重复抽样比不重复抽样需要的样本容量较大一些。抽样平均误差较小的抽样组织形式在其他条件都相同的情况下需要的样本容量也较小。

在此以简单随机抽样为条件，介绍必要样本容量的计算问题。

8.2.1 估计总体均值所需要的样本容量的计算

由于在重复抽样或面对无限总体抽样条件下，估计总体均值允许的误差为：

$$E=Z_{1-\alpha/2}\frac{\sigma}{\sqrt{n}}$$

在重复抽样或面对无限总体抽样条件下，样本容量的计算公式为：

$$n=\frac{(Z_{1-\alpha/2})^2\sigma^2}{E^2}$$

由公式可以看出，样本容量与置信水平 $1-\alpha$ 成正比，在其他条件不变的情况下，置信水平 $1-\alpha$ 越大，$Z_{1-\alpha/2}$ 就越大，抽样估计所需的样本容量也就越大；样本容量与总体方差 σ^2 成正比，总体的方差 σ^2 越大，抽样估计所需要的样本容量也就越大；样本容量与允许的极限误差 E 的平方成反比，即可以接受的极限误差 E 的平方越大，所需要的样本容量就越小。

需要说明的是，公式计算出来的样本容量不一定是整数，通常是将样本容量取成较大的整数，也就是小数点后面的数值一律进位成整数，如 36.78 取 37、36.28 也取 37，注意这里不能够四舍五入，这就是样本容量的圆整法则。

例 8-5 据调查，大学毕业生的第一年月收入的标准差大约为 300 元，若要求以 99%的置信水平估计大学毕业生的每月的收入水平，允许误差为 100 元，应随机抽取多少大学毕业生进行调查？

解： 由于要求以 99%的置信水平估计，α=0.01，$Z_{1-0.01/2}=2.576$，所以：

$$n=\frac{(Z_{1-\alpha/2})^2\sigma^2}{E^2}=\frac{2.576^2\times 300^2}{100^2}=59.72198\approx 60$$

8.2.2 估计总体比例时样本容量的确定

由于在重复抽样或面对无限总体抽样条件下，估计总体成数允许的误差为：

$$E=Z_{1-\alpha/2}\sqrt{\frac{\pi(1-\pi)}{n}}$$

所以，在重复抽样或面对无限总体抽样时，所需样本容量的计算公式为：

$$n=\frac{(Z_{1-\alpha/2})^2\pi(1-\pi)}{E^2}$$

应用上述公式，最关键的是如何合理确定 π 的值。π 的值可以用实验调查的方法，在抽样调查之前，先选择一个初始样本，这个样本中具有任何特征的样本单位数都得小于 5，以初始样本的成数作为 π 的估计值。π 的值也可以选用 0.5，此时，$\pi(1-\pi)$ 为最大值。

允许误差 E 一般要小于 0.1，$Z_{1-\alpha/2}$ 的值可以根据规定的置信水平确定。

例 8-6 某地区乙肝病毒在人群中的携带率在 7%～13%之间，如果以 99%的置信水平估计某地区人群中肝炎病毒携带者的比率，要求允许误差不超过 1%，试计算需要多大的样本？

解： 由于要求以 99%的置信水平估计，α=0.01，$Z_{1-0.01/2}=2.576$，由于乙肝病毒在人群中的携带率在 7%～13%之间，为保证估计的精确度，应该选择使 $\pi(1-\pi)$ 最大的 π=13%来计算样本容量。因此，

$$n=\frac{(Z_{1-\alpha/2})^2\pi(1-\pi)}{E^2}=\frac{2.576^2\times 0.13\times(1-0.13)}{0.01^2}=7505.063\approx 7506(\text{人})$$

8.3 假设检验的原理及假设检验的步骤

假设检验是用来判断样本指标与对总体的假定两者之间的差异是由于抽样误差引起还是由于本质差别造成的统计推断方法。

例 8-7 某产品的质量要求不合格率不能超过 3%，现从一批产品中随机抽取 50 件进行检验，发现有 2 件不合格品。试问，这批产品是否符合质量要求。

解：样本的不合格品率已达 4%，显然超过了规定的质量标准，按照一般的习惯性思维，这批产品应判定为不合格。但实际上，这批产品的合格率是否符合要求存在两种可能：一种是这批产品的不合格率超过了规定的 3%，不仅如此，甚至存在这批产品只有 48 件合格品的可能；另一种是这批产品真实的不合格率没有超过 3%，例如，这批产品共有 20000 件，里面有 20 件不合格品，不合格品率为 2‰，远低于规定不超过 3%的上限，但在随机选取 50 件产品进行检验时，这 50 件中恰好包含了 2 件不合格品，这只是由于抽样的偶然性造成抽到的不合格品多了一些，并不是产品的质量不符合要求。

如果这批产品真实的不合格率恰好为 3%，根据二项分布理论，抽取 50 个产品，在产品数量很大时，不合格产品数量的分布应该近似于二项分布。不合格品数量出现的概率分布如图 8-6 所示。

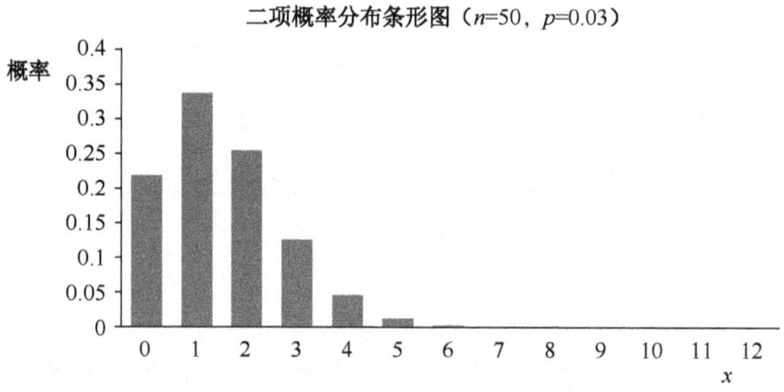

图 8-6 不合格产品出现数量的概率分布条形图

在产品的不合格率为 3%的情况下，从中随机抽取 50 件产品进行检验，不合格品超过 2 个的概率可以使用 Excel 计算，在任意一个单元格中输入“=1-BINOMDIST(1,50,0.03,TRUE)”，计算机返回的计算结果为 0.4447。也就是说，如果我们严格根据 3%的标准，即 50 件检验产品中只要有两件或两件以上不合格品就判断这批产品不合格，我们有 44.47%的机会犯错误。这种错误就是弃真。在假设检验中，弃真被称为第一类错误。还有一类错误与弃真相反，称为纳伪，在假设检验中，纳伪被称为第二类错误。

实际上，我们根据抽样检验的方法判断整批的质量是否合格就必须考虑抽样风险的问题。

在假设检验中，我们必须规定犯第一类错误机会的最大值 α，α 也被称为显著性水平。当我们减少对犯第一类错误的容忍度时，我们就增加犯第二类错误的机会，犯第二类错误的机会称为 β。因此，在假设检验中，α 一般被规定为 5%。

8.3.1 假设检验的原理

假设检验使用了一种类似于“反证法”的推理方法。假设检验先提出某项假设成立，称为原假设，记作 H_0，把与 H_0 相反的假设称为备择假设，它是原假设被拒绝时而应接受的假设，记作 H_1。然后计算其会产生什么结果，若并不导致不合理的现象产生，则不能拒绝原先假设，从而接受原先假设；若导致不合理现象产生，则拒绝原先的假设。

所谓不合理现象产生，并非指形式逻辑上的绝对矛盾，而是违背了小概率原理。小概率原理认为小概率事件在一次随机试验中几乎是不可能发生的，如果小概率事件在一次随机试验中居然发生了，那么合理的解释就是原先认为某种事件发生的概率很小的假设是不成立的。至于怎样才算是“小概率”呢？通常将发生概率不超过 0.05 的事件称为“小概率事件”。在假设检验中，这个概率用 α 表示，称为显著性水平。

8.3.2 假设检验的步骤

根据假设检验的原理，假设检验的一般步骤可以概括如下：提出原假设与备择假设、确定显著性水平、选择检验统计量、确定决策标准与临界值，最后是计算检验统计量，比较检验统计量与临界值，做出拒绝或接受原假设。下面详细介绍假设检验的步骤。

1. 提出原假设与备择假设

假设检验是先对总体参数提出某种假设，假设由两部分组成：原假设 H_0 和备择假设 H_1。原假设又称为零假设或虚无假设，是对未知总体参数做出的有待检验的假设，通常是想搜集证据予以反对的假设；备择假设又称为研究假设，是想搜集证据予以支持的假设，用 H_1 表示。

原假设与备择假设是相互对立的，这意味着：在一项假设检验中，要么原假设 H_0 成立，要么备择假设 H_1 成立。如果有充分证据反驳掉了原假设，就可以断定备择假设成立了，如果没有充分理由反驳原假设，就要维护原假设，而不能选择备择假设。

在建立假设时，往往是先确立备择假设，然后再确立原假设，这样做是因为备择假设往往是研究目的想予以支持或证实的，因而比较明确，容易确定。只要确定了备择假设，根据原假设和备择假设的对立性，就容易确定原假设了。

原假设必须包含“=”号，例如，对总体参数 μ 进行检验，原假设有三种形式：

一是：H_0：$\mu=\mu_0$；H_1：$\mu\neq\mu_0$，这种检验称为双侧检验；

二是：H_0：$\mu\geqslant\mu_0$；H_1：$\mu<\mu_0$，这种检验称为左侧检验；

三是：H_0：$\mu\leqslant\mu_0$；H_1：$\mu>\mu_0$，这种检验称为右侧检验。

左侧检验和右侧检验统称为单侧检验。对于单侧检验，也要依据总体参数等于某一值的假设来计算检验统计量。

2. 确定显著性水平

估计总体参数出现在某一区间内的概率为置信度或置信水平，表明了区间估计的可靠性，用 $1-\alpha$ 表示，而可能犯错误的概率为显著性水平，通常以 α 表示。显著性水平 α 是一个临界概率值。

假设检验同时存在犯两种错误的风险。第一类错误是“弃真”错误，称为Ⅰ型错误。所谓“弃真”错误就是原假设是真的，但我们却拒绝原假设。这种错误的概率就是显著性水平 α。另一类错误是“纳伪”错误，称为Ⅱ型错误。所谓“纳伪”，就是原假设是错误的，但我们没有拒绝原假设。这种错误的概率为 β。在其他条件不变的情况下，α 与 β 不可能同时减小或增大。

3. 选择检验统计量，并根据检验统计量的分布和显著性水平确定拒绝原假设的规则

假设检验需要根据某个检验统计量的值和显著性水平判断是否拒绝原假设。检验统计量是对总体参数的点估计量（样本指标）进行标准化处理后的统计量，经常使用的检验统计有：Z、t、χ^2、F 等统计量。例如，样本平均数 $\bar{x}$ 就是总体平均值 μ 的一个点估计量，但 $\bar{x}$ 不能直接作为检验统计量，必须对 $\bar{x}$ 进行标准化处理。通常根据是否掌握总体的方差和样本容量的大小等具体情况，来选择 $Z=\dfrac{\bar{x}-\mu_0}{\sigma/\sqrt{n}}$ 或 $t=\dfrac{\bar{x}-\mu_0}{s/\sqrt{n}}$ 作为检验统计量。如果样本容量大于等于 30，就选 Z 统计量作为检验统计量，如果总体的分布和方差未知且样本容量小于 30，就选 t 统计量作为检验统计量。

根据检验统计量的抽样分布和假设检验目的，以及显著性水平确定什么是小概率事件。比如：对总体均值的双侧检验，拒绝原假设的规则是：当检验统计量的绝对值大于 $Z_{1-\alpha/2}$ 或 $t_{1-\alpha/2}(n-1)$ 时，如图 8-7 所示，就意味着小概率事件发生了，应该拒绝原假设。如果是对于总体均值的右侧检验，当检验统计量的值大于 $Z_{1-\alpha}$ 或 $t_{1-\alpha}(n-1)$ 时，就拒绝原假设，如图 8-8 所示。如果是对于总体均值的左侧检验，当检验统计量的值小于 Z_{α} 或 $t_{\alpha}(n-1)$ 时，就拒绝原假设，如图 8-9 所示。

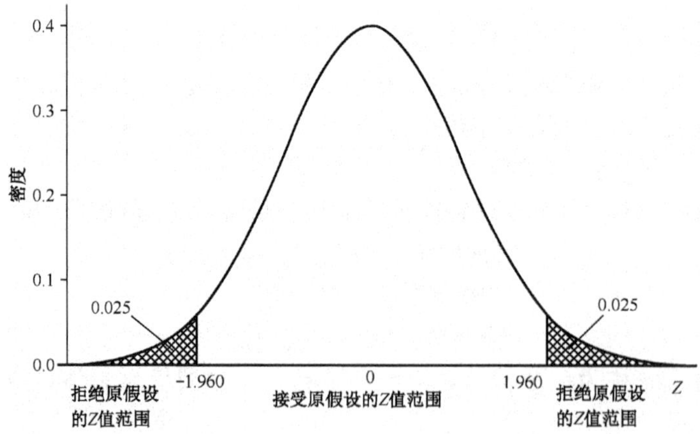

图 8-7　均值的假设检验（双侧检验）Z 统计量的决策标准（α=0.05）示意图

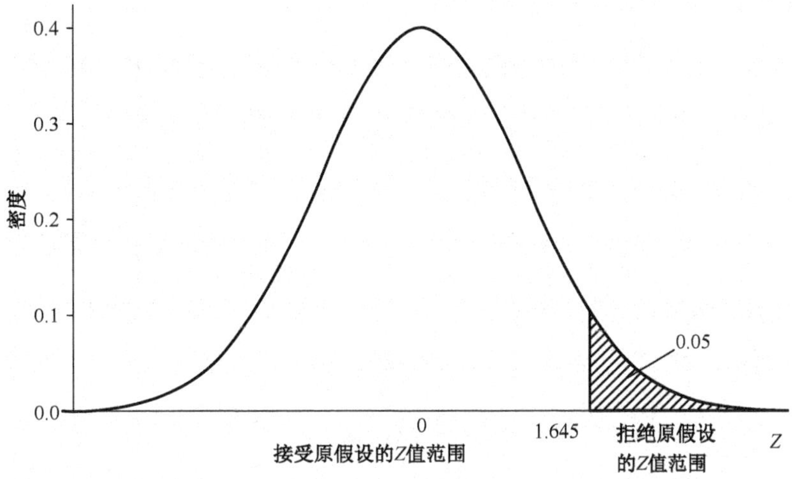

图 8-8　均值的假设检验（右侧检验）Z 统计量的决策标准（α=0.05）示意图

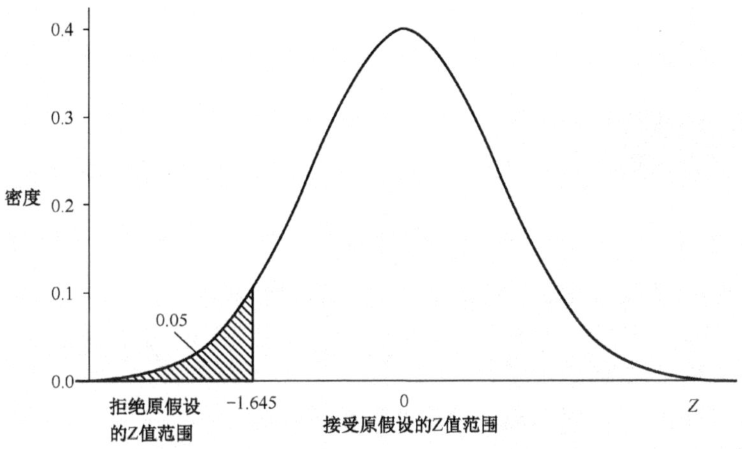

图 8-9　均值的假设检验（左侧检验）Z 统计量的决策标准（α=0.05）示意图

4. 收集样本数据，计算检验统计量的值

检验统计量的计算需要两种数据、两个步骤。

需要的两种数据分别是：样本单位的数据和原假设的数据。样本单位数据不必说，关于原假设数据要强调的是，在计算检验统计量时，不考虑或者直接忽略原假设中大于或小于号，总体的参数的值就等于原假设的值。

两个步骤是先计算样本的均值、成数等统计量的值，然后根据检验统计量的公式计算检验统计量的值。

5. 根据检验统计量的值和拒绝原假设的规则做出决策

如果检验统计量的值到达了拒绝原假设的条件，就要拒绝原假设而接受备择假设。否则就接受原假设。

假设检验的结论只有两种，一是“没有理由”拒绝原假设，或者是拒绝原假设而接受备择假设。

例 8-8 某公司某种产品过去每天的产量为 200 件，标准差为 16 件，由于市场需求增加，企业采取了某些提高生产效率的措施。为研究这些提高生产效率的措施是否有效，企业对连续 36 个工作日的产量进行了统计，这 36 天平均每天的产量为 206.9 件，标准差仍为 16 件。试说明企业采取这些提高生产效率的措施是否有效（显著性水平 α=1%）。

解：假设企业采取的措施无效，即 H_0：$\mu \leqslant 200$；H_1：$\mu > 200$，选择 Z 检验统计量作为检验统计量，只要计算出来的检验统计量的值出现的概率小于显著性水平 α（α=1%），或者说计算出来的检验统计量的值大于 $Z_{1-0.01}=2.326$，就应该拒绝原假设而接受备择假设。

由于 $\bar{x}=206.9$，σ=16，μ_0=200，因此检验统计量：

$$Z=\frac{\bar{x}-\mu_0}{\sigma/\sqrt{n}}=\frac{206.9-200}{16/\sqrt{36}}=2.5875$$

由于 $Z=2.5875>Z_{1-0.01}=2.326$，因此我们应该拒绝原假设而接受备择假设，即企业提高产量的措施是有效的。换句话说，以 1%的显著水平估计，企业提高产量的措施是有效的。

本章习题

8-1 什么是点估计，优良点估计的标准是什么？

8-2 区间估计的两要素分别是什么？它们之间有何联系？

8-3 影响必要样本容量的因素有哪些？它们对样本容量的大小有何影响？

8-4 假设检验有那几个基本步骤？

8-5 什么是显著性水平？假设检验有哪两种错误？

8-6 简述假设检验的小概率原理。

8-7 什么是单侧检验？什么是双侧检验？

8-8 对某种型号飞机飞行速度进行 15 次试验，测得其最大飞行速度（m/s）分别为 422.2、417.2、425.6、420.3、425.8、423.1、418.7、428.2、438.3、434、412.3、431.5、413.5、441.3、423，根据长期经验，最大飞行速度可以认为服从正态分布，若显著性水平 $\alpha=0.05$，求最大飞行速度期望值的置信区间。

8-9 为估计一批产品包装的平均重量，从中随机抽取 100 包进行称量，测得样本均值 $\bar{x}$ 为 150.3 克，标准差 s 为 0.87 克，试以 99%的概率（1−α=0.99）保证程度估计这批产品每包平均重量的范围。

8-10 从某校二年级男生中随机抽取 100 人，测得其平均身高为 168.5cm，标准差为 4.58cm，试估计该校男生身高均值的置信区间。（$\alpha=0.05$）

8-11 某公司希望采用抽样调查的方法确定产品合格率的范围，根据以往调查资料，产品合格率在 90%到 98%，要求以 98%的概率保证程度，误差不超过 1%，试计算需要多少件产品进行调查才能满足估计误差要求。

8-12 从一批产品中随机抽取 500 件检验其质量，发现有 25 件不合格。试以 99.73%

（Z=3）的概率保证程度估计这批产品合格率的范围。

8-13　某一流水线生产要求完成一项操作的时间为 2.2 分钟，少于或多于这一时间都会对生产成本产生不利影响。一项涉及 45 个随机样本单位的调查表明，操作的平均时间为 2.39 分钟，标准差为 0.22 分钟。试问在 1%的显著水平下，完成这项操作的时间是否达到了要求。

8-14　某灯泡厂对 10000 个产品进行使用寿命检验，随机抽取 2%的产品进行测试，得到资料如表 8-4 所示。

表 8-4　灯泡使用寿命抽样调查结果

使用寿命（小时）	900 以下	900～950	950～1000	1000～1050	1050～1100	1100～1150	1150～1200	1200 以上
产品数量	2	4	11	71	84	18	7	3

试按上述资料，计算：

（1）产品平均寿命的抽样误差;

（2）若寿命在 1000 小时以上为合格品，求合格品率的抽样误差。

8-15　某市对小学生眼睛近视情况进行调查，从全市小学生中随机抽取 1000 名进行检查，发现患近视眼的学生人数比重达到 38%，要求抽样误差范围不超过 3%，试对该市小学生患近视人数的比重进行估计。

第 9 章　相关与回归分析

学习要点

- 理解相关关系的概念、特点和分类；
- 能够利用 Excel 或 Minitab 软件作变量之间相关关系的散点图；
- 根据散点图判断两个变量之间相关关系的形态和密切程度；
- 能够用函数关系反映变量之间的相关关系；
- 能够手工计算或利用软件计算相关系数，并对相关系数进行假设检验；
- 能够说明相关系数的不同数值所反映的两个变量相关程度、方向等；
- 掌握回归方程的概念和线性回归方程参数的估计方法；
- 能够分析线性回归方程的误差；
- 能够根据回归方程和给定自变量的值估计因变量均值的置信区间和因变量的预测区间。

导读案例

两个铁球同时落地的科学意义

研究不同现象之间的变化关系是科学研究的重要内容。1590 年，伽利略在比萨斜塔上做了“两个铁球同时落地”的著名试验，推翻了亚里士多德“物体下落速度和重量成比例”的学说，纠正了这个持续了 1900 年之久的错误结论。伽利略的两个铁球同时落地试验向全世界揭示了一个物体下落速度与其重量关系的秘密——物体下落速度与其自身重量无关。实际上，物体在下落过程中不仅受自身重量影响，也受到空气阻力的影响，物体在下落过程中受到空气阻力大小与其密度、外形、速度等有关。因此，我们看到石头的下落速度比鸡毛快得多。

牛顿的第二运动定律：物体的加速度跟物体所受的合外力成正比，跟物体的质量成反比，加速度的方向与合外力的方向相同，即 $a=\frac{F}{m}$。这是物体运动速度变化与所受合外力之间的数量变化关系，是对速度与力相关关系认识的深化。

【案例分析】

揭示现象之间是否有关联关系以及关联的具体方式对于科学研究和经济管理都非常重要。例如，物理上的公式就是描述变量之间关联关系的。经济管理也需要描述经济变量之间关系的函数，这些函数用于变量预测和对重要变量的控制。

在经济管理活动中，我们决策需要掌握各种现象数据之间的变动关系。例如，利率、财政支出与经济增长率之间的关系，外汇汇率与进出口额、经济增长率之间的关系。广告费用支出与销售量（销售额）之间的关系等。

9.1 相关关系与散点图

9.1.1 函数关系与相关关系

许多社会经济现象之间的相互联系都通过数量变化关系反映出来，例如，某种商品的价格提高，可能会使其在一定时间内的销量减少。社会固定资产投资额的增大，会促进经济增长率的提高。根据两个或多个变量之间数量变动关系是否确定，变量之间的相互关系可区分为两种不同的类型：一是函数关系，二是相关关系。

1. 函数关系

函数关系就是两个或多个变量确定之间的依存关系，即变量之间的一一对应的关系。在其他变量值确定之后，与这些变量相应的变量的数值就唯一地确定下来。

著名的阿基米德原理：浸在液体里的物体受到向上的浮力，浮力大小等于物体排开液体的重量。这告诉我们浮力大小与物体排开液体重量的函数关系。

在经济现象中，最简单的函数关系就是销售额与销售量的关系，在价格不变的情况下，某种商品的销售额等于其价格乘以其销售量。例如，某种规格型号冰箱的价格固定为3500元/台不变，则该规格型号的冰箱的销售额 V 为：

$$V=3500Q$$

这就是一个函数，表示这种规格型号冰箱的销售额 V 与销售台数 Q 之间的函数关系。

2. 相关关系

相关关系是变量之间确实存在、但不完全确定的依存关系。换句话说，当一个或几个变量取值一定时，与之相对应的另一变量的值虽然不能确定，但仍按某种对应关系出现在一定范围内，变量之间的这种不严格确定的相互对应关系，称为相关关系。

所谓确实存在，就是一个变量对另一个变量存在某种作用和影响，这种作用和影响不是短暂的、偶然的，而是必然的。例如，人们在做出是否购买某种商品的决策时，受到很多因素的影响，不同的人甚至是同一个人在不同的时间的决策目标和决策标准都会有所不同，但商品的质量、品牌形象、价格水平、促销力度等肯定会影响人们的决策。有的人只买贵的，认为贵的东西才可能是好东西，而有的人认为做广告的产品不值得购买等。可以说：商品的价格水平、广告费用等对商品在一定时期内的销售数量确实存在影响，是与销量相关的因素。

所谓不完全确定，就是一个变量对另一个变量的影响由于还受许多其他因素的影响而错综复杂，无法用函数精确地表示出来。例如，某种商品价格的提高，意味着其替代商品的价格更有吸引力，也意味着人们收入的减少，因此，这种商品在一定时期内的需求量会下降。当人们对这种商品的价格存在涨价预期时，商品的需求量不仅不会下降，还会增加，相反，当人们对这种商品的价格存在降价预期时，商品的需求量不仅不会上升，还会减少。例如，房产和股票的价格对需求量就是这样的，因为他们具有投资品的特点或本身就是投资品。这就是价格对需求影响的不确定性。

虽然相关关系是变量之间不确定的依存关系，但我们仍然用函数来近似地描述现象之间变化的相关关系。描述现象之间相关关系的函数被称为数学模型。

9.1.2 相关关系的分类

我们可以对相关关系做多种分类。了解相关关系的分类，对于深入认识和了解相关关系或对于继续学习回归分析都是十分必要的。

1. 相关关系按相关的程度分类

相关关系按相关关系的密切程度，相关关系可分为完全相关、不完全相关和完全不相关。

完全相关关系就是变量之间存在严格的一一对应关系，也就是数学上所讲的函数关系。函数在统计学和经济管理学中具有无可替代的作用。例如，学习统计学，你不能离开概率分布函数，在此不再赘述。在经济学中，为了分析不同变量之间的关系，经常借助函数及函数的图形来说明问题。再如，财务管理中所使用的利息函数，一笔贷款到期时的本金与利息总和与计息方法、本金、利率、期数都有关系，它们与利息的关系用函数表示就非常方便。

若采用单利法计息，即不记利息的利息情况下，到期的本息和的计算公式为：

$$F=P(1+i\times n)$$

若采用复利法计息，即每隔一定时间，都要将利息并入到本金，在以后要计算利息产生的利息情况下，到期的本息和的计算公式为：

$$F=P(1+i)^n$$

式中，P 为借款的本金；i 为每期的利率水平；n 为期数。

例 9-1 某企业欲借款 8000 万元，期限 5 年，年利率为 5%。试分别计算采用单利法和复利法（每季度复利一次）计息，企业到期应归还的本息和分别为多少？

解：若采用单利法计息，到期应归还的本息和为：

$$F=P(1+i\times n)=8000\times(1+5\%\times 5)=10000\text{（万元）}$$

若采用复利法（每季度复利一次）计息，到期应归还的本息和为：

$$F=P(1+i)^n=8000\times\left(1+\frac{5\%}{4}\right)^{20}=10256.2979\text{（万元）}$$

完全不相关关系就是两个变量之间根本就不存在任何联系。

以下两种情况可以认定两个变量之间是完全不相关的：一种情况是如果一个变量在数量上发生了变化，但与之相应的另一个变量却是恒定不变的，则这两个变量之间的关系就是完全不相关。例如，物理学中，尽管不同物体的质量不同，但其作为自由落体，其下落的初始速度和加速度都是相同的，因此，物体的质量与下落速度之间是无关的。

另一种情况是：尽管两个变量都在变动，但两个变量的变动都是自由的，一个变量无论取值大还是取值小，都不能影响到另一个变量取值的大小。例如，某书店图书的销量和统计课程的教学学时数之间是不存在任何相关关系，两者无关。

不完全相关关系是变量之间确实存在，不严格或不确定的依存关系。完全相关关系和完全不相关关系是两个变量之间变化关系的极端形式。反映社会经济现象的大多数变量之间或多或少都存在一定的相互作用、相互影响的相关关系，但这种影响关系又是不严格、不确定的。例如，商品的价格会影响商品在一定时间内的需求量，当某种商品价格上涨时，由于商品涨价产生的替代效应（人们会选择没有涨价或涨价较少的这种商品的替代品）和收入效应（涨价直接意味着消费者购买能力的减弱），会使该商品的需求量减少，这就是商品涨价为什么会对商品需求量产生影响。但如果该商品是奢侈品，或者考虑到投机需求，商品的需求量有时不仅不会下降还会上升。

有趣的现象

美国亚利桑那州一处旅游胜地，新开了一家卖印第安饰品的珠宝店，由于正值旅游旺季，珠宝店里总是门庭若市，各种昂贵的银饰、宝石首饰都卖得很好。唯独一批光泽莹润、价格低廉的绿松石总是无人问津。为了尽快脱手，老板试过很多方法，例如把绿松石摆在最显眼的地方、让店员进行强力推销等，然而这一切都徒劳无功。

在一次到外地进货之前，不胜其烦的老板决定亏本处理掉这批绿松石，在出发前她留下一张纸条给店员："所有绿松石珠宝，价格乘二分之一。"回来之后，那批绿松石全部卖光了，店员兴奋地告诉她，自从涨价以后，那批绿松石成了店里的招牌货。"涨价？"老板瞪大了眼睛。原来粗心的店员把纸条中的"乘二分之一"看成了"乘二"。

两个变量之间相关关系的密切程度可以通过相关系数、判定系数等统计指标来反映。

2. 相关关系按相关的方向分类

相关关系按相关的方向分为正相关和负相关。如果把相关关系用函数关系近似地表示，正相关就是增函数，负相关就是减函数。

所谓正相关，就是两个相应的变量变化方向相同，即一个变量的数值增加，与之相应的另一个变量的数值也随之增加；相反，一个变量的数值减少，与之相应的另一个变量的数值也随之减少。例如，一定时期内，政府增加财政支出，同时会增加财政的收入，财政支出和财政收入之间的变化关系这就是正相关关系。

所谓负相关，就是两个相应的变量变化方向相反，即一个变量的数值增加，与之相应的另一个变量的值会随之减少。例如，某企业所生产产品的单位成本水平随着该产品产量的增加而降低。产品的单位成本与产量之间的变化关系就是负相关关系。

3. 相关关系按相关的形式分类

相关关系按相关的形式分为线性相关和非线性相关。若用平面直角坐标系上的散点图表示两个相应变量之间的变化关系，两个具有线性相关关系的变量在平面直角坐标系上的点分布在一条直线附近，而非线性相关的点分布在一条抛物线或其他形式的曲线附近。对于多个变量来说，如果把相关关系用函数关系近似地表示，表示具有线性相关关系变量之间变化关系的函数是一次函数，而表示非线性相关变量之间变化关系的函数不是一次函数。

9.1.3 相关分析的主要内容

研究相关关系就是要说明变量之间的变化关系，因此，从广义上来说，相关分析包括判断变量之间是否存在相关关系以及具有相关关系的变量之间是如何变动的。因此，相关分析包括如下内容：

一是判断变量之间是否存在相关关系，以及相关关系的方向和形态。

二是对于具有相关关系的变量，确定自变量和因变量，选择描述变量之间的变化关系的函数的基本形式，即选择线性函数还是其他的非线性函数来近似地表示变量之间的变化关系，然后根据收集的数据确定函数（以后我们称为回归方程）的参数，并检验参数的有效性。

三是确定因变量估计值误差的程度。用建立的回归方程和自变量计算出来的因变量的值与因变量的实际数值之间的差距大小是衡量和检验回归方程有效性的标准，也是应用回归方程估计时，分析计算估计误差的重要尺度。

9.1.4 描述变量之间相关关系的散点图

研究两个变量之间是否具有相关关系以及相关的方向和形态最直观的方法就是作两个变量变化关系的散点图。

散点图建立在平面直角坐标系上，分别用 x 轴和 y 轴表示研究的两个相应的变量，每一组数据都可在平面直角坐标系上找到相应的点。我们根据点的分布来确定两个变量之间变化的方向和形式。

例 9-2 某商场最近 10 周每周星期一到星期五所散发出去的促销广告份数与星期六和星期日的销售额数据如表 9-1 所示。

表 9-1 某商场连续 10 周每周广告散发的份数与周末销售额一览表

序　号	散发广告份数（千份）x	销售额（万元）y
1	14.89	480.73
2	16.98	486.38
3	13.65	460.15
4	17.96	532.41
5	15.75	466.56
6	15.48	475.89
7	15.7	492.04
8	15.47	462.03
9	16.42	524.14
10	15.86	494.71

销售额（万元）与散发广告份数（千份）的散点图如图 9-1 所示。

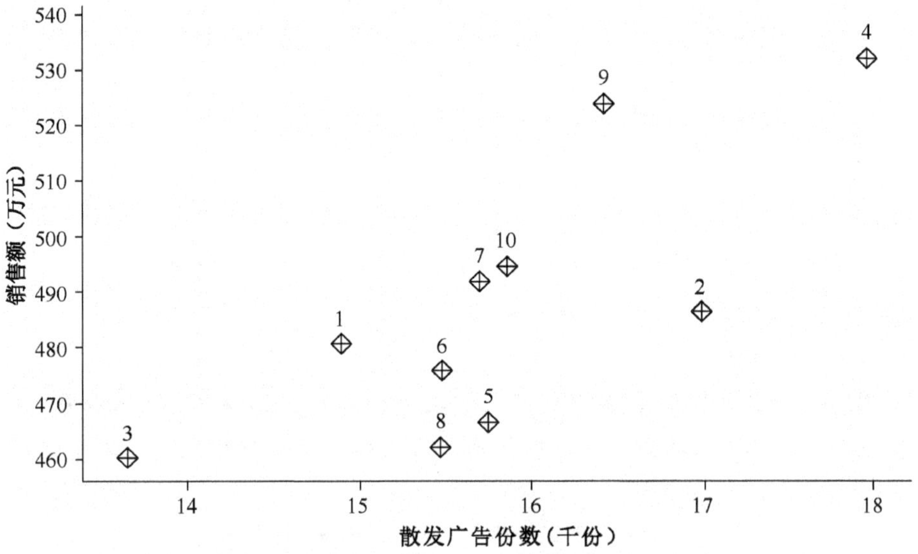

图 9-1 销售额与散发广告份数关系的散点图

从图 9-1 可以看出，代表促销广告份数和销售额的点分布在一个向右上方倾斜的区域，这表示随着散发出去的促销广告份数的增加，商场的销售额有增加的趋势，它们呈现正相关关系。

图 9-2～图 9-7 是两个变量之间相关方向、相关程度和相关形式不同的散点图。

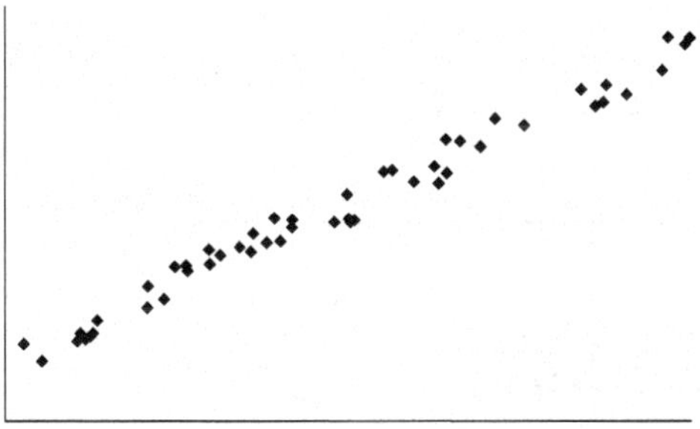

图 9-2 强正相关

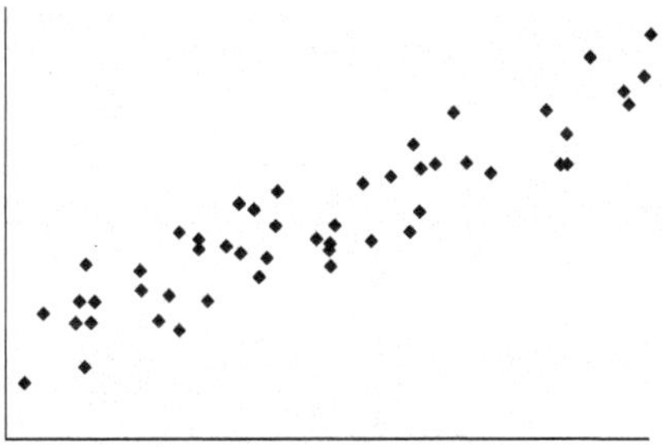

图 9-3 弱正相关

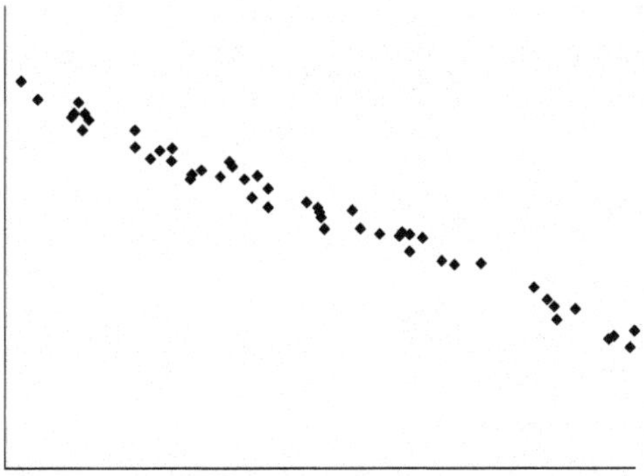

图 9-4 强负相关

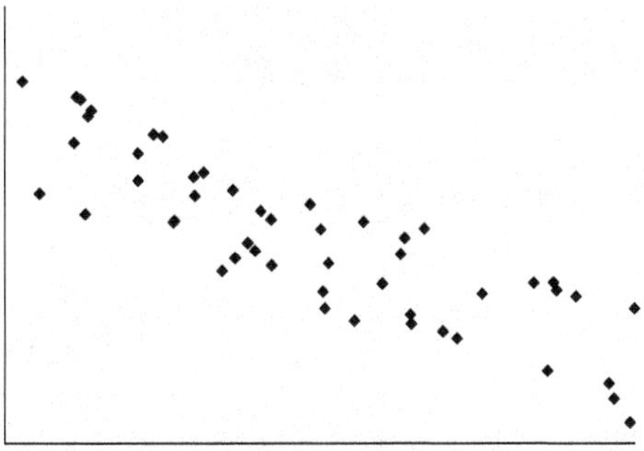

图 9-5 弱负相关

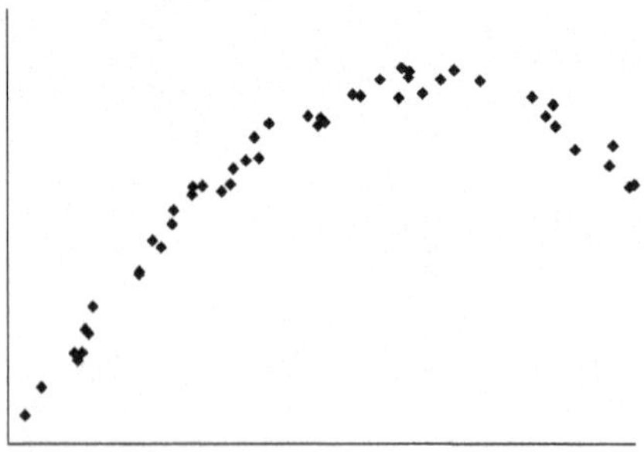

图 9-6　曲线相关（抛物线）

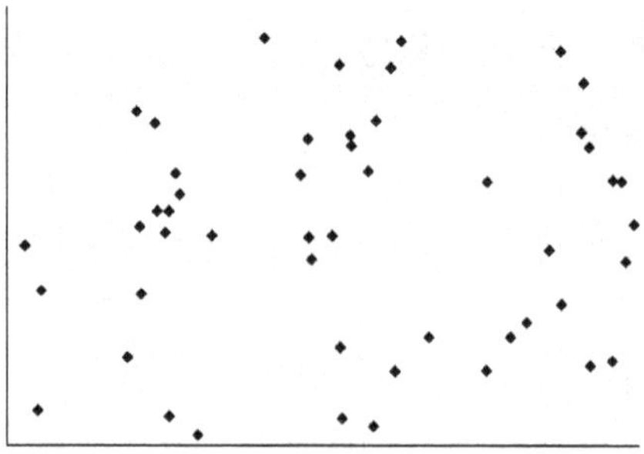

图 9-7　不相关

动手做一做

9-1　某企业 2010 年前 10 个月生产 A 产品的数量和产品的单位成本如表 9-2 所示。试做产量与单位成本关系的散点图，根据散点图说明产量与单位成本呈现什么样的相关关系。

表 9-2　产量与单位成本对应关系一览表

月　份	产量（吨）	单位成本（千元/吨）
1	97	7.2
2	100	7
3	103	6.9
4	109	6.7
5	110	6.5
6	115	6.5
7	108	7.2
8	106	7.2
9	114	6.8
10	118	6.8

9.2　相关系数

相关系数是用来反映两个变量之间线性相关关系的方向和程度的统计指标。样本相关系数用 r 表示，总体相关系数用 ρ 表示。我们研究相关时总是只能收集到总体中的一部分数据，因此用 r 表示相关系数。

9.2.1　相关系数的计算公式

$$r=\frac{\sum_{i=1}^{n}(x_i-\bar{x})(y_i-\bar{y})}{\sqrt{\sum_{i=1}^{n}(x_i-\bar{x})^2\times\sum_{i=1}^{n}(y_i-\bar{y})^2}}$$

为方便表述和计算，我们将公式中的$\sum_{i=1}^{n}(x_i-\bar{x})(y_i-\bar{y})$、$\sum_{i=1}^{n}(x_i-\bar{x})^2$和$n\sum_{i=1}^{n}(y_i-\bar{y})^2$分别记作$L_{xy}$、$L_{xx}$、$L_{yy}$。

$$\begin{aligned}L_{xy}&=\sum(x_i-\bar{x})(y_i-\bar{y})\\&=\sum\left(x_i\times y_i-x_i\times\bar{y}-\bar{x}\times y_i+\bar{x}\times\bar{y}\right)\\&=\sum x_iy_i-\bar{y}\sum x_i-\bar{x}\sum y_i+n\times\bar{x}\times\bar{y}\\&=\sum x_iy_i-\frac{\sum x_i\times\sum y_i}{n}\end{aligned}$$

同样地：$L_{xx}=\sum(x_i-\bar{x})^2=\sum x_i^2-\dfrac{\left(\sum x_i\right)^2}{n}$

$$L_{yy}=\sum(y_i-\bar{y})^2=\sum y_i^2-\frac{\left(\sum y_i\right)^2}{n}$$

因此，$nL_{xy}=n\sum_{i=1}^{n}(x_i-\bar{x})(y_i-\bar{y})=n\sum_{i=1}^{n}x_iy_i-\sum_{i=1}^{n}x_i\times\sum_{i=1}^{n}y_i$

$$nL_{xx}=n\sum_{i=1}^{n}(x_i-\bar{x})^2=\sum_{i=1}^{n}x_i^2-(\sum_{i=1}^{n}x_i)^2$$

$$nL_{yy}=n\sum_{i=1}^{n}(y_i-\bar{y})^2=\sum_{i=1}^{n}y_i^2-(\sum_{i=1}^{n}y_i)^2$$

因此，相关系数常用的计算公式：

$$r=\frac{n\sum_{i=1}^{n}x_iy_i-\sum_{i=1}^{n}x_i\times\sum_{i=1}^{n}y_i}{\sqrt{\left[n\sum_{i=1}^{n}x_i^2-(\sum_{i=1}^{n}x_i)^2\right]\times\left[n\sum_{i=1}^{n}y_i^2-(\sum_{i=1}^{n}y_i)^2\right]}}=\frac{nL_{xy}}{\sqrt{nL_{xx}\times nL_{yy}}}$$

由于计算相关系数涉及的数据很多，计算工作量较大，易出错。计算相关系数，一般需要先列表计算出$\sum_{i=1}^{n}x_i$、$\sum_{i=1}^{n}y_i$、$\sum_{i=1}^{n}x_i^2$、$\sum_{i=1}^{n}y_i^2$、$\sum_{i=1}^{n}x_iy_i$五个基本的数据，然后再计算nL_{xy}、nL_{xx}、nL_{yy}，最后使用公式计算相关系数，这样可以减少出错的机会。

例 9-3　根据例 9-2 商场散发的促销广告份数与星期六和星期日的销售额资料，计算这两个变量之间的相关系数。

解：根据商场 10 周散发出去的促销广告份数与星期六和星期日的销售额计算相关系数的步骤如下：

第一，列表计算$\sum_{i=1}^{n}x_i$、$\sum_{i=1}^{n}y_i$、$\sum_{i=1}^{n}x_i^2$、$\sum_{i=1}^{n}y_i^2$、$\sum_{i=1}^{n}x_iy_i$五个基本数据，如表 9-3 所示。

表 9-3 相关系数基础数据计算表

序号	散发促销广告份数（千份）x	销售额（万元）y	x^2	y^2	xy
1	14.89	480.73	221.7121	231101.3329	7158.0697
2	16.98	486.38	288.3204	236565.5044	8258.7324
3	13.65	460.15	186.3225	211738.0225	6281.0475
4	17.96	532.41	322.5616	283460.4081	9562.0836
5	15.75	466.56	248.0625	217678.2336	7348.32
6	15.48	475.89	239.6304	226471.2921	7366.7772
7	15.7	492.04	246.49	242103.3616	7725.028
8	15.47	462.03	239.3209	213471.7209	7147.6041
9	16.42	524.14	269.6164	274722.7396	8606.3788
10	15.86	494.71	251.5396	244737.9841	7846.1006
合计	158.16	4875.04	2513.5764	2382050.6	77300.1419

由表 9-3 可知：

$\sum_{i=1}^{n}x_i$、$\sum_{i=1}^{n}y_i$、$\sum_{i=1}^{n}x_i^2$、$\sum_{i=1}^{n}y_i^2$、$\sum_{i=1}^{n}x_iy_i$ 分别等于 158.16、4875.04、2513.5764、2382050.6、77300.1419。很明显，n 等于 10。

$$nL_{xy}=n\sum_{i=1}^{n}x_iy_i-\sum_{i=1}^{n}x_i\times\sum_{i=1}^{n}y_i=10\times 77300.1419\text{-}158.16\times 4875.04\text{=}1965.0926$$

$$nL_{xx}=n\sum_{i=1}^{n}x_i^2-\left(\sum_{i=1}^{n}x_i\right)^2=10\times 2513.5764\text{-}158.16^2=121.1784$$

$$nL_{yy}=n\sum_{i=1}^{n}y_i^2-\left(\sum_{i=1}^{n}y_i\right)^2=10\times 2382050.6-4875.04^2=54490.9964$$

$$r=\frac{nL_{xy}}{\sqrt{nL_{xx}\times nL_{yy}}}=\frac{1965.0926}{\sqrt{121.1784\times 54490.9964}}\text{=}0.7647$$

可见，散发出去的促销广告份数与星期六和星期日的销售额呈正相关关系，且相关程度较高。

9.2.2 相关系数的显著性检验

在研究相关关系时，我们是从总体中随机抽取一部分个体来说明变量之间是否具有相关关系，这受到样本的大小、样本的代表性误差的影响。有可能从本身无关的总体中抽出一些样本，根据样本计算的相关系数还较大。因此需要进行显著性检验，确定变量之间相关的显著性。

相关系数的显著性检验的目的是为了检验两个变量之间样本相关系数 r（$r\neq 0$）与一个相关系数 $\rho=0$ 的总体之间的差别是否是由于抽样误差所产生的，如果差别有统计学意义，则说明两个变量之间存在相关关系。

我们首先设定原假设 $H_0:\rho=0$ 和备择假设 $H_1:\rho\neq 0$；这显然是一个双侧检验。

当$H_0:\rho=0$成立时，统计量$t=\dfrac{r\sqrt{n-2}}{\sqrt{1-r^2}}$服从自由度为$n-2$的$t$分布。

例 9-4 试以显著性水平α=5%，检验例 9-2 所计算的散发广告的份数与星期六、星期日的销售额的相关系数是否为 0。

解：因为样本容量n=10，所以自由度为 8，在显著性水平α=5%，查t分布表可知，$P(|t|>2.306)=0.05$，即原假设的拒绝区域为$t>2.36$。若计算出来的t值绝对值大于 2.306，就拒绝原假设，即总体的相关系数$\rho\neq 0$。

由于$r=0.7647$，n=10，所以：

$$t=\frac{r\sqrt{n-2}}{\sqrt{1-r^2}}=\frac{0.7647\sqrt{10-2}}{\sqrt{1-0.7647^2}}=3.36>2.306$$

因此，拒绝原假设，总体的相关系数$\rho\neq 0$，即商场散发广告的数量与星期六、星期日的销售额是有关的。

需要说明的是：只有经检验两个变量确实存在相关关系的情况下，相关系数的绝对值越趋近于 1，则两个变量相关关系越密切，越趋近于 0，则两个变量相关关系越弱。

9.2.3 相关系数的分析

相关系数r的取值范围在−1 和+1 之间。根据相关系数的数值大小，可以说明相关的方向和密切程度。

r>0 表示两个变量之间呈正相关关系，r<0 表示两个变量之间呈负相关关系。

r的绝对值越接近于 1，两个变量之间的线性相关程度越高；r的绝对值越接近于 0，两个变量之间的线性相关程度越低。通常r的绝对值大于 0.8 时，认为两个变量有很强的线性相关性。

r=0 表示不能说明两个变量之间不相关，只能说明两个变量之间无线性相关关系，也就是说，r=0 表示不能排除两个变量之间的非线性相关关系。

9.3 线性回归分析

回归分析是对具有相关关系的变量，基于有限的观测数据，寻求建立反映变量之间对应关系的函数的统计分析方法和过程。回归分析是经济管理活动中广泛使用的数据分析方法。回归分析所建立的变量之间对应关系的函数式（称为回归方程）对于分析经济变量发展变化的规律，预测、预报和控制重要经济变量都可以发挥重要作用。

回归分析按照回归方程中包含自变量的多少，可分为一元回归分析和多元回归分析；按照自变量和因变量之间的关系类型，可分为线性回归分析和非线性回归分析。如果在回归分析中，只包括一个自变量和一个因变量，且二者的关系可用一条直线近似表示，这种回归分析称为一元线性回归分析。如果回归分析中包括两个或两个以上的自变量，且因变量和自变量之间是线性关系，则称为多元线性回归分析。

9.3.1 回归分析的一般过程

回归分析的过程就是寻求建立反映变量之间对应关系的函数关系式并利用所建立的关系式分析和解决具体问题的过程。

1. 确定回归分析的因变量和自变量

对没有相关关系的变量进行回归分析是没有意义的。在相关分析中，两个变量之间的关系是对等的，不需要区分因变量和自变量，但在回归分析中，首先需要确定因变量和自变量。

因变量是需要研究其变化规律或因管理决策而需要预测或控制其取值的变量，是受其他因素影响的变量。由于变量之间的相互关联的程度不确定，因变量是一个随机变量。因变量又被称为被解释变量、响应变量。在一个回归方程中，因变量只有一个，通常被单独放在等式的左边。

自变量是对因变量的取值有明显影响的变量。自变量又被称为解释变量，在一个回归方程中，自变量可以是一个，也可以有多个。

回归分析的关键是确定自变量，即选择对因变量变化影响程度较大的变量作为回归方程的自变量。选择自变量的基本原则是：要选择对因变量有明显影响的变量作为回归方程的自变量，自变量的个数不易太多，并且自变量相互之间没有相关关系。

需要特别指出的是：自变量的个数与变量的取值不是一个概念。例如，影响一个城市公交公司一年营业收入的因素有：公交公司营运汽车数量（x_1）、城市人口数量（x_2），出租车的数量（x_3）和价格（x_4），轿车的使用成本（x_5）、线路班次密度（x_6），城市人均收入（x_7）等。如果用 x_1、x_2、…、x_7 作为自变量来分析和预测公交公司一年的营业收入，这个回归方程就有 7 个自变量。

每个城市、在不同时间这些变量都可能有不同的取值，如果收集 30 个城市在某一年份这些变量的实际数值，加上公交公司的营业收入（y），每个城市就要收集 8 个数值，全部 30 个城市就有 240 个数值，这些在同一时间的数据成为截面数据（Cross-Sectional Data，CS）。如果收集的是同一个城市在前后 30 年内，这些变量的实际数值就是时间序列数据（Time Series，TS）。

若自变量之间存在相关关系（多重共线性），就会造成回归方程参数估计错误，使用回归方程估计所得结果不可靠等问题。

如果回归方程只有一个自变量就称为一元回归方程。

2. 确定回归方程的基本形式

确定回归方程的形式就是回归方程选用数学函数的类型，包括回归方程中参数的数量、自变量和参数的关系等。回归方程最常用的基本形式是线性方程，即各个自变量在方程中的次数都是一次，且每个自变量都有与之相应的参数。即：

$$\hat{y}=\beta_0+\beta_1x_1+\beta_2x_2+\beta_3x_3+\cdots+\beta_nx_n$$

式中，x_1、x_2、…、x_n是自变量，β_0、β_1、β_2、…、β_n称为模型的参数。

只有一个自变量的线性回归方程称为一元线性回归方程。一元线性线性回归模型的基本形式为：

$$\hat{y}=\beta_0+\beta_1x$$

某些只有一个自变量的、特殊的非线性回归模型因可以转化为线性模型，也是回归分析中常用模型。这些常用的非线性模型主要有双对数模型和半对数模型。

双对数模型的基本形式为：

$$\hat{y}=\beta_1*x^{\beta_2}$$

这个模型经常用来研究某种商品的需求受商品的价格的影响情况。同时对方程左右两边取对数，模型就可转化为线性形式：

$$\ln\hat{y}=\ln\beta_1+\beta_2\ln x$$

因此，只要先对自变量和因变量分别取对数，就可以采用最小二乘法估计方法估计模型中的参数。

半对数模型的基本形式：

$$\hat{y}=\beta_0\times\beta_1^{x}$$

这种模型主要用来研究被解释变量随时间变动的发展情况。对方程左右两边同时取对数，模型就可转化为线性形式：

$$\ln\hat{y}=\ln\beta_1+x\ln\beta_2$$

这样的模型的参数估计只要先对因变量取对数，也可以采用最小二乘法估计模型的参数。

9.3.2　线性回归的基本假设

线性回归模型的基本形式是被解释变量是解释变量的线性函数，即解释变量在函数中都是一次的。其基本形式为：

$$y=\beta_0+\beta_1x_1+\beta_2x_2+\beta_3x_3+\cdots+\beta_nx_n+\varepsilon$$

式中，y是被解释变量（因变量）；x_1、x_2、x_3、…、x_n是n个解释变量（自变量），而不是一个变量的n个值；β_0、β_1、β_2、β_3、…、β_n是回归模型的参数；ε是随机误差项。

线性回归模型的前提假设有：

第一，随机误差项$\boldsymbol{\varepsilon}$是一个期望值或平均值为0的随机变量；

第二，对于解释变量的所有观测值，随机误差项$\boldsymbol{\varepsilon}$有相同的方差；

第三，随机误差项$\boldsymbol{\varepsilon}$服从正态分布；

第四，随机误差项$\boldsymbol{\varepsilon}$彼此不相关；

第五，解释变量是确定性变量，不是随机变量，与随机误差项$\boldsymbol{\varepsilon}$彼此之间相互独立；

第六，解释变量之间不存在线性相关关系。

在满足前提假设的情况下，应用普通最小二乘法可以得到无偏的、有效的参数估计量。但是，在实际应用中，完全满足这些基本假设的情况并不多见，如果违背了某一项基本假设，如异方差、自相关、多重共线性和随机变量四种，那么应用普通最小二乘法估计模型就不能得到无偏的、有效的参数估计量。这里主要讨论异方差、自相关、多重共线性和随机变量四种情况。

9.3.3 一元线性回归模型参数的估计

一元线性回归模型是最简单的回归模型，模型中的解释变量只有一个，并且是一次的，其基本形式是：

$$y=\beta_0+\beta_1 x+\varepsilon$$

β_0、β_1 称为一元线性回归模型的待定参数。参数估计，就是根据若干对解释变量与被解释变量的观测值，采用一定的方法估计模型中的参数，并求得随机误差项的分布参数。

参数估计方法应用最多的是普通最小二乘法。

最小二乘法的原理是：在已经获得相应的样本观测值 $(x_i,y_i),(i=1,2,\ldots,n)$ 的情况下，假如模型中的参数估计量已经求得，记为 $\hat{\beta}_0$、$\hat{\beta}_1$，我们可以得到直线方程：

$$\hat{y}_i=\hat{\beta}_0+\hat{\beta}_1 x_i$$

式中，$\hat{y}_i$ 是被解释变量的估计值，是根据参数估计量和解释变量的观测值计算得来的。显然，参数估计就是确定模型参数 $\hat{\beta}_0$、$\hat{\beta}_1$，使被解释变量的估计值与实际观测值在总体上越接近越好，直至再任意改变 $\hat{\beta}_0$、$\hat{\beta}_1$，被解释变量的估计值与实际观测值的误差在总体上不能再缩小为止。

具体的判断的标准是 $\sum_{i=1}^{n}(y_i-\hat{y}_i)^2=\sum_{i=1}^{n}(y_i-\hat{\beta}_0-\hat{\beta}_1 x_i)^2=Q$ 为最小值。Q 的极值存在的必要条件是：

$$\begin{cases}\dfrac{\partial Q}{\partial \hat{\beta}_0}=-2\sum\left(y_i-\hat{\beta}_0-\hat{\beta}_1 x_i\right)=0\\[2ex]\dfrac{\partial Q}{\partial \hat{\beta}_1}=-2\sum\left(y_i-\hat{\beta}_0-\hat{\beta}_1 x_i\right)x_i=0\end{cases}$$

即

$$\begin{cases}\sum\left(y_i-\hat{\beta}_0-\hat{\beta}_1 x_i\right)=\sum y_i-n\hat{\beta}_0-\hat{\beta}_1\sum x_i=0\\ \sum\left(y_i-\hat{\beta}_0-\hat{\beta}_1 x_i\right)x_i=\sum y_i x_i-\hat{\beta}_0\sum x_i-\hat{\beta}_1\sum x_i^2=0\end{cases}$$

在此，极值一定是极小值，并且是最小值。

因此：

$$\begin{cases}\hat{\beta}_1=\dfrac{n\sum x_i y_i-\sum x_i\sum y_i}{n\sum x_i^2-(\sum x_i)^2}=\dfrac{nL_{xy}}{nL_{xx}}\\[2ex]\hat{\beta}_0=\dfrac{\sum y_i-\hat{\beta}_1\sum x_i}{n}\end{cases}$$

例 9-5 根据例 9-2 的资料，应用最小二乘法建立销售额随促销广告份数变化而变化的一元线性回归模型。

解：销售额用字母 y 表示，促销广告份数用 x 表示。由于销售额与散发的广告份数呈线性关系，如图 9-8 所示。所以，可以建立销售额随广告份数变化的一元线性回归模型，模型的基本形式为：

$$y = \beta_0 + \beta_1 x + \varepsilon$$

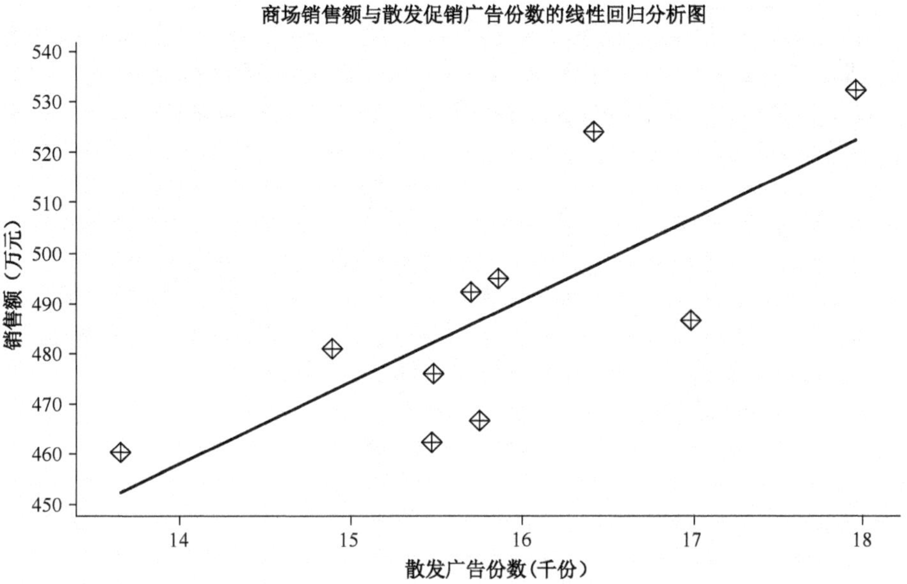

图 9-8　销售额随广告份数变化的直线趋势

下面是采用最小二乘法估计回归模型参数。

计算所需要的基本数据，如 $\sum_{i=1}^{n} x_i$ 、$\sum_{i=1}^{n} y_i$ 、$\sum_{i=1}^{n} x_i^2$ 、$\sum_{i=1}^{n} y_i^2$ 、$\sum_{i=1}^{n} x_i y_i$ 参见表 9-3 相关系数基础数据计算表。据此计算，

$$nL_{xy} = n\sum_{i=1}^{n} x_i y_i - \sum_{i=1}^{n} x_i \times \sum_{i=1}^{n} y_i = 10 \times 77300.1419 - 158.16 \times 4875.04 = 1965.0926$$

$$nL_{xx} = n\sum_{i=1}^{n} x_i^2 - \left(\sum_{i=1}^{n} x_i\right)^2 = 10 \times 2513.5764 - 158.16^2 = 121.1784$$

一元线性回归模型的参数为：

$$\begin{cases} \hat{\beta}_1 = \dfrac{nL_{xy}}{nL_{xx}} = \dfrac{1965.0926}{121.1784} = 16.2165 \\ \beta_0 = \dfrac{\sum y_i - \hat{\beta}_1 \sum x_i}{n} = \dfrac{4875.04 - 16.2165 \times 158.16}{10} = 231.0238 \end{cases}$$

其含义为：若不散发促销广告，商场在星期六和星期日的销售额大约为 231.0238 万元，散发的广告每增加 1 千份，商场星期六和星期日的销售额大约会增加 16.2165 万元。

因此，商场的星期六、星期日的销售额与促销广告散发份数的回归方程为：

$$\hat{y}_i = 231.0238 + 16.2165 x_i$$

9.3.4 回归方程的误差分析

1. 回归方程的误差分析

每个因变量的实际值（y）与其总体平均值（$\bar{y}$）的离差（$y-\bar{y}$）可以被分为两部分，一是因变量的实际取值（y）与根据回归方程确定的因变量的估计值（$\hat{y}$）之间的离差（$y-\hat{y}$），二是根据回归方程确定的因变量的估计值（$\hat{y}$）与其总体平均值（$\bar{y}$）的离差（$\hat{y}-\bar{y}$），如图 9-9 所示。

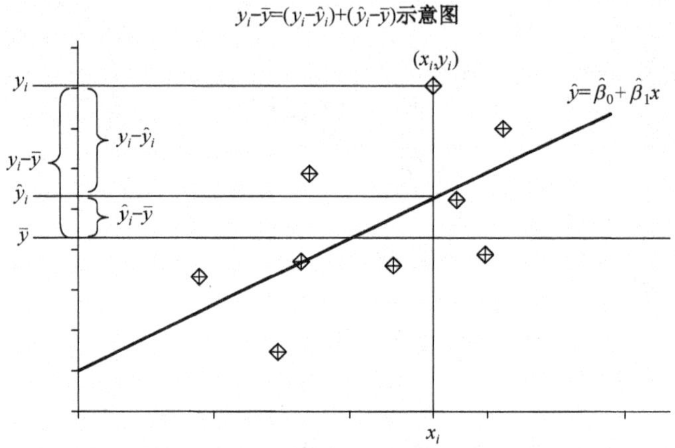

图 9-9 总变差的构成示意图

同样地，因变量（y）与其总体均值（$\bar{y}$）的离差平方和($\sum_{i=1}^{n}(y_i-\bar{y})^2$)，可以被分为两部分，一是回归变差（$\sum_{i=1}^{n}(\hat{y}_i-\bar{y})^2$）,是因自变量的变化造成因变量估计值的变异，二是剩余变差（$\sum_{i=1}^{n}(y-\hat{y}_i)^2$），是由于其他不确定因素造成的实际值与估计值之间的变异，即：

$$\sum_{i=1}^{n}(y_i-\bar{y})^2=\sum_{i=1}^{n}(y_i-\hat{y}_i)^2+\sum_{i=1}^{n}(\hat{y}_i-\bar{y})^2$$

因变量（y）与其总体均值（$\bar{y}$）的离差平方和（$\sum_{i=1}^{n}(y_i-\bar{y})^2$），被称为被解释变量的总变差（total sum of squares，可记作l_{yy}，在英文资料中，被简记为 Total SS)。总变差反映了因变量的总变异程度。

$\sum_{i=1}^{n}(\hat{y}_i-\bar{y})^2$ 被称为被解释变量的回归变差（sum of squares for regression，在英文资料中，也被简记为 SSR)，或称为回归平方和。回归变差反映的是被解释变量的数量变动中，能够用自变量的变动来解释的那部分变动。这部分越大，说明建立的线性回归方程能够用自变量解释因变量的部分越大，回归方程越有效。

$\sum_{i=1}^{n}(y_i-\hat{y}_i)^2$ 被称为被解释变量的剩余变差（sum of squares for error，在英文资料中，被简写为 SSE）或称为残差平方和。这部分的值说明了回归方程的误差大小，它越大，说明线性回归方程的误差越大。

显然，被解释变量的回归变差和剩余变差都是一个非负数，他们之间存在此消彼长的关系。

总变差与回归变差、剩余变差的关系论证如下。如果你感到难以理解，可直接记住结论。

$$\begin{aligned} l_{yy} &= \sum_{i=1}^{n}(y_i-\overline{y})^2 \\ &= \sum_{i=1}^{n}\left[(y_i-\hat{y}_i)+(\hat{y}_i-\overline{y})\right]^2 \\ &= \sum_{i=1}^{n}(y_i-\hat{y}_i)^2+\sum_{i=1}^{n}(\hat{y}_i-\overline{y})^2+2\sum_{i=1}^{n}(y_i-\hat{y}_i)(\hat{y}_i-\overline{y}) \end{aligned}$$

需要说明的是：其中的 $\sum_{i=1}^{n}(y_i-\hat{y}_i)(\hat{y}_i-\overline{y})=0$。具体理由如下：

$$\begin{aligned} \sum_{i=1}^{n}(y_i-\hat{y}_i)(\hat{y}_i-\overline{y}) &= \sum_{i=1}^{n}\left[y_i-\left(\hat{\beta}_0+\hat{\beta}_1x_i\right)\right]\left[\left(\hat{\beta}_0+\hat{\beta}_1x_i\right)-\left(\hat{\beta}_0+\hat{\beta}_1\overline{x}\right)\right] \\ &= \sum_{i=1}^{n}\left(y_i-\hat{\beta}_0-\hat{\beta}_1x_i\right)\left(\hat{\beta}_1x_i-\hat{\beta}_1\overline{x}\right) \\ &= \sum_{i=1}^{n}\left(y_i-\hat{\beta}_0-\hat{\beta}_1x_i\right)\hat{\beta}_1x_i-\sum_{i=1}^{n}\left(y_i-\hat{\beta}_0-\hat{\beta}_1x_i\right)\hat{\beta}_1\overline{x} \\ &= \hat{\beta}_1\sum_{i=1}^{n}\left(y_i-\hat{\beta}_0-\hat{\beta}_1x_i\right)x_i-\hat{\beta}_1\overline{x}\sum_{i=1}^{n}\left(y_i-\hat{\beta}_0-\hat{\beta}_1x_i\right) \end{aligned}$$

由于在求解线性回归方程的系数 $\hat{\beta}_0$、$\hat{\beta}_1$ 时，使用的方程组：

$$\begin{cases} \sum\left(y_i-\hat{\beta}_0-\hat{\beta}_1x_i\right)=0 \\ \sum\left(y_i-\hat{\beta}_0-\hat{\beta}_1x_i\right)x_i=0 \end{cases}$$

因此，$\sum_{i=1}^{n}\left(y_i-\hat{\beta}_0-\hat{\beta}_1x_i\right)x_i$ 和 $\sum_{i=1}^{n}\left(y_i-\hat{\beta}_0-\hat{\beta}_1x_i\right)$ 都必为 0，这样 $\sum_{i=1}^{n}(y_i-\hat{y}_i)(\hat{y}_i-\overline{y})$ 也必为 0。

$l_{yy}=\sum_{i=1}^{n}(y_i-\overline{y})^2=\sum_{i=1}^{n}(y_i-\hat{y}_i)^2+\sum_{i=1}^{n}(\hat{y}_i-\overline{y})^2$ 是线性回归方差误差分析的基本等式，不仅适用于一元线性回归，还适用于多元线性回归方程的误差分析。

2. 估计标准误差的含义和计算

一元线性回归方程的参数确定之后，还需要分析其误差。在这里主要是计算回归方程的估计标准误差。

如果散点图上的点都落在回归直线上，就表示回归直线方程没有误差。从商场销售额与散发促销广告份数的线性回归分析图上可以看出，反映商场销售额与散发促销广告份数的直线回归方程并没有经过代表广告份数与销售额关系的所有点，实际上，在对经济现象的回归分析中，回归直线基本不可能通过所有的点。商场销售额估计值与实际值的误差表如表 9-4 所示。

表 9-4 商场销售额估计值与实际值的误差表

序号	散发促销广告份数（千份）x	销售额（万元）y	$\hat{y}_i = 231.0238 + 16.2165x_i$	$y-\hat{y}$
1	14.89	480.73	472.4875	8.2425
2	16.98	486.38	506.38	-20
3	13.65	460.15	452.3791	7.7709
4	17.96	532.41	522.2722	10.1378
5	15.75	466.56	486.4337	-19.8737
6	15.48	475.89	482.0553	-6.1653
7	15.7	492.04	485.6229	6.4171
8	15.47	462.03	481.8931	-19.8631
9	16.42	524.14	497.2988	26.8412
10	15.86	494.71	488.2175	6.4925
合计	158.16	4875.04	—	-0.0001*

注：*结果应为 0，结果不为 0 的原因是在计算过程中保留的小数位数有限。

反映回归直线方程预测值精确程度常用的指标是估计标准误差 S_{yx}。其计算公式为：

$$S_{yx} = \sqrt{\frac{\sum(y-\hat{y})^2}{n-2}} = \sqrt{\frac{\sum\left(y-\hat{\beta}_0-\hat{\beta}_1 x\right)^2}{n-2}} = \sqrt{\frac{\sum y^2 - \hat{\beta}_0\sum y - \hat{\beta}_1\sum xy}{n-2}}$$

例 9-6 试计算例 9-5 建立的销售总额依广告份数变化的回归模型的估计标准误差。

解： 根据估计标准误差的计算公式，销售总额依广告份数变化的回归模型的估计标准误差为：

$$\begin{aligned} S_{yx} &= \sqrt{\frac{\sum y^2 - \hat{\beta}_0\sum y - \hat{\beta}_1\sum xy}{n-2}} \\ &= \sqrt{\frac{2382050.6\text{-}231.0238 \times 4875.04\text{-}16.2165 \times 77300.1419}{10-2}} \\ &= 16.8167 \end{aligned}$$

9.4 置信区间与预测区间

当回归模型的参数估计完成后，可利用回归模型来预测当自变量（解释变量）为某一确定数值时，被解释变量的范围。这里有两个不同的问题：一是预测被解释变量 y 的平均值在什么范围内；二是被解释变量 y 的单个观测值在什么范围内。例如，对于一元线性回归模型，解释变量 $x = x_0$ 时，一是预测被解释变量 y 的平均值在什么范围内？二是预测被解释变量 y 的单个观测值在什么范围内。前者称为被解释变量均值的置信区间，后者称为被解释变量的预测区间，是两个不同的概念。

9.4.1 被解释变量均值的置信区间

被解释变量均值的置信区间的下限计算公式为：

$$\beta_0 + \beta_1 \times x_0 - t_{1-\alpha/2}(n-2)S_{yx}\sqrt{\frac{1}{n} + \frac{(x_0 - \overline{x})^2}{L_{xx}}}$$

被解释变量均值的置信区间的上限计算公式为：

$$\beta_0 + \beta_1 \times x_0 + t_{1-\alpha/2}(n-2)S_{yx}\sqrt{\frac{1}{n} + \frac{(x_0 - \overline{x})^2}{L_{xx}}}$$

式中，$t_{1-\alpha/2}(n-2)$ 是指在自由度为 n−2、显著性水平为 α 时，t 分布双侧临界值。例如，样本容量 n 为 10，显著性水平 $\alpha = 0.05$ 时，$t_{1-0.05/2}(8) = 2.306$。

例 9-7 试根据例 9-5 建立的销售额依广告份数变化的线性回规模型，估计当散发的广告份数为 17 千份时，销售额的点估计值和以 95%的概率保证程度估计销售额均值此时的置信区间。

解：商场销售额与散发促销广告份数的函数关系 $\hat{y}_i = 231.0238 + 16.2165x_i$，当散发的促销广告为 17 千份时，星期六、星期日销售总额的预测值的点估计值为 506.70 万元，即 $\hat{y} = 506.70$。由于样本容量 $n = 10$，$t_{1-0.05/2}(8) = 2.306$，$S_{yx} = 16.8167$，$\overline{x} = \frac{158.16}{10} = 15.816$，$L_{xx} = 12.11784$。所以 95%的概率保证程度预测，被解释变量 $\hat{y}$ 均值的置信区间的下限为：

$$\begin{aligned}
&\beta_0 + \beta_1 \times x_0 - t_{1-\alpha/2}(n-2)S_{yx}\sqrt{\frac{1}{n} + \frac{(x_0 - \overline{x})^2}{L_{xx}}} \\
&= 231.0238 + 16.2165 \times 17 - 2.306 \times 16.8167 \times \sqrt{\frac{1}{10} + \frac{(17 - 15.816)^2}{12.11784}} \\
&= 488.69(\text{万元})
\end{aligned}$$

以 95%的概率保证程度预测，被解释变量 $\hat{y}$ 均值的置信区间的上限为：

$$\begin{aligned}
&\beta_0 + \beta_1 \times x_0 + t_{1-\alpha/2}(n-2)S_{yx}\sqrt{\frac{1}{n} + \frac{(x_0 - \overline{x})^2}{L_{xx}}} \\
&= 231.0238 + 16.2165 \times 17 + 2.306 \times 16.8167 \times \sqrt{\frac{1}{10} + \frac{(17 - 15.816)^2}{12.11784}} \\
&= 524.71(\text{万元})
\end{aligned}$$

因此，以 95%的概率保证程度估计，当散发促销广告为 17000 份时，被解释变量星期六、星期日销售总额 $\hat{y}$ 均值的置信区间为（488.69 万元，524.71 万元）。

9.4.2 被解释变量的预测区间

被解释变量的预测区间的下限计算公式为：

$$\beta_0+\beta_1\times x_0-t_{1-\alpha/2}(n-2)S_{yx}\sqrt{1+\frac{1}{n}+\frac{(x_0-\overline{x})^2}{L_{xx}}}$$

被解释变量的预测区间的上限计算公式为：

$$\beta_0+\beta_1\times x_0+t_{1-\alpha/2}(n-2)S_{yx}\sqrt{1+\frac{1}{n}+\frac{(x_0-\overline{x})^2}{L_{xx}}}$$

例 9-8 以 95%的概率保证程度估计，当散发的促销广告为 17 千份时商场星期六、星期日销售总额的预测区间。

解：当散发的促销广告为 17 千份时，以 95%的概率保证程度估计，星期六、星期日销售总额的预测值 $\hat{y}$ 的下限为：

$$\begin{aligned}&\beta_0+\beta_1\times x_0-t_{1-\alpha/2}(n-2)S_{yx}\sqrt{1+\frac{1}{n}+\frac{(x_0-\overline{x})^2}{L_{xx}}}\\&=231.0238+16.2165\times17-2.306\times16.8167\times\sqrt{1+\frac{1}{10}+\frac{(17-15.816)^2}{12.11784}}\\&=463.95(\text{万元})\end{aligned}$$

以 95%的概率保证程度预测，星期六、星期日销售总额的预测值 $\hat{y}$ 的上限为：

$$\begin{aligned}&\beta_0+\beta_1\times x_0+t_{1-\alpha/2}(n-2)S_{yx}\sqrt{1+\frac{1}{n}+\frac{(x_0-\overline{x})^2}{L_{xx}}}\\&=231.0238+16.2165\times17+2.306\times16.8167\times\sqrt{1+\frac{1}{10}+\frac{(17-15.816)^2}{12.11784}}\\&=549.46(\text{万元})\end{aligned}$$

因此，以 95%的概率保证程度估计，当散发促销广告为 17000 份时，被解释变量星期六、星期日销售总额 $\hat{y}$ 的预测区间为（463.95 万元，549.46 万元）。

本章习题

9-1 某种产品的产量与单位成本的资料如表 9-5 所示。

表 9-5 产量与单位成本的对应关系

产量（千件）x	单位成本（元/件）y
2	73
3	72
4	71
3	73
4	69
5	68

要求：

（1）计算相关系数 r，判断其相关方向和程度；

（2）建立单位成本 $\hat{y}$（元/件）随产量 x（千件）变化的直线回归方程，估计方程参数并计算估计标准误差；

（3）根据回归方程预测产量为 4000 件时单位成本的置信区间和预测区间（α=5%）。

9-2 有 10 个企业的固定资产年平均价值和工业总产值资料如表 9-6 所示。

表 9-6 固定资产与工业总产值的对应关系

企业编号	生产性固定资产价值（万元）	工业总产值（万元）
1	318	524
2	910	1019
3	200	638
4	409	815
5	415	913
6	502	928
7	314	605
8	1210	1516
9	1022	1219
10	1225	1624
合计	6525	9801

（1）说明两变量之间的相关方向；

（2）建立工业总产值 $\hat{y}$（万元）随生产性固定资产价值 x（万元）变化的直线回归方程，估计方程参数；

（3）计算直线回归方程的估计标准误差；

（4）预测生产性固定资产为 1100 万元的企业，工业总产值的置信区间和预测区间（α=5%）。

第 10 章　动态分析方法

学习要点

- 理解统计指标的可比性；
- 理解三种不同的增长量：逐期增长量、累计增长量和同比增长量；
- 理解三种不同的发展速度与增长速度：环比发展速度（增长速度）、定基发展速度（增长速度）和同比发展速度（增长速度）；
- 掌握不同指标的平均发展水平指标的计算方法；
- 掌握现象发展直线趋势方程参数的确定和利用；
- 掌握现象季节变动的测定方法；
- 理解指数的含义和计算方法；
- 掌握指数因素分析法的运用。

导读案例

2014 年 10 月份居民消费价格变动情况

2014 年 10 月份，全国居民消费价格总水平同比上涨 1.6%。其中，城市上涨 1.7%，农村上涨 1.4%；食品价格上涨 2.5%，非食品价格上涨 1.2%；消费品价格上涨 1.4%，服务价格上涨 2.0%。1-10 月平均全国居民消费价格总水平比去年同期上涨 2.1%。

10 月份，全国居民消费价格总水平环比持平（涨跌幅度为 0，下同）。其中，城市上涨 0.1%，农村持平；食品价格下降 0.2%，非食品价格上涨 0.2%；消费品价格持平，服务价格上涨 0.1%。

资料来源：http://www.stats.gov.cn/tjsj/zxfb/201411/t20141110_636069.html

【案例分析】

监测和国民经济运行状况，分析和把握重要经济变量的走势，对于社会经济管理和企业经营决策都非常重要，本章主要介绍反映社会经济现象发展状况、发展趋势的分析指标，反映复杂现象变动的指数以及建立在指数基础之上的指数因素分析法。

静态分析指标是对社会现象在同一时间上的指标进行对比而得到的统计分析指标，用以说明社会经济现象之间的数量联系。常见的静态分析指标有结构相对指标、比例相对指标、比较相对指标、强度相对指标和计划完成程度相对指标等。这些指标是由两个有一定联系的统计指标对比而得到的相对数。

任何社会经济现象都会随着时间的推移而不断地发展变化。因此，把握社会经济现象的发展规律，还需要从动态的角度分析社会经济现象。动态分析不仅可以揭示社会经济现象的发展趋势和变化的规律性，而且可以根据社会经济现象的发展趋势和发展规律，对管理中所需数据进行分析和预测，为科学管理与决策提供有力支持。

动态分析的基本资料是动态数列。动态数列也称为时间数列、时间序列，是指将反映某种社会经济现象的统计指标在不同时间上的数值，按照时间（如按年份、季度、月份等）先后顺序排列而形成的数列。动态数列由两个基本要素组成：一是所要研究的社会经济现象的时间范围及时段的划分；二是所研究的社会经济现象在相应的时刻或时段上的统计指标数值。

习惯上将动态数列中的指标称为发展水平。动态数列中动态分析指标计算公式不同时间上的指标数值一般用：$a_0,a_1,a_2,\cdots,a_{m-1},a_m,a_{m+1},\cdots,a_{n-1},a_n$表示，字母$a$代表指标数值，下标上的自然数代表指标数值所属的时间顺序。a_0常被称为最初水平，a_n被称为最末水平。

统计在身边

表 10-1　我国 2001—2005 年人均国内生产总值变动情况

指标名称	单位	2001	2002	2003	2004	2005
国内生产总值（当年价格）	亿元	109655.2	120332.7	135822.8	159878.3	183217.4
国内生产总值（2000 年价格）	亿元	107449.7	117208.3	128958.9	141964.5	156775.3
年末人口数	万人	127627	128453	129227	129988	130756
平均人口数	万人	127185	128040	128840	129607.5	130372
人均国内生产总值	万元/人	8622	9398	10542	12336	14053

资料来自于 2009 年中国统计年鉴。

为满足动态分析的需要，收集、整理社会经济现象在不同时间上的指标数值时，必须保证各个指标数值的可比性，即影响指标数值大小的因素：指标的含义、时间范围、空间范围、计算方法、计量单位等应该一致。例如，由于物价水平的变动，在不同时间上的 1 元所代表的价值量是不可比的。因此，从长期来看，以现行价格作为计量单位的价值指标通常是不可比的。在进行动态分析时，为了保证指标数值的可比性，统计上经常采用不变价格作为价值指标的计量单位，也可以利用价格指数对按现行价格计算的价值指标进行调整，以此保证不同时间上价值指标的可比性。

10.1　动态平均数

动态平均数又称为序时平均数，是根据现象在不同时间上的发展水平计算的动态平均数，用以反映现象在某一时期内的一般水平。根据指标的特点不同，动态平均数的计算方法也不相同。

10.1.1 动态平均数在统计中的应用

1. 动态平均数的作用

动态平均数是动态分析的基本指标，它削弱了指标数值受偶然因素影响而呈现出的波动性，揭示现象在一段时间内的中等水平。例如，某企业某一年的年销售收入与流动资金年平均占用额的比值就是流动资金年周转次数，可以反映该企业在该年内的流动资金的周转速度。

$$流动资金年周转次数=\frac{年销售收入}{流动资金年平均占用额}$$

这一指标的关键是计算流动资金年平均占用额，它是一个动态平均数。企业在不同时间（如年初、年末或一年的某个时刻）上的占用额是不同的，即企业占用的流动资金是不断变化的，为保证配比原则，就需要计算企业的流动资金年平均占用额。

2. 动态平均数与算术平均数的区别

算术平均数是用来反映总体的集中趋势的统计指标，是总体的重要特征值。动态平均数反映的是社会经济现象在一段时间内的一般水平，反映现象的发展情况，是动态分析的内容之一。

（1）动态平均数是同一现象在不同时间上发展水平的平均，从动态上说明其在某一段时间内发展的一般水平。算术平均数是在同一时间上所有总体单位（个体）数量标志值的一般水平，并不是从动态的角度说明问题的。

（2）动态平均数是对同一现象不同时间上的指标数值差异的抽象化，而静态平均数是对同一时间上总体单位某一数量标志值差异的抽象化。

10.1.2 动态平均数的种类及计算

由于统计指标的特点和形式不同，动态平均数的计算方法是不同的。

1. 统计指标的种类

根据统计指标说明总体的内容和形式不同，分为总量指标（包括时期指标和时点指标）、相对指标和平均指标。下面主要介绍总量指标、相对指标的概念和特点。

（1）总量指标

总量指标是反映社会经济现象在一定时间、空间和条件下的总规模、总水平或工作总量的统计指标。总量指标是用绝对数（不同于代数学中的绝对值）而不是相对数（倍数、成数或百分数等）计量的指标。总量指标是计算相对指标和平均指标的基础，是统计分析的基本指标。

总量指标按计量单位不同，可以分为实物指标和价值指标。实物指标是以使用价值作为计量单位，价值指标则是以货币作为计量单位。例如，汽车的产量或销量的计量单位是“辆”、“万辆”，是实物指标，而产值或销售额以“元”、“万元”、“亿元”计量，是价值指标。

总量指标按其所反映的社会经济现象的时间属性不同，可分为时期指标和时点指标。时期指标又被称为流量指标，反映社会经济现象在一段时间内的增、减变化的数量，不同时期的指标数值可以相加，指标数值大小与所包括的时期长短有直接关系；而时点指标又被称为存量指标，反映社会经济现象在某一时刻的状态或达到的水平，不同时点上的指标数值相加没有明确的经济意义，指标数值的大小与时间间隔也没有必然的联系。

（2）相对指标

相对指标是采用两个有联系的统计指标对比（相除）而得到的统计分析指标，其计量单位在分子、分母单位相同时，为倍数（系数）、成数或百分数等无名数单位，在分子、分母单位不同时，是分别保留分子、分母单位的有名数单位。相对指标可以弥补总量指标的不足，通过数量对比关系，深入说明社会经济现象之间的关联程度、发展程度。

$$c=\frac{a}{b}$$

相对指标按分子、分母的关系不同，可分为六种：结构相对指标、比例相对指标、强度相对指标、动态相对指标、比较相对指标和计划完成程度相对指标。

动态数列按统计指标不同，分为总量指标（绝对数）动态数列、相对指标（相对数）动态数列和平均指标（平均数）动态数列三种。

2. 总量指标动态平均数的计算

（1）时期指标动态平均数的计算公式：

$$\bar{a}=\frac{\sum a}{n}$$

式中的分子$\sum a$表示研究时间范围内时期指标的总和，根据掌握资料不同，即使对同一个问题，其形式也可能需要灵活变化。例如，计算某企业 2011 年的平均产量时，$\sum a$就指的是该企业 2011 年的产量，它可以是 2011 年内每天的产量之和，一年 365 天，此时，$\sum a=\sum_{i=1}^{365}a_i$，$a_i$代表该企业 2011 年第 i 天的产量；它也可是 2011 年各月的产量之和，此时，$\sum a=\sum_{i=1}^{12}a_i$，$a_i$代表该企业 2011 年在第 i 月的总产量；它还可是 2011 年各个季度的产量之和，此时，$\sum a=\sum_{i=1}^{4}a_i$，a_i代表该企业 2011 年第 i 个季度的总产量。

式中的分母 n 表示时期数，在相同时间范围内，根据计算的问题不同，n 的大小也是不同的。例如，计算某企业 2011 年的平均每月的产量时，n 为 12；若计算平均每个季度的产量时，n 应为 4；若计算平均每天的产量时，n 应为 365。

例 10-1 某企业 2011 年各月的产量如表 10-2 所示，试分别计算平均每月的产量和平均每个季度的产量，并比较它们的异同之处。

表 10-2 某企业 2011 年各月产品产量

月份	产量（吨）	月份	产量（吨）
1 月	1700	7 月	1735
2 月	1710	8 月	1730
3 月	1730	9 月	1725
4 月	1720	10 月	1765
5 月	1710	11 月	1750
6 月	1730	12 月	1755

解：2011 年平均每月的产量：

$$\overline{a}=\frac{\sum a}{n}=\frac{20760}{12}=1730(\text{吨})$$

2011 年平均每季度的产量：

$$\overline{a}=\frac{\sum a}{n}=\frac{20760}{4}=5190(\text{吨})$$

产量是时期指标，其大小与时间长短有密切的关系。平均每个季度的产量之所以正好为平均每个月产量的 3 倍，是因为一个季度的长度是一个月长度的 3 倍。可见，尽管两个指标的数值有很大的差异，但反映现象的发展水平是没有差异的，它们都是同一个企业在 2011 年的产量水平。

因此，在利用时期指标分析现象发展水平时，不可忽视决定其大小的时间长度。

（2）时点指标动态平均数的计算。

时点指标动态平均数计算的基本公式为：

$$\overline{a}=\frac{\sum \overline{a}_i f_i}{\sum f_i}$$

式中，$\overline{a}_i$ 表示时点指标在第 i 段时期内的平均数；f_i 表示第 i 段时期的时间长度，在同一公式中，f_i 的计量单位必须一致。

需要说明的是，由于时间数列中的时点指标所反映社会经济现象的时间状况不同，$\overline{a}_i$ 的计算方法也有所不同，下面要重点说明这一问题。

时点指标既可以说明社会经济现象在某一时刻达到的数量，也可以说明社会经济现象在某一时期不变的规模和水平。前者称为间断的时点指标，后者称为连续的时点指标。两者之间的差异在于对现象的观察在时间是否连续。

如果仅在某些时刻对社会经济现象达到的规模和水平进行观察，并记录社会经济现象在各观察时点上的数量，得到的就是间断的时点数列；如果在一段时间内对社会经济现象达到的规模和水平进行不间断地观察，并在社会经济现象的数量状态发生变化时记录其达到的规模和水平，这样得到的就是连续的时点数列。现举例说明如下。

例 10-2 某企业在 2010 年 2 月末，仓库中库存商品的数量为 208 件，本月发生的所有入库或出库情况如下：

① 3 月 2 日出库 50 件，库存变为 158 件；

② 3 月 9 日入库 20 件，库存变为 178 件；

③ 3 月 16 日入库 60 件，库存变为 238 件；

④ 3 月 19 日出库 68 件，库存变为 170 件；
⑤ 3 月 28 日入库 86 件，库存变为 256 件。
除此之外，再无其他入库或出库业务。
试计算该企业 3 月份的平均库存量。
解：整理得 3 月月初的库存量、出入库情况以及出入库后的库存量如表 10-3 所示。

表 10-3 出入库及库存量（连续）调查表

单位：件

日期	3 月 1 日	3 月 2 日	3 月 9 日	3 月 16 日	3 月 19 日	3 月 28 日	合计
入库量（时期数）	—	—	20	60	—	86	166
出库量（时期数）	—	50	—	—	68	—	118
库存量（时点数）	208	158	178	238	170	256	—

由表 10-3 可知，该商业企业 3 月份每天的库存情况如表 10-4 所示。

表 10-4 3 月份每天的库存数量

日期	库存量（件）	日期	库存量（件）	日期	库存量（件）
3 月 1 日	208	3 月 12 日	178	3 月 23 日	170
3 月 2 日	158	3 月 13 日	178	3 月 24 日	170
3 月 3 日	158	3 月 14 日	178	3 月 25 日	170
3 月 4 日	158	3 月 15 日	178	3 月 26 日	170
3 月 5 日	158	3 月 16 日	238	3 月 27 日	170
3 月 6 日	158	3 月 17 日	238	3 月 28 日	256
3 月 7 日	158	3 月 18 日	238	3 月 29 日	256
3 月 8 日	158	3 月 19 日	170	3 月 30 日	256
3 月 9 日	178	3 月 20 日	170	3 月 31 日	256
3 月 10 日	178	3 月 21 日	170		
3 月 11 日	178	3 月 22 日	170		

库存量随时间的变化走势如图 10-1 所示。

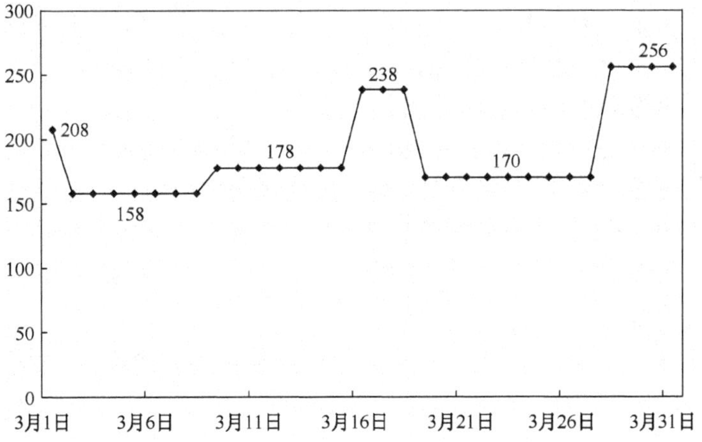

图 10-1 3 月份库存量变化情况

可见，虽然库存量是时点指标，反映的是库存产品的数量在某一时刻状态，但表 10-4 中所列的库存量反映的是库存产品的数量在一段时间内是不变的状态，是连续的时点数列。

上例中，3 月份的产品库存量是客观存在的。但若我们仅仅每隔 5 天调查一次库存，结果如表 10-5 所示。

表 10-5　3 月份库存商品数量（间断）调查表

（单位：件）

调查日期	3 月 1 日	3 月 6 日	3 月 11 日	3 月 16 日	3 月 21 日	3 月 26 日	3 月 31 日
库存量	208	158	178	238	170	170	256

表 10-5 中的每一个库存量数值，只代表在相应时点上的库存，而不能说明其他时间的库存数量。3 月份的库存量调查时间及结果如图 10-2 所示。

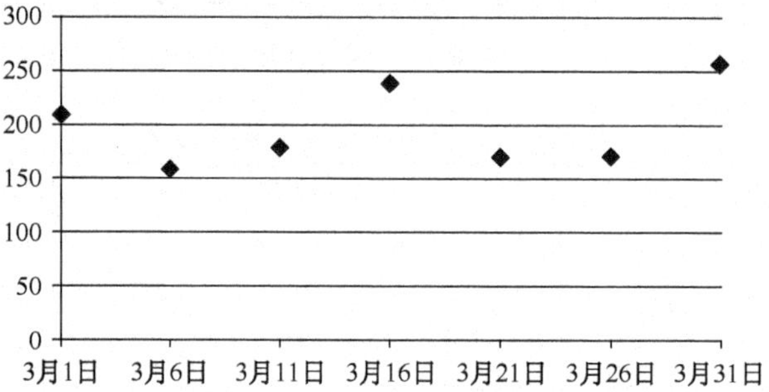

图 10-2　3 月份库存数量调查结果

若 $a_1,a_2,\cdots,a_{n-1},a_n$ 分别反映的是现象在不同时间段内保持不变的数值，则 $\overline{a}_i=a_i$；若 $a_0,a_1,a_2,\cdots,a_{n-1},a_n$ 分别反映的是现象在不同时刻的数值，$\overline{a}_i$ 可以采用时点指标在第 i 期的期初数与期末数相加之和除以 2 计算，即：

$$\overline{a}_i=\frac{a_{i-1}+a_i}{2}$$

需要强调的是：a_i 是第 i 期期末的指标数值，$\overline{a}_i$ 是时点指标在第 i 段时期内的平均数的估计值。

根据时间数列中的时点指标是否连续和相邻两个时点指标所属时间的间隔是否相等，如图 10-3 所示，时点指标动态平均数的计算公式有四种不同的形式，在计算动态平均数时，需要根据掌握的时点数列不同，选用适当的公式。

什么是连续？连续是指时点数列中的每一个数值反映的是从其所属时间开始直到发生变化为止这段时间内社会经济现象保持不变的数值（发生变化后的数值作为时点数列的下一项指标数值），而不是社会经济现象仅在某一时刻的数值。这主要取决于对时点指标的调查方法，只有采用连续调查方法，一旦现象发生变化，就记录其变化的时间和变化的结果，才能得到连续的时点数列。

与连续相对应的是间断，即时点数列中的指标数值只是社会经济现象在某一时刻的状态。

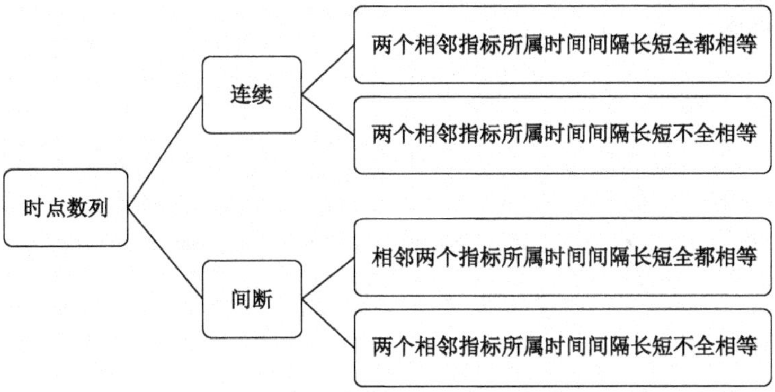

图 10-3　时点数列的分类结构图

由于连续的时点指标在下一个数值对应的时间之前，数值不变，根据连续的时点数列计算时点指标的动态平均数公式：

$$\overline{a}=\frac{\sum a_i f_i}{\sum f_i}$$

表 10-6　平均库存量计算表

日期	1 日	2～8 日	9～15 日	16～18 日	19～27 日	28～31 日
时间序号 i	1	2	3	4	5	6
库存量 $a_i=\overline{a}_i$	208	158	178	238	170	256
时间长度 f_i（天数）	1	7	7	3	9	4
$\overline{a}_i f_i$	208	1106	1246	714	1530	1024

因此，该企业 3 月份平均库存量为：

$$\overline{a}=\frac{\sum \overline{a}_i f_i}{\sum f_i}=\frac{5828}{31}=188(\text{件})$$

若 $f_1, f_2, \cdots, f_{n-1}, f_n$ 的大小全相等，公式可转化为：

$$\overline{a}=\frac{\sum \overline{a}_i}{n}$$

例 10-3　某地区 2011 年上半年各月初流动人口数资料如表 10-7 所示，试计算该地区上半年平均流动人口数量。

表 10-7　某地区 2011 年上半年各月初流动人口数资料

时间（月/日）	1/1	2/1	3/1	4/1	5/1	6/1	7/1
人数（万人）	15.6	13.5	14.3	14.9	15.1	15.5	16.2

解：由于我们掌握的资料是该地区各月初的流动人口数，计算上半年平均流动人口数量，需要先计算各月平均流动人口数量，各月平均流动人口数量采用：

$$\overline{a}_i=\frac{a_{i-1}+a_i}{2}$$

例如，1 月份平均流动人口数量 $\overline{a}_1$ 是 1 月初（上年 12 月末）的流动人口数 15.6 万人与

1 月末的流动人口数 13.5 万人的平均数，即：

$$\overline{a}_1=\frac{a_0+a_1}{2}=\frac{15.6+13.5}{2}=14.55(\text{万人})$$

各月平均流动人口数的计算结果如表 10-8 所示，需要说明的是，为使表中的各月初的流动人口数量组成的时间数列的时间序号 i、a_i、$\overline{a}_i$ 相一致，我们将原表中的各月初人数改称为上月月末人数，除此之外，两者在数值和所反映该地流动人口状况是完全相同的。例如，表 10-7 中的 1 月 1 日的流动人口数改为上年 12 月末人数，7 月 1 日的流动人口数改为上年 6 月末人数。

表 10-8　某地区 2011 年上半年各月流动人口数资料

月份	上年 12 月	1 月	2 月	3 月	4 月	5 月	6 月
时间序号 i	0	1	2	3	4	5	6
月末人数（万人）a_i	15.6	13.5	14.3	14.9	15.1	15.5	16.2
各月平均人数 $\overline{a}_i$	—	14.55	13.9	14.6	15	15.3	15.85
与上一项指标所属时间的间隔长度 f_i（月）	—	1	1	1	1	1	1

$$\overline{a}=\frac{\sum\overline{a}_if_i}{\sum f_i}$$

$$=\frac{\frac{a_0+a_1}{2}\times1+\frac{a_1+a_2}{2}\times1+\frac{a_2+a_3}{2}\times1+\frac{a_3+a_4}{2}\times1+\frac{a_4+a_5}{2}\times1+\frac{a_5+a_6}{2}\times1}{1+1+1+1+1+1}$$

$$=\frac{\frac{a_0+a_1}{2}+\frac{a_1+a_2}{2}+\frac{a_2+a_3}{2}+\frac{a_3+a_4}{2}+\frac{a_4+a_5}{2}+\frac{a_5+a_6}{2}}{6}$$

$$=\frac{\frac{a_0}{2}+a_1+a_2+a_3+a_4+a_5+\frac{a_6}{2}}{6}$$

采用上述简化式计算该地区上半年平均流动人口数为：

$$\overline{a}=\frac{\frac{a_0}{2}+a_1+a_2+a_3+a_4+a_5+\frac{a_6}{2}}{6}$$

$$=\frac{\frac{15.6}{2}+13.5+14.3+14.9+15.1+15.5+\frac{16.2}{2}}{6}$$

$$=14.87(\text{万人})$$

3. 相对指标动态平均数的计算

相对指标在统计分析中具有重要的作用，有些相对指标本身就是动态平均数。例如，劳动生产率指标是生产的成果和劳动消耗量之比。生产的成果是用实物量或价值量表示的一定时期内的生产成果，如产量、总产值、增加值、利润等。劳动消耗量是生产过程中消耗的劳动量，可以用一定时期内的职工人数来表示。在计算劳动生产率时，必须保证生产成果与劳动消耗量在时间上的统一，这就是计算相对指标的配比原则。

若相对指标c采用$c=\frac{a}{b}$的形式来计算，a、b为相对指标的分子和分母，则相对指标c的动态平均数计算的基本方法是：

$$\bar{c}=\frac{\bar{a}}{\bar{b}}$$

$\bar{a}$、$\bar{b}$分别是计算相对指标c的分子a和分母b的动态平均数。$\bar{a}$、$\bar{b}$要分别根据时期指标和时点指标平均数的计算方法计算。

例 10-4 某企业第二季度工业总产值及职工人数资料如表 10-9 所示。

表 10-9 某企业 3～6 月份的工业总产值和月末职工人数

月份	3	4	5	6
工业总产值（万元）	650	680	700	720
月末职工人数（人）	200	220	230	220

试根据表 10-9 资料计算：

（1）该企业第二季度平均每月的工业总产值；

（2）该企业第二季度平均职工人数；

（3）该企业 4 月份的劳动生产率；

（4）该企业第二季度的劳动生产率；

（5）该企业第二季度平均每月的劳动生产率。

解：（1）该企业第二季度平均每月的工业总产值：

$$\bar{a}=\frac{\sum a}{n}=\frac{680+700+720}{3}=700(\text{万元/月})$$

（2）该企业第二季度平均职工人数：

$$\bar{b}=\frac{\frac{200}{2}+220+230+\frac{220}{2}}{3}=220(\text{人})$$

（3）该企业 4 月份的劳动生产率：

$$c=\frac{a}{\bar{b}}=\frac{680}{\frac{200+220}{2}}\approx 3.24(\text{万元/人})$$

（4）该企业第二季度的劳动生产率：

$$c=\frac{\sum a}{\bar{b}}=\frac{680+700+720}{220}\approx 9.55(\text{万元/人})$$

（5）该企业第二季度平均每月的劳动生产率：

$$\bar{c}=\frac{\bar{a}}{\bar{b}}=\frac{700}{220}\approx 3.18(\text{万元/人})$$

10.2 描述社会经济现象发展趋势的指标

10.2.1 增长量

1. 增长量的概念

增长量也称为增减量，是两个不同时期发展水平之差，反映某种社会经济现象在一定时期内增加或减少的绝对数量。增长量计算的基本公式为：

增长量＝报告期的指标值－基期的指标值

基期是为了说明和分析问题而拿来作对比的时期。例如，为了分析某企业本年度经营情况的好坏，我们可以用本年度实现的利润与上一年度的利润相对比，去年就是基期。由于基期不同，计算的增长量、发展速度等指标的结果也大不相同，这是必须注意的问题。

当报告期的指标值大于基期的指标值时，增长量为正值，表明指标数值比基期有所增加；当报告期的指标值小于基期的指标值时，增长量为负值，表明指标的数值比基期有所下降，此时，也可称为负增长。

2. 增长量的种类

增长量根据基期的不同，主要分为逐期增长量和累计增长量两种。逐期增长量是以报告期的前一期水平为基期，各期水平与上一期水平之差，表示现象在一段时期内逐期增减变动的绝对数量。累计增长量是以固定的基期水平（一般是以动态数列的最初水平 a_0 为基期），各期水平与这一固定基期水平之差计算的，表示某一指标在较长时期内累计增减变动的绝对数量。

对于某种社会经济现象的动态数列 $a_0,a_1,a_2,\cdots,a_{m-1},a_m,a_{m+1},\cdots,a_{n-1},a_n$，最初水平为 a_0。从第 1 期到第 n 期的逐期增长量和累计增长量的计算公式分别用符号表示为：

逐期增长量：a_1-a_0，a_2-a_1，a_3-a_2，…，a_n-a_{n-1}

累计增长量：a_1-a_0，a_2-a_0，a_3-a_0，…，a_n-a_0

逐期增长量与累计增长量的关系如表 10-10 所示。

表 10-10 逐期增长量与累计增长量的关系

期数序号	1	2	3	…	n
逐期增长量：	a_1-a_0	a_2-a_1	a_3-a_2	…	a_n-a_{n-1}
累计增长量：	a_1-a_0	a_2-a_0	a_3-a_0	…	a_n-a_0

可以看出，某一期的累计增长量等于包含本期在内的以前各期的逐期增长量之和，即：

$$a_m-a_0=(a_1-a_0)+(a_2-a_1)+(a_3-a_2)+\ldots+(a_m-a_{m-1})$$

相邻两个累计增长量之差（后一期的累计增长量减前一期的累计增长量）等于后一期

的逐期增长量。即：

$$(a_m - a_0) - (a_{m-1} - a_0) = a_m - a_{m-1}$$

此外，在统计分析中，为了消除季节变化的影响，对于受季节因素影响较明显的社会经济指标，需要计算年距增长量（或者称为同比增长量），它是报告期水平与上年同期水平之差，表明报告期水平较上年同期水平增长的绝对量，其计算公式为：

年距增长量=报告期水平-上年同期水平

3. 平均增长量

平均增长量是一定时期内逐期增长量的序时平均数，用来反映某种社会经济现象在一定时期内平均每期比上期增长的绝对数量。其计算公式为：

$$平均增长量 = \frac{逐期增长量之和}{逐期增长量个数} = \frac{累计增长量}{动态数列项数 - 1}$$

平均增长量为正值，表示现象在一段时期内呈增长趋势，平均增长量为负值，表示现象在一段时期内呈下降趋势。如果现象在一定时期内的逐期增长量大致相等时，其平均增长量可作为预测的依据，采用线性回归方程预测发展趋势。

10.2.2 发展速度与增长速度

1. 发展速度的概念

发展速度是报告期发展水平与基期发展水平进行对比求得的，表明社会经济现象发展程度的动态相对指标。一般用百分数或倍数表示。其计算公式为：

$$发展速度 = \frac{报告期发展水平}{基期发展水平}$$

若发展速度大于 1（或大于 100%），表示向上发展；若发展速度小于 1（或小于 100%），则表示向下发展。

2. 发展速度的种类

发展速度由于采用的基期不同，可以分为环比发展速度和定基发展速度。环比发展速度是报告期水平与其前一期水平之比，它用来说明报告期水平为前一期水平的百分之几或多少倍。定基发展速度是报告期水平与某一固定基期水平（通常为最初水平）之比，它用来说明报告期水平为某一固定基期水平的百分之几或多少倍，表明现象在某一较长时期内总的发展速度，故又称为总速度。

环比发展速度计算公式：

$$\frac{a_1}{a_0},\ \frac{a_2}{a_1},\ \frac{a_3}{a_2},\ \cdots,\ \frac{a_n}{a_{n-1}}$$

定基发展速度计算公式：

$$\frac{a_1}{a_0},\ \frac{a_2}{a_0},\ \frac{a_3}{a_0},\ \cdots,\ \frac{a_n}{a_0}$$

由此可见：环比发展速度和定基发展速度之间存在这样的运算关系：

第一，环比发展速度的连乘积等于相应时期的定基发展速度：

$$\frac{a_1}{a_0}\times\frac{a_2}{a_1}\times\frac{a_3}{a_2}\times\cdots\times\frac{a_n}{a_{n-1}}=\frac{a_n}{a}$$

第二，两个相邻定基发展速度之比等于报告期的环比发展速度：

$$\frac{a_m/a_0}{a_{m-1}/a_0}=\frac{a_m}{a_{m-1}}$$

在统计实践中，为了消除季节变动的影响，还可计算年距发展速度指标，它是报告期水平与上年同期水平之比。其计算公式为：

$$\text{年距发展速度}=\frac{\text{报告期水平}}{\text{上年同期发展水平}}$$

3. 增长速度

增长速度是增长量与基期水平之比，反映报告期水平比基期水平增长了百分之几或多少倍，发展速度减 100%等于增长速度。其计算公式为：

$$\text{增长速度}=\frac{\text{报告期增长量}}{\text{基期发展水平}}\times100\%=\text{发展速度}-100\%$$

由于基期的选择不同，可以分为环比增长速度和定基增长速度。

环比增长速度是逐期增长量与前一期水平之比，表明现象每期比上期增长的百分比。时间数列从第 1 期到第 n 期的环比增长速度的计算公式分别如下：

$$\frac{a_1-a_0}{a_0},\quad\frac{a_2-a_1}{a_1},\quad\frac{a_3-a_2}{a_2},\ \cdots,\ \frac{a_n-a_{n-1}}{a_{n-1}}$$

环比增长速度实际就是环比发展速度减去 100%的差。用公式分别表示如下：

$$\frac{a_1}{a_0}-100\%,\quad\frac{a_2}{a_1}-100\%,\quad\frac{a_3}{a_2}-100\%,\ \cdots,\ \frac{a_n}{a_{n-1}}-100\%$$

定基增长速度是累计增长量与某一固定时期水平（通常是最初水平）之比，表明现象在较长时期内总的增长速度，定基发展速度减 100%等于定基增长速度。用公式表示为：

$$\frac{a_1-a_0}{a_0},\quad\frac{a_2-a_0}{a_0},\quad\frac{a_3-a_0}{a_0},\ \cdots,\ \frac{a_n-a_0}{a_0}$$

或：

$$\frac{a_1}{a_0}-100\%,\quad\frac{a_2}{a_0}-100\%,\quad\frac{a_3}{a_0}-100\%,\ \cdots,\ \frac{a_n}{a_0}-100\%$$

在统计实践中，为了消除季节变动的影响，还可计算年距增长速度指标，它是年距增长量与上年同期发展水平之比，表明相对于上年同期水平增长的程度，其计算公式为：

$$\text{年距增长速度}=\frac{\text{年距增长量}}{\text{上年同期发展水平}}\times100\%=\text{年距发展速度}-100\%$$

发展速度与增长速度是对社会经济现象进行动态分析的基本指标。如果发展速度大于 1，增长速度为正值，表示某种现象增长的程度和上升的发展趋势；否则相反。需要注意的是：由于定基增长速度不等于相应时期内各环比增长速度的连乘积，而两个相邻时期定基增长速度的比率也不等于相应时期的环比增长速度，故定基增长速度与环比增长速度不能像定基发展速度与环比发展速度那样互相推算，而必须通过定基发展速度和环比发展速度的关系推算。

例 10-5 据调查，从 2003 年到 2008 年，国际铁矿石基准价格涨幅分别比上年增长 8.9%、18.62%、71.5%、19%、9.5%和 65%。试计算：

（1）2008 年国际铁矿石基准价格比 2002 年上涨百分之多少？

（2）2008 年国际铁矿石基准价格比 2005 年上涨百分之多少？

解：（1）2008 年国际铁矿石基准价格比 2002 年上涨的百分比为：

$$\begin{aligned}&(1+8.9\%)\times(1+18.62\%)\times(1+71.5\%)\times(1+19\%)\times(1+9.5\%)\times(1+65\%)-100\%\\&=376.3\%\end{aligned}$$

可见，2008 年国际铁矿石基准价格比 2002 年上涨了 376.3%；

（2）2008 年国际铁矿石基准价格比 2005 年上涨的百分比为：

$$(1+19\%)\times(1+9.5\%)\times(1+65\%)-100\%=115\%$$

因此，2008 年国际铁矿石基准价格比 2005 年上涨 115%。

4．平均发展速度与平均增长速度

平均发展速度是各期环比发展速度的序时平均数，用以说明现象在一定时期内平均为上一期的百分之多少。计算平均增长速度必须先计算平均发展速度，平均增长速度等于平均发展速度减 100%，平均增长速度用以说明现象在一定时期内平均比上一期增加百分之多少。

平均发展速度根据计算的出发点不同，有水平法和累计法两种方法。

所谓水平法，就是主要依据社会经济现象的最初水平 a_0、最末水平 a_n、期数 n 三个基本数据计算平均发展速度的方法。水平法强调的是从最初水平 a_0 开始，在 n 期内各期都按照一个不变的环比发展速度 $\bar{x}$ 递增或递减，正好达到最末水平 a_n。即：

$$a_0\bar{x}^n=a_n$$

满足这一条件的不变的环比发展速度 $\bar{x}$ 就是社会经济现象在 n 期内的平均发展速度。因此，平均发展速度的计算公式为：

$$\bar{x}=\sqrt[n]{\frac{a_n}{a_0}}$$

由于各期环比发展速度的连乘积等于最后一期的定基发展速度，因此上式又可表示为：

因此，$$\bar{x}=\sqrt[n]{\frac{a_n}{a_0}}=\sqrt[n]{\frac{a_1}{a_0}\times\frac{a_2}{a_1}\times\frac{a_3}{a_2}\times\cdots\times\frac{a_n}{a_{n-1}}}=\sqrt[n]{x_1\times x_2\times x_3\times\cdots\times x_n}$$

水平法平均发展速度的计算公式有多种变形：

$$\begin{aligned}\bar{x}&=\sqrt[n]{x_1\times x_2\times x_3\times\cdots\times x_n}\\&=\sqrt[n]{\prod_{i=1}^{n}x_i}\end{aligned}$$

式中，希腊字母 $\prod$ 表示连乘。由于这种方法计算的平均发展速度可以变形为各期环比发展速度的几何平均数。因此，水平法又称为几何平均法。

水平法的计算公式$\bar{x}=\sqrt[n]{x_1\times x_2\times x_3\times\cdots\times x_n}$要求$x_i\neq 0$。若动态数列中某一期的发展水平为0，就只能选用$\bar{x}=\sqrt[n]{\frac{a_n}{a_0}}$计算平均发展速度。

例 10-6 从 2003 年到 2008 年，国际铁矿石基准价格涨幅分别比上年增长 8.9%、18.62%、71.5%、19%、9.5%和 65%。这 6 年间铁矿石基准价格平均每年比上年上涨百分之几？

解：

$$\begin{aligned}\bar{x}&=\sqrt[6]{(1+8.9\%)\times(1+18.62\%)\times(1+71.5\%)\times(1+19\%)\times(1+9.5\%)\times(1+65\%)}-100\%\\&=\sqrt[6]{476.3\%}-100\%\\&=29.7\%\end{aligned}$$

计算结果表明：这6年间铁矿石基准价格平均每年比上年上涨29.7%

所谓累计法，就是按最初水平a_0和n期内保持不变的环比发展速度$\bar{x}$计算出来的第 1 期到第n期各期的发展水平：$a_0\bar{x}^1$、$a_0\bar{x}^2$、$a_0\bar{x}^3$、…、$a_0\bar{x}^n$之和等于从第 1 期到第n期的实际发展水平之和。即：

$$a_0\bar{x}+a_0\bar{x}^2+a_0\bar{x}^3+\cdots+a_0\bar{x}^n=a_1+a_2+a_3+\cdots+a_n$$

可见，累计法计算平均发展速度的思路与水平法不同，累计法计算平均发展速度关注的是n期累计发展水平，而不是最后一期的发展水平。

设$\bar{x}$为平均发展速度，计算平均发展速度的方程为：

$$a_0\bar{x}+a_0\bar{x}^2+a_0\bar{x}^3+\cdots+a_0\bar{x}^n=a_1+a_2+a_3+\cdots+a_n$$

$$a_0(\bar{x}+\bar{x}^2+\bar{x}^3+\cdots+\bar{x}^n)=\sum_{i=1}^{n}a_i$$

$$\frac{\bar{x}^{n+1}-\bar{x}}{\bar{x}-1}=\frac{\sum_{i=1}^{n}a_i}{a_0}$$

因此，累计法又称为方程法。

在实际工作中，如果所关心的是现象在整个时期内的总量时，应采用累计法计算平均发展速度。

累计法需要解高次方程，有多个解。实际中，我们首先需要判断$\bar{x}$是大于 1 还是小于 1。

若$\frac{\sum_{i=1}^{n}a_i}{a_0}>n$，表明$n$期累计发展水平大于$n$倍的最初发展水平$a_0$，现象是递增发展的，因此，$\bar{x}>1$；

若$\frac{\sum_{i=1}^{n}a_i}{a_0}<n$，表明$n$期累计发展水平小于$n$倍的最初发展水平$a_0$，现象是递减发展的，因此，$\bar{x}<1$；

求解高次方程，可使用 Excel 软件的工具（单变量求解工具）来解决。

10.2.3 反映现象发展趋势的数学模型

社会经济现象的发展变化受多种因素的影响，主要包括长期趋势、循环变动（变化周期在一年以上的周期性变化）、季节变化（变化周期等于或小于一年的周期性变化）、偶然因素这四大类因素。每一类影响社会经济现象的因素又是多重的，这些影响因素交织在一起，使得社会经济现象变化令人眼花缭乱，让人捉摸不定。例如，由于受多种因素的影响，股票市场上股票的价格走势或大盘的走势就让人难以捉摸。但如果从较长时期来看，我们还是可以从整体上把握现象发展的长期趋势和发展规律的。还是看股票市场，无论是大盘指数，还是个股，没有只跌不涨，也没有只涨不跌，这就是波动性规律，但涨跌的时间长短却是千变万化的。

社会经济现象发展的长期趋势是由于某些基本因素的长期作用，而使现象呈现的不断上升或下降的趋势。

在反映现象发展趋势的数学模型中，用t_i代表动态数列中第i指标值所属的时间序号，用y_i代表与t_i相应的指标数值，而不用a_i代表指标数值。请注意这与本章前面是不同的。

描述社会经济现象长期发展趋势的模型很多，如线性模型$y_c = a + bt$、指数模型$y_c = ab^t$等。我们在此仅介绍线性模型描述社会经济现象发展趋势的方法。

例 10-7 以某企业 2004—2008 年的销售额如表 10-11 所示。试建立描述销售额随时间变化的直线趋势模型，采用最小二乘法估计模型的参数，并根据直线趋势模型预计该企业 2009 年的销售额。

表 10-11 某企业 2004—2008 年的销售额

年份	2004	2005	2006	2007	2008
销售额（万元）	400	480	570	670	790

解：以年份为横坐标，以销售额为纵坐标作销售额随时间变化的散点图。如图 10-4 所示。通过图 10-4 可以看出该企业的销售额随时间变化的增长趋势，可以用一条虚直线（$y_c = a + bt$）来描述。根据各年的销售额情况拟合出一条与实际误差最小的直线，这条直线模型的参数 a、b 应根据最小二乘法确定。

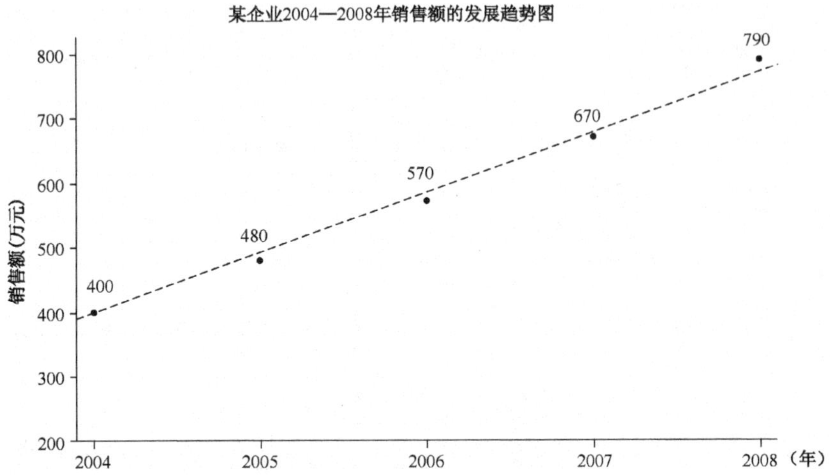

图 10-4 企业销售额的发展趋势图

最小二乘法确定参数 a、b，可以使按照模型计算出来的各年销售额的趋势值与实际值的误差总和为最小，最小二乘即 $Q=\sum(y-y_c)^2=\sum(y-a-bt)^2$ 为最小值。

最小二乘法的估计参数 a、b 的方程组为：

$$\begin{cases}\sum y = na + b\sum t \\ \sum ty = a\sum t + b\sum t^2\end{cases}$$

方程组中，a、b 是待定的模型参数，n 是指动态数列的项数；

$\sum y$ 是指动态数列中各期指标值之和；

$\sum t$ 是指动态数列中各期时间序号之和（t_i 一般为整数，由于在编制动态数列时，一般要求各个指标值所属时间间隔相等，t 一般为等差数列。在实际工作中，为减少计算工作量，时间序号的编法也较灵活）；

$\sum ty$ 是指动态数列中各期时间序号与相应指标数值的乘积之和；

$\sum t^2$ 是指动态数列中各期时间序号的平方和。

时间序号 t_i 的两种形式。

第一种形式为：t 的序号从 0 开始，每过一年 t 值增加 1。因此，从 2004 年到 2008 年的时间序号依次为 0、1、2、3、4。按此规则，2009 年时，t 的序号应为 5。

直线趋势模型参数估计基础数据计算表如表 10-12 所示。

表 10-12 直线趋势模型参数估计基础数据计算表

年份	销售额（万元）	时间序号（t）	ty	t^2
2004	400	0	0	0
2005	480	1	480	1
2006	570	2	1140	4
2007	670	3	2010	9
2008	790	4	3160	16
合计	2910	10	6790	30

由表 10-12 可知：$\sum t=10$，$\sum ty=6790$，$\sum t^2=30$，所以直线趋势模型的参数 a、b 分别为：

$$b=\frac{n\sum ty-\sum t\sum y}{n\sum t^2-\left(\sum t\right)^2}=\frac{5\times6790-10\times2910}{5\times30-10^2}=97$$

$$a=\frac{\sum y-b\sum t}{n}=\frac{2910-97\times10}{5}=388$$

这表明该企业的 2004 年的销售额大约为 388 万元，每年递增 97 万元，因此，2009 年的销售额大约为：

$$\hat{y}=388+5\times97=873(\text{万元})$$

第二种形式为：不仅要求序号 t 为等差数列，还要求 $\sum t=0$。这样做的目的主要是为了简化计算。若 $\sum t=0$，求参数 a、b 的方程组简化为：

$$\begin{cases}\sum y = na \\ \sum ty = b\sum t^2\end{cases}$$

参数 a、b 的计算公式简化为：

$$\begin{cases}a = \dfrac{\sum y}{n} \\ b = \dfrac{\sum ty}{\sum t^2}\end{cases}$$

在本例中，由于数列的长度为 5 项，处于中间的第 3 项的编号定为 0，在第 3 项的前后的项数一样多，因此，t 的序号从−2 开始，每过一年 t 值增加 1，从 2004 年到 2008 年的时间序号依次为：−2、−1、0、1、2，可使编号 t 的总和为 0。按此编号规则，2009 年的时间 t 的序号应为 3。

直线趋势模型参数估计基础数据计算表如表 10-13 所示。

表 10-13　直线趋势模型参数估计基础数据计算表

年份	销售额（万元）	时间序号（t）	ty	t^2
2004	400	−2	−800	4
2005	480	−1	−480	1
2006	570	0	0	0
2007	670	1	670	1
2008	790	2	1580	4
合计	2910	0	970	10

由表 10-13 可知：$\sum ty = 970$，$\sum t^2 = 10$，所以直线趋势模型的参数 a、b 分别为：

$$b = \frac{\sum ty}{\sum t^2} = \frac{970}{10} = 97$$

$$a = \frac{\sum y}{n} = \frac{2910}{5} = 582$$

2009 年的销售额大约为：

$$\hat{y} = 582 + 3 \times 97 = 873(\text{万元})$$

因此，可以预测 2009 年销售额为 873 万元。

为使 $\sum t = 0$，当总项数 n 为奇数时：时间序号 t 应为：…，−4，−3，−2，−1，0，1，2，3，4，…。其公差为 1。

当总项数 n 为偶数时，时间序号 t 分别为：…，−7，−5，−3，−1，+1，+3，+5，+7，…。其公差为 2。

在做趋势预测时，必须根据计算参数 a、b 时的编号规则来确定预测年份的时间序号。否则，预测就会发生错误。

10.3 季节变动分析

10.3.1 季节变动的概念

从狭义上来讲，某些社会经济现象的数值由于一年四季的交替，发生有规律的周期性变化，这种周期性变化被称为季节变动。例如，啤酒、冷饮以及服装等的销售量明显受到季节的影响。从广义上来讲，某些社会经济现象的数值在小于一年的时间之内（不必等于1年），随时间变化而发生有规律的周期性变化，也称为季节变动。例如，在许多城市都有交通的高峰期（工作日的上下班时间），在交通高峰期，道路上的汽车很多，容易发生堵车的现象。再如，商场的顾客数量在一星期之内也会发生有规律的变化，在星期六、星期天以及节假日逛商场的顾客较多、销售额也较大；而在工作日，逛商场的顾客较少、销售额较小。这些现象都是季节变动，周期未必等于1年。

10.3.2 季节比率的计算及其应用

研究季节变化对社会经济现象的影响，对于做好短期预测有重要的作用。反映季节变化的指标是季节比率。季节比率的计算方法有按月（季）平均法和长期趋势剔除法两种。下面举例仅介绍按月（季）平均法季节比率的计算和应用问题。

例 10-8 某企业2008—2011年各月在甲地区的销售额情况如表10-14所示，若2012年4、5、6月的销售额分别是4097、4818、5727万元。试计算各月销售额的季节比率，并根据季节比率和4、5、6月的销售额预测该地区2012年7、8、9月的销售额。

表 10-14 某企业 2008—2011 年各月在甲地区销售额

（单位：百万元）

年份	1	2	3	4	5	6	7	8	9	10	11	12
2008	20	16	21	26	31	40	58	63	62	49	30	22
2009	25	22	25	29	36	45	67	70	69	50	34	26
2010	30	29	31	36	41	52	71	78	76	55	38	29
2011	34	35	36	43	48	56	79	83	80	61	42	35

解：首先计算各月的季节比率。计算的主要过程如表10-15所示。我们用i代表第i年，用j代表月份，将该企业2008年到2011年在该地区各月的销售额分别用a_{ij}表示，比如2010年（我们收集资料的第3年）9月的销售额就用$a_{3,9}$表示。

表 10-15 销售额季节比率计算表（按月平均法）

（单位：百万元）

年份	1	2	3	4	5	6	7	8	9	10	11	12	合计
2008	20	16	21	26	31	40	58	63	62	49	30	22	438

续表

2009	25	22	25	29	36	45	67	70	69	50	34	26	498
2010	30	29	31	36	41	52	71	78	76	55	38	29	566
2011	34	35	36	43	48	56	79	83	80	61	42	35	632
合计	109	102	113	134	156	193	275	294	287	215	144	112	2134
同月平均	27.25	25.5	28.25	33.5	39	48.25	68.75	73.5	71.75	53.75	36	28	44.458
季节比率	61.29	57.36	63.54	75.35	87.72	108.53	154.64	165.32	161.39	120.9	80.98	62.98	1200

表 10-15 中数值的计算公式及过程如下：

平均每月的销售额：

$$\bar{a}=\frac{\sum_{i=1}^{m}\sum_{j=1}^{n}a_{ij}}{m\times n}=\frac{20+16+21+\cdots+61+42+35}{4\times 12}=\frac{2134}{48}=44.458\text{（百万元）}$$

不同年份在 1 月份的平均销售额：

$$\bar{a}_j=\frac{\sum_{i=1}^{m}a_{1,\ j}}{m}=\frac{20+25+30+34}{4}=\frac{109}{4}=27.25\text{（百万元）}$$

其他月份的平均销售额计算过程与 1 月份的相同，结果见表 10-15 的第 7 行。

第 1 月的季节比率：

$$s_1=\frac{\bar{a}_1}{\bar{a}}\times 100\%=\frac{27.25}{44.583}\times 100\%\approx 61.29\%$$

其他月份的季节比率的计算过程与 1 月份的相同，结果见表 10-15 的第 8 行。

预测年度平均每月销售额的估计值：

$$\hat{a}=\frac{\sum_{j=k}^{l}a_j}{\sum_{j=k}^{l}s_j}=\frac{4097+4818+5727}{75.35+87.72+108.53}=5391\text{（万元）}$$

2012 年 7 月份的销售额的预测值 $\hat{a}_7$ 为：

$$\hat{a}_7=\hat{a}\times s_7=5391\times 154.64\%\approx 8337\text{（万元）}$$

同样地，8、9 月份销售额的预测值 $\hat{a}_8$ 、 $\hat{a}_9$ 分别为 8912 万元和 8701 万元。

10.4 指数因素分析法

指数是统计分析中常用的统计指标。广义的指数，用以反映社会经济现象在时间或空间上变动方向和程度的相对数。例如，反映季节变动的季节指数、幸福感指数都属于广义的指数。狭义的指数，反映在数量上不能直接加总的许多个体所组成的复杂社会经济现象总体综合变动方向和程度的相对数。

指数不仅可以反映复杂社会经济现象变动的方向和程度，而且利用指数体系可以分析复杂社会经济现象受各个因素影响的方向和程度。

10.4.1 产量（销量）综合指数

使用价值和计量单位不同，产品数量是不能直接相加的，例如，煤炭的产量与冰箱的产量是不能直接相加的，但不同种类产品的销售额、产值等价值指标是可以相加的。只要数量乘以价格就可以转化为以货币为计量单位的价值指标，不同商品的价值指标是可以相加的。在统计分析时，为了使价值指标能够反映商品数量的变动，使用商品在过去某一个时期的平均价格或过去某时点的商品价格（不变价格）计算商品总价值量。

产值（销售额）等价值指标（以 V 表示）受两个因素的影响：一是产量（销量）（以 q 表示），二是价格（以 p 表示）。

$$V = q \times p$$

销售额的变化过程分解图如图 10-5 所示。

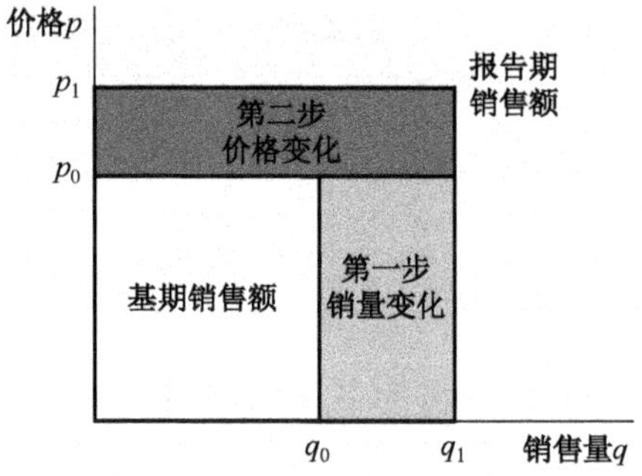

图 10-5 销售额的变化过程分解图

反映单一产品的产量变化可以用下面的公式计算：

$$k_q = \frac{q_1}{q_0} = \frac{q_1 \times p_0}{q_0 \times p_0} = \frac{V_n}{V_0}$$

式中，代表产量的字母 q 和代表价格的字母 p 的下标 0 和 1，分别代表基期和报告期。具体来说：q_0 代表基期的产量，q_1 代表报告期的产量；p_0 代表基期的价格。

反映单一产品产量的变化，可以直接用两个不同时期的产量之比；也可以先用两个不同时期的产量分别乘以基期的价格，再用价值指标之比间接反映产量的变化。价值指标对比不仅可以反映单一产品的产量变化，还可以反映多种产品产量的平均变化。

例 10-9 某企业生产甲、乙两种产品，两种产品今年和去年的产量以及去年的价格如表 10-16 所示。试计算两种产品的产量综合指数。

表 10-16 两种产品的产量及价值产值变化情况

品种	计量单位	产量		产量发展速度（%）	不变价格（去年价格）（元）
		去年	今年		
（甲）	（乙）	q_0	q_1	q_1/q_0	p_0
甲	万只	300	400	133.3	48
乙	万件	400	500	125	30

解：两种产品在去年和今年的产值如表 10-17 所示，两种产品产量的综合指数为：

$$K_q = \frac{\sum p_0 q_1}{\sum p_0 q_0} = \frac{34200}{26400} = 129.5\%$$

表 10-17 两种产品在去年和今年的产值（按去年价格计算）

品种	计量单位	产量		产量发展度（%）	不变价格（去年价格）（元）	不变价格产值（元）	
		去年	今年			去年	今年
（甲）	（乙）	q_0	q_1	q_1/q_0	p_0	p_0q_0	p_0q_1
甲	万只	300	400	133.3	48	14400	19200
乙	万件	400	500	125	30	12000	15000
合计	—	—	—	?	—	26400	34200

计算结果表明：该企业甲、乙两种产品的产量平均比去年提高 29.5%，或者说企业甲、乙两种产品的产量变化使企业的总产值比去年提高 29.5%。

采用不变价格计算的若干种产品在不同时间的总产值指标（采用不同时间的产量计算）可以相加，两个不同时期的价值指标对比就可以反映这些产品产量的整体变化。如果计算产值的产品范围是一个国家或地区的全部产品，那么产值变化就可以反映这个国家或地区的经济发展速度。

计算产量指数时借助产品的价格将产量转化为可以相加的价值指标，在计算产量综合指数时，价格一般固定在基期，其所起的作用被称为媒介作用，或称为同度量作用。

10.4.2 价格综合指数

价格综合指数是反映一组商品（服务项目）不同时期价格水平的变化方向、趋势和程度的统计指标。

价格综合指数就是通过两个不同时期价值指标的比值来反映多种商品价格综合变化的统计指数。利用价值指标反映价格变化的前提是计算各种商品在不同时期的价值指标时，其销售量是相同的。销售量是计算价格综合指数时必须引进的同度量因素，统计上通常采用每种商品报告期的销售量，即 q_1 作为同度量因素，而不是 q_0 作为同度量因素。其原因是：由于价格变动而造成购买产品支出增减变化取决于现在的购买数量而不是过去的购买数量，与过去的购买量没有关系。

$$K_p = \frac{\sum p_1q_1}{\sum p_0q_1}$$

例 10-10 某商场四种商品基期、报告期的价格以及报告期的销售量数据如表 10-18 所示。试计算四种商品的价格综合指数。

表 10-18　四种商品的价格和报告期的销售量情况

品种	计量单位	价格（元）		个体价格指数%	报告期销售量
		基期	报告期		
（甲）	（乙）	p_0	p_1	p_1/p_0	q_1
甲	件	50	60	120	6200
乙	kg	40	42	105	6000
丙	米	10	15	150	5000
丁	个	80	80	100	4800

解：用四种商品报告期的销量分别乘以基期的价格和报告期的价格可以计算出两个销售额，一是按基期价格计算，二是按报告期的价格计算，如表 10-19 所示。价格综合指数为：

$$K_p=\frac{\sum p_1q_1}{\sum p_0q_1}=\frac{1083000}{984000}=110.06\%$$

由于价格变化，四种商品的总销售额增加了 99000 元。计算过程如下：

$$\sum p_1q_1-\sum p_0q_1=1083000-984000=99000(\text{元})$$

表 10-19　四种商品的销售额变动情况

品种	计量单位	价格（元）		个体价格指数%	报告期销售量	销售额（元）	
		基期	报告期			按基期价格计算	报告期
（甲）	（乙）	p_0	p_1	p_1/p_0	q_1	p_0q_1	p_1q_1
甲	件	50	60	120	6200	310000	372000
乙	kg	40	42	105	6000	240000	252000
丙	米	10	15	150	5000	50000	75000
丁	个	80	80	100	4800	384000	384000
合计		—	—	—	—	984000	1083000

10.4.3　销售额变动的指数因素分析法

指数不仅可以反映复杂现象的整体变化情况。我们还可以借助指数体系进行因素分析。例如，某企业销售额的变化受到数量和价格变化的影响，弄清出两个因素分别对销售额的影响程度对管理具有重要的作用。

销售量（产量）和价格（单位成本）对销售额（总成本）的影响过程，可以简单地理解为销售额（总成本）从基期变化到报告期的过程中，我们用$\sum p_0q_1$，即假定的销售额（总成本），将销售额（总成本）的变化分为两段，第一段是从$\sum p_0q_0$ 到$\sum p_0q_1$ 的变化，这是由于销售量（产量）变化使销售额（总成本）发生的变化；第二段是从$\sum p_0q_1$ 到$\sum p_1q_1$，这是由于价格（单位成本）变化使销售额（总成本）发生的变化，如图 10-6 所示。

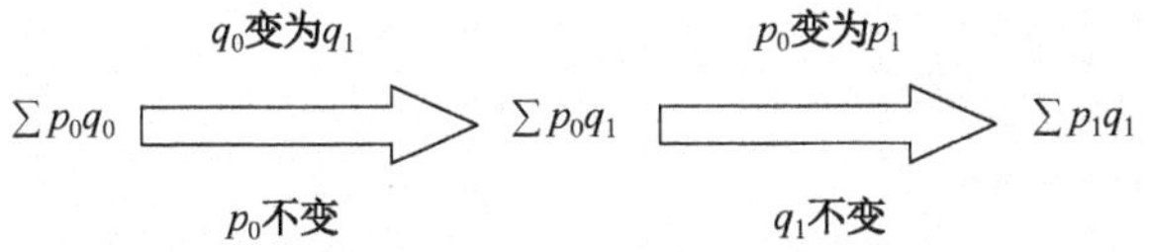

图 10-6 销售额（总成本）的两段变化及原因

图 10-6 中的q代表销售量或产量，p代表价格或单位成本；$\sum p_0q_0$、$\sum p_1q_1$分别代表基期和报告期的销售额（总成本），$\sum p_0q_1$代表假定的销售额（总成本）；从左至右的箭头代表销售额（总成本）由基期到报告期的变化过程。

例 10-11 某商场四种商品基期、报告期的价格和销售量的资料如表 10-20 所示，试用指数体系从绝对数和相对数两方面说明销售量和价格变化对销售额的影响。

表 10-20 四种商品基期、报告期的价格和销售量信息

品种	计量单位	价格(元)		销售量	
		基期	报告期	基期	报告期
甲	件	50	60	7000	6200
乙	kg	40	42	4000	6000
丙	米	10	15	4000	5000
丁	个	80	80	5000	4800

解：为了分析的需要，首先计算四种商品三种的销售额总和。计算结果表 10-21 所示。由表可知,四种商品基期的销售额为 950000 元，报告期的销售额为 1083000 元，按基期价格和报告期销售量计算的假定销售额为 984000 元。

表 10-21 四种商品的三种销售额计算表

品种	计量单位	价格(元)		销售量		销售额(元)		
		基期	报告期	基期	报告期	基期	假定	报告期
甲	件	50	60	7000	6200	350000	310000	372000
乙	kg	40	42	4000	6000	160000	240000	252000
丙	米	10	15	4000	5000	40000	50000	75000
丁	个	80	80	5000	4800	400000	384000	384000
合计	—	—	—	—	—	950000	984000	1083000

由基期销售额到假定销售额，再到报告期销售额的变化如图 10-7 所示。

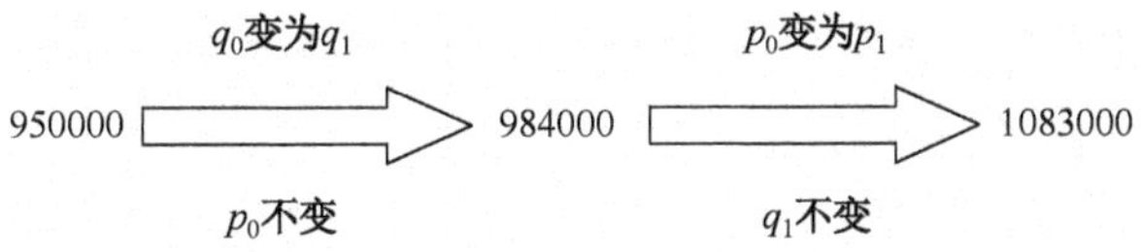

图 10-7 由基期销售额到假定销售额,再到报告期销售额的变化示意图

该商场四种商品总销售额由基期的 950000 元变化为报告期的 1083000 元，即：

$$K_{pq}=\frac{\sum q_1p_1}{\sum q_0p_0}=\frac{1083000}{950000}=114\%$$

$$\sum q_1p_1-\sum q_0p_0=1083000-950000=133000(\text{元})$$

可见，该商场四种商品的销售额报告期比基期增加 133000 元，报告期销售额为基期销售额的 114%，即销售额报告期比基期增长了 14%。

如果仅考虑商品的销售量变化对销售额的影响，四种商品的价格都分别保持在基期不变情况下，按报告期销售量计算的销售额为 984000 元，即：

$$K_q=\frac{\sum q_1p_0}{\sum q_0p_0}=\frac{984000}{950000}=103.58\%$$

$$\sum q_1p_0-\sum q_0p_0=984000-950000=34000(\text{元})$$

上述计算结果说明：各种商品的销售量变化使销售额比基期增加 3.58%，据此，也可以说商品的销售量平均比基期增加 3.58%。由于销售量平均增加 3.58%，使四种商品的销售额增加了 34000 元。

$$K_p=\frac{\sum q_1p_1}{\sum q_1p_0}=\frac{1083000}{984000}=110.06\%$$

$$\sum q_1p_1-\sum q_1p_0=1083000-984000=99000(\text{元})$$

可见，以报告期价格与基期价格分别计算的两种销售额之比为 110.06%，这一方面说明由于销售价格变化，使总销售额又增长了 10.06%。另一方面也说明四种商品的价格平均比基期提高了 10.06%。简单地说，由于价格平均比基期提高了 10.06%，使销售额又增加了 99000 元。

10.4.4 平均指标变动的指数分析法

平均指标在经济管理中有重要的地位，如平均成本、平均工资、平均劳动生产率等是管理活动十分关心的问题，研究平均指标的变化原因对改善管理具有重要的作用。我们在此关心的是算术平均数的变化。

$$\bar{x}=\frac{\sum xf}{\sum f}=\sum x\frac{f}{\sum f}=\sum xp$$

因此，平均指标的变化也可以分为两个影响因素，一是变量值的水平高低，即 x 的大小；二是取不同变量值的个体数量占总体的比重，即 p 的大小。平均指标的变化过程可用图 10-8 表示。

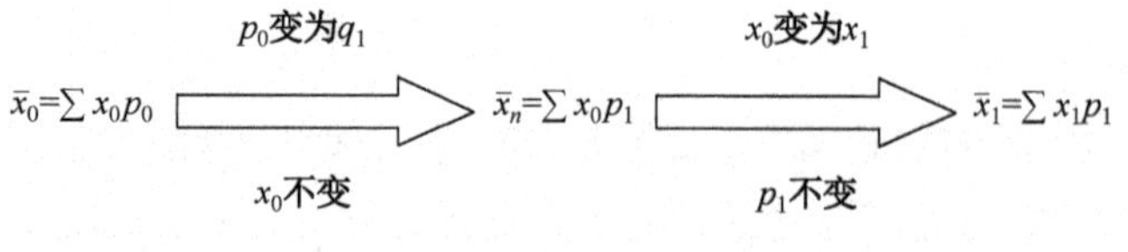

图 10-8 影响算术平均数变化的两个因素示意图

分析平均指标变动情况可用下列三个指数。

平均指标的可变指数：

$$\frac{\overline{x}_1}{\overline{x}_0}=\frac{\sum x_1 p_1}{\sum x_0 p_0}=\frac{\dfrac{\sum x_1 f_1}{\sum f_1}}{\dfrac{\sum x_0 f_0}{\sum f_0}}$$

平均指标的结构影响指数：

$$\frac{\overline{x}_n}{\overline{x}_0}=\frac{\sum x_0 p_1}{\sum x_0 p_0}=\frac{\dfrac{\sum x_0 f_1}{\sum f_1}}{\dfrac{\sum x_0 f_0}{\sum f_0}}$$

平均指标的固定结构指数：

$$\frac{\overline{x}_1}{\overline{x}_n}=\frac{\sum x_1 p_1}{\sum x_0 p_1}=\frac{\dfrac{\sum x_1 f_1}{\sum f_1}}{\dfrac{\sum x_0 f_1}{\sum f_1}}$$

三个指数的关系为：

可变指数=结构影响指数×固定结构指数

即：

$$\frac{\overline{x}_1}{\overline{x}_0}=\frac{\overline{x}_n}{\overline{x}_0}\times\frac{\overline{x}_1}{\overline{x}_n}$$

平均指标可分解为：

$$\overline{x}_1-\overline{x}_0=\left(\overline{x}_n-\overline{x}_0\right)+\left(\overline{x}_1-\overline{x}_n\right)$$

例 10-12　某集团公司所属 3 个工厂生产同种产品，它们的单位成本和产量资料如表 10-22 所示。试计算并回答下列问题。

（1）计算这 3 个工厂在 2009 年和 2010 年生产这种产品总平均成本；

（2）计算集团公司由于总平均成本下降而使总成本节约的金额；

（3）在平均成本的总变动中，分析由于各工厂成本水平变动及各工厂产量结构变动对总平均成本影响的绝对值。

表 10-22　某公司 3 个工厂生产的产品产量和单位成本信息

	产量（件）		每件成本（元）	
	2009 年	2010 年	2009 年	2010 年
一厂	1600	2400	10.0	9.0
二厂	1800	2400	10.4	9.2
三厂	2400	1600	9.6	9.6

解：根据分析需要，首先计算 3 个工厂的三种总成本，如表 10-23 所示。

表 10-23　3 个工厂的三种总成本计算表表

	产量（件）		每件成本（元）		总成本（元）		
	2009 年	2010 年	2009 年	2010 年	2009 年	假定	2010 年
一厂	1600	2400	10.0	9.0	16000	24000	21600
二厂	1800	2400	10.4	9.2	18720	24960	22080
三厂	2400	1600	9.6	9.6	23040	15360	15360
合计	5800	6400	9.96	10.05	57760	64320	59040

（1）这 3 个工厂在 2009 年和 2010 年生产这种产品总平均成本分别为

$$\bar{x}_0=\frac{\sum x_0f_0}{\sum f_0}=\frac{57760}{5800}=9.96(\text{元/件})$$

$$\bar{x}_1=\frac{\sum x_1f_1}{\sum f_1}=\frac{59040}{6400}=9.23(\text{元/件})$$

（2）由于总平均成本下降而节约的总成本：

$$(\bar{x}_1-\bar{x}_0)\times\sum f_1=(9.23-9.96)\times 6400=4672(\text{元})$$

（3）在平均成本的总变动中，分析由于各工厂成本水平变动及各工厂产量结构变动对总平均成本影响的绝对值。

$$\bar{x}_n=\frac{\sum x_0f_1}{\sum f_1}=\frac{64320}{6400}=10.05(\text{元/件})$$

影响平均成本变化的两个因素示意图如图 10-9 所示。

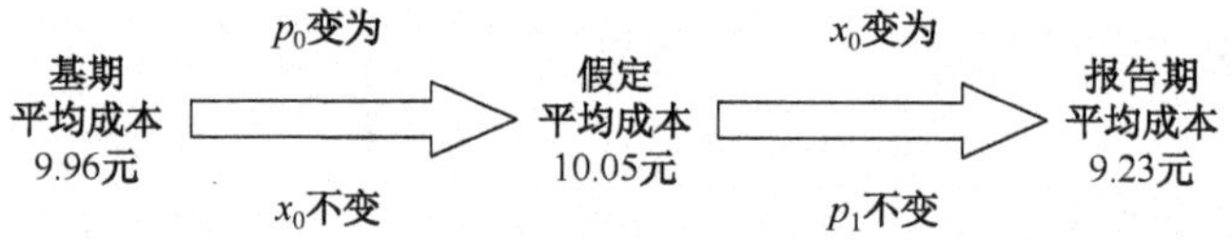

图 10-9　影响平均成本变化的两个因素示意图

平均成本的可变指数：

$$\frac{\bar{x}_1}{\bar{x}_0}=\frac{9.23}{9.96}=92.67\%$$

$$\bar{x}_1-\bar{x}_0=9.23-9.96=-0.73(\text{元})$$

平均成本的结构影响指数：

$$\frac{\bar{x}_n}{\bar{x}_0}=\frac{10.05}{9.96}=100.9\%$$

$$\bar{x}_n-\bar{x}_0=10.05-9.96=0.09(\text{元})$$

平均成本的固定构成指数：

$$\frac{\bar{x}_1}{\bar{x}_n}=\frac{9.23}{10.05}=91.84\%$$

$$\bar{x}_1-\bar{x}_n=9.23-10.05=-0.82(\text{元})$$

可见，该集团公司 2010 年生产这种产品的总平均成本比 2009 年每件降低了 0.73 元，降低 7.33%。由于 3 个工厂产量结构变动使每件产品平均成本比基期增加了 0.09 元，比基期提高 0.9%；由于 3 个工厂成本水平变动，每件产品平均成本减少了 0.82 元，平均成本降低 8.16%。

本章习题

10-1 2006 年上半年某商店各月初商品库资料如表 10-24 所示，试计算上半年商品平均库存额。

表 10-24 2006 上半年某商店各月初商品库资料

月份	一月	二月	三月	四月	五月	六月	七月
月初商品库存额（万元）	42	34	35	32	36	33	38

10-2 某企业 2004 年下半年各月的工业增加值与职工人数资料如表 10-25 所示。

表 10-25 某企业 2004 年下半年各月的工业增加值与职工人数资料

月份	单位	7 月	8 月	9 月	10 月	11 月	12 月
平均职工人数	人	1020	1090	1120	1190	1260	1320
工业增加值	万元	483.89	538.46	565.49	623.56	662.13	705.81

试计算：

（1）该企业下半年平均每月的劳动生产率；（劳动生产率$=\dfrac{\text{工业增加值}}{\text{平均职工人数}}$）

（2）该企业下半年的劳动生产率。

10-3 某商店 1995—2001 年的销售额资料如表 10-26 所示。

表 10-26 某商店 1995—2001 年的销售资料

年份	1999	2000	2001	2002	2003	2004	2005
销售额（万元）	230	236	245	250	257	263	270

根据资料确定销售额的直线趋势方程，并预测 2006 年的销售额。若已知 7 月份的季节指数为 96%，2006 年 7 月份的销售额大约是多少。

10-4 某企业所属甲、乙两个工厂生产同种产品，这两个工厂在 2008 与 2009 年的单位产品成本和产量数据如表 10-27 所示。

表 10-27 某企业所属甲、乙两个工厂的单位产品成本和产量数据

	产量（件）		每件成本（元）	
	2008 年	2009 年	2008 年	2009 年
甲	2000	3000	10	9.6
乙	1200	5000	12	8.8

（1）计算该企业在 2008 与 2009 年这种产品总平均成本分别是多少？

（2）按 2009 年的产量计算，企业因总平均成本下降而降低的总成本是多少？

（3）分析由于甲、乙两个工厂产量结构变动及成本水平变动对总平均成本的影响。

附录 A　标准正态分布概率表

在 Excel 中，使用“=NORMSDIST（1.96）”，返回计算结果为 0.975002105，约等于 0.975；使用“=NORMSINV（0.975）”，返回计算结果为 1.959963985，约等于 1.96。

标准正态分布示意图

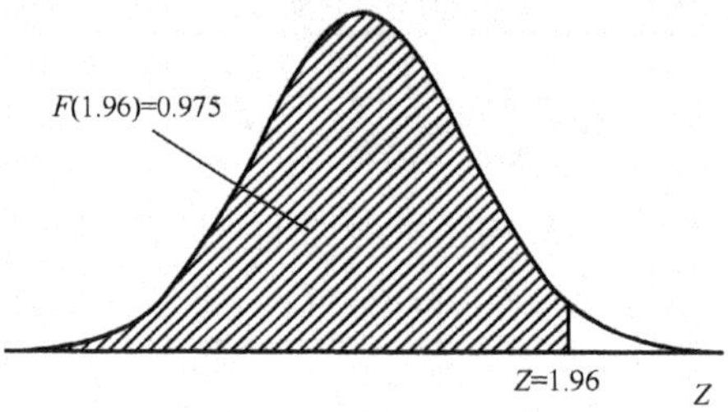

Z	0.00	0.01	0.02	0.03	0.04	0.05	0.06	0.07	0.08	0.09
0.0	0.5	0.50399	0.50798	0.51197	0.51595	0.51994	0.52392	0.5279	0.53188	0.53586
0.1	0.53983	0.5438	0.54776	0.55172	0.55567	0.55962	0.56356	0.56749	0.57142	0.57535
0.2	0.57926	0.58317	0.58706	0.59095	0.59483	0.59871	0.60257	0.60642	0.61026	0.61409
0.3	0.61791	0.62172	0.62552	0.6293	0.63307	0.63683	0.64058	0.64431	0.64803	0.65173
0.4	0.65542	0.6591	0.66276	0.6664	0.67003	0.67364	0.67724	0.68082	0.68439	0.68793
0.5	0.69146	0.69497	0.69847	0.70194	0.7054	0.70884	0.71226	0.71566	0.71904	0.7224
0.6	0.72575	0.72907	0.73237	0.73565	0.73891	0.74215	0.74537	0.74857	0.75175	0.7549
0.7	0.75804	0.76115	0.76424	0.7673	0.77035	0.77337	0.77637	0.77935	00.7823	0.78524
0.8	0.78814	0.79103	0.79389	0.79673	0.79955	0.80234	0.80511	0.80785	0.81057	0.81327
0.9	0.81594	0.81859	0.82121	0.82381	0.82639	0.82894	0.83147	0.83398	0.83646	0.83891
1.0	0.84134	0.84375	0.84614	0.84849	0.85083	0.85314	0.85543	0.85769	0.85993	0.86214
1.1	0.86433	0.8665	0.86864	0.87076	0.87286	0.87493	0.87698	0.879	0.881	0.88298
1.2	0.88493	0.88686	0.88877	0.89065	0.89251	0.89435	0.89617	0.89796	0.89973	0.90147
1.3	0.9032	0.9049	0.90658	0.90824	0.90988	0.91149	0.91309	0.91466	0.91621	0.91774
1.4	0.91924	0.92073	0.9222	0.92364	0.92507	0.92647	0.92785	0.92922	0.93056	0.93189
1.5	0.93319	0.93448	0.93574	0.93699	0.93822	0.93943	0.94062	0.94179	0.94295	0.94408
1.6	0.9452	0.9463	0.94738	0.94845	0.9495	0.95053	0.95154	0.95254	0.95352	0.95449
1.7	0.95543	0.95637	0.95728	0.95818	0.95907	0.95994	0.9608	0.96164	0.96246	0.96327
1.8	0.96407	0.96485	0.96562	0.96638	0.96712	0.96784	0.96856	0.96926	0.96995	0.97062
1.9	0.97128	0.97193	0.97257	0.9732	0.97381	0.97441	0.975	0.97558	0.97615	0.9767
2.0	0.97725	0.97778	0.97831	0.97882	0.97932	0.97982	0.9803	0.98077	0.98124	0.98169
2.1	0.98214	0.98257	0.983	0.98341	0.98382	0.98422	0.98461	0.985	0.98537	0.98574
2.2	0.9861	0.98645	0.98679	0.98713	0.98745	0.98778	0.98809	0.9884	0.9887	0.98899

续表

2.3	0.98928	0.98956	0.98983	0. 9901	0.99036	0.99061	0.99086	0.99111	0.99134	0.99158
2.4	0.9918	0.99202	0.99224	0.99245	0.99266	0.99286	0.99305	0.99324	0.99343	0.99361
2.5	0.99379	0.99396	0.99413	0.9943	0.99446	0.99461	0.99477	0.99492	0.99506	0.9952
2.6	0.99534	0.99547	0.9956	0.99573	0.99585	0.99598	0.99609	0.99621	0.99632	0.99643
2.7	0.99653	0.99664	0.99674	0.99683	0.99693	0.99702	0.99711	0.9972	0.99728	0.99736
2.8	0.99744	0.99752	0.9976	0.99767	0.99774	0.99781	0.99788	0.99795	0.99801	0.99807
2.9	0.99813	0.99819	0.99825	0.99831	0.99836	0.99841	0.99846	0.99851	0.99856	0.99861
3.0	0.99865	0.99869	0.99874	0.99878	0.99882	0.99886	0.99889	0.99893	0.99896	0.999
3.1	0.99903	0.99906	0.9991	0.99913	0.99916	0.99918	0.99921	0.99924	0.99926	0.99929
3.2	0.99931	0.99934	0.99936	0.99938	0.9994	0.99942	0.99944	0.99946	0.99948	0.9995
3.3	0.99952	0.99953	0.99955	0.99957	0.99958	0.9996	0.99961	0.99962	0.99964	0.99965
3.4	0.99966	0.99968	0.99969	0.9997	0.99971	0.99972	0.99973	0.99974	0.99975	0.99976
3.5	0.99977	0.99978	0.99978	0.99979	0.9998	0.99981	0.99981	0.99982	0.99983	0.99983

附录 B　*t* 分布双侧分位数表

在 Excel 中使用"=TDIST(1.746,16,2)"计算尾部概率 α，返回计算结果为 0.099979248，约等于 0.1；使用 "=TINV（0.1，16)" 计算 t 的临界值，返回计算结果为 1.745883676，约等于 1.746。

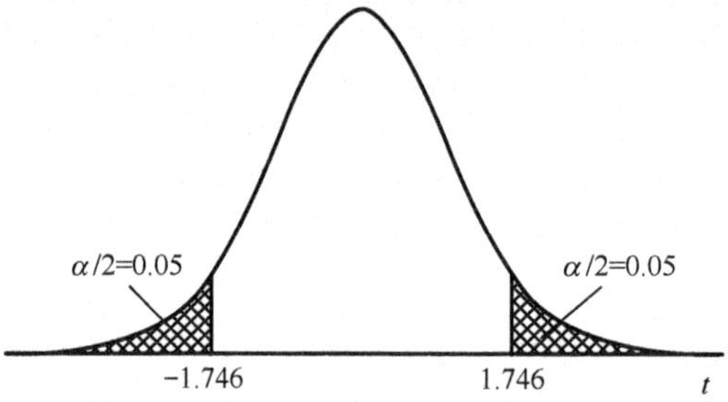

α 自由度	0.001	0.005	0.01	0.025	0.05	0.1	0.15	0.2	0.25
1	636.619	127.321	63.657	25.452	12.706	6.314	4.165	3.078	2.414
2	31.599	14.089	9.925	6.205	4.303	2.920	2.282	1.886	1.604
3	12.924	7.453	5.841	4.177	3.182	2.353	1.924	1.638	1.423
4	8.610	5.598	4.604	3.495	2.776	2.132	1.778	1.533	1.344
5	6.869	4.773	4.032	3.163	2.571	2.015	1.699	1.476	1.301
6	5.959	4.317	3.707	2.969	2.447	1.943	1.650	1.440	1.273
7	5.408	4.029	3.499	2.841	2.365	1.895	1.617	1.415	1.254
8	5.041	3.833	3.355	2.752	2.306	1.860	1.592	1.397	1.240
9	4.781	3.690	3.250	2.685	2.262	1.833	1.574	1.383	1.230
10	4.587	3.581	3.169	2.634	2.228	1.812	1.559	1.372	1.221
11	4.437	3.497	3.106	2.593	2.201	1.796	1.548	1.363	1.214
12	4.318	3.428	3.055	2.560	2.179	1.782	1.538	1.356	1.209
13	4.221	3.372	3.012	2.533	2.160	1.771	1.530	1.350	1.204
14	4.140	3.326	2.977	2.510	2.145	1.761	1.523	1.345	1.200
15	4.073	3.286	2.947	2.490	2.131	1.753	1.517	1.341	1.197
16	4.015	3.252	2.921	2.473	2.120	1.746	1.512	1.337	1.194
17	3.965	3.222	2.898	2.458	2.110	1.740	1.508	1.333	1.191
18	3.922	3.197	2.878	2.445	2.101	1.734	1.504	1.330	1.189
19	3.883	3.174	2.861	2.433	2.093	1.729	1.500	1.328	1.187

续表

α 自由度	0.001	0.005	0.01	0.025	0.05	0.1	0.15	0.2	0.25
20	3.850	3.153	2.845	2.423	2.086	1.725	1.497	1.325	1.185
21	3.819	3.135	2.831	2.414	2.080	1.721	1.494	1.323	1.183
22	3.792	3.119	2.819	2.405	2.074	1.717	1.492	1.321	1.182
23	3.768	3.104	2.807	2.398	2.069	1.714	1.489	1.319	1.180
24	3.745	3.091	2.797	2.391	2.064	1.711	1.487	1.318	1.179
25	3.725	3.078	2.787	2.385	2.060	1.708	1.485	1.316	1.178
26	3.707	3.067	2.779	2.379	2.056	1.706	1.483	1.315	1.177
27	3.690	3.057	2.771	2.373	2.052	1.703	1.482	1.314	1.176
28	3.674	3.047	2.763	2.368	2.048	1.701	1.480	1.313	1.175
29	3.659	3.038	2.756	2.364	2.045	1.699	1.479	1.311	1.174
30	3.646	3.030	2.750	2.360	2.042	1.697	1.477	1.310	1.173
35	3.591	2.996	2.724	2.342	2.030	1.690	1.472	1.306	1.170
40	3.551	2.971	2.704	2.329	2.021	1.684	1.468	1.303	1.167
60	3.460	2.915	2.660	2.299	2.000	1.671	1.458	1.296	1.162
100	3.390	2.871	2.626	2.276	1.984	1.660	1.451	1.290	1.157
200	3.340	2.839	2.601	2.258	1.972	1.653	1.445	1.286	1.154
300	3.323	2.828	2.592	2.339	1.968	1.650	1.443	1.284	1.153
∞	3.291	2.807	2.576	2.241	1.960	1.645	1.440	1.282	1.150

参 考 文 献

[1] 门登霍尔（美）. 概率与统计. 北京：机械工业出版社，2005.

[2] 林德，马夏尔，沃森（美）著，王维国主译. 商务与经济统计学. 大连：东北财经大学出版社，2011.

[3] 陈家鼎，郑忠国. 概率与统计. 北京：北京大学出版社，2007.

[4] 梅森（美）等. 商务经济统计方法. 北京：机械工业出版社，1998.

[5] 安德森，斯威尼，威廉姆斯（美）著，张建华，王健，冯燕齐等译. 商务与经济统计. 北京：机械工业出版社，2004.

[6] 肖战峰. 统计学基础. 成都：西南财经大学出版社，2011.

[7] 阮红伟. 统计学基础. 北京：电子工业出版社，2005.

举报电话：（010）88254396；（010）88258888

传　　真：（010）88254397

E-mail：　dbqq@phei.com.cn

通信地址：北京市万寿路 173 信箱

　　　　　电子工业出版社总编办公室

邮　　编：100036